绿色经济与绿色发展丛书

编 委 会

广西大学马克思主义生态经济发展研究院、商学院特别委托项目

国家出版基金项目
NATIONAL PUBLICATION FOUNDATION

“十二五”国家重点图书出版规划项目
绿色经济与绿色发展丛书 / 刘思华 · 主编

绿色税收

GREEN TAX

王金霞　著

中国环境出版社 · 北京

图书在版编目（CIP）数据

绿色税收/王金霞著. —北京：中国环境出版社，2017.5
（绿色经济与绿色发展丛书/刘思华主编）
ISBN 978-7-5111-2738-9

Ⅰ. ①绿… Ⅱ. ①王… Ⅲ. ①税收管理—研究—中国 Ⅳ. ①F812.42

中国版本图书馆 CIP 数据核字（2017）第 035420 号

出 版 人 王新程
策　　划 沈　建　陈金华
责任编辑 陈金华　宾银平
责任校对 尹　芳
封面设计 耀午设计　彭　杉

出版发行 中国环境出版社
（100062　北京市东城区广渠门内大街 16 号）
网　　址：http://www.cesp.com.cn
电子邮箱：bjgl@cesp.com.cn
联系电话：010-67112765（编辑管理部）
010-67113412（教材图书出版中心）
发行热线：010-67125803，010-67113405（传真）
印　　刷 北京中科印刷有限公司
经　　销 各地新华书店
版　　次 2017 年 5 月第 1 版
印　　次 2017 年 5 月第 1 次印刷
开　　本 787×960　1/16
印　　张 15.75
字　　数 270 千字
定　　价 48.00 元

总　序

迈向生态文明绿色经济发展新时代

在党的十七大提出的“建设生态文明”的基础上，党的十八大进一步确立了社会主义生态文明的创新理论，构建了建设社会主义生态文明的宏伟蓝图，制定了社会主义生态文明建设的基本任务、战略目标、总体要求、着力点和行动方案；并向全党全国人民发出了“努力走向社会主义生态文明新时代”的伟大号召。按照生态马克思主义经济学观点，走向社会主义生态文明新时代，就是迈向生态文明与绿色经济发展新时代。这既是中华文明演进和中国特色社会主义经济社会发展规律与演化逻辑的必然走向和内在要求，又是人类文明演进和世界经济社会发展规律与演化逻辑的必然走向和内在要求。因此，绿色经济与绿色发展是21世纪人类文明演进与世界经济社会发展的大趋势、大方向，集中表达了当今人类努力超越工业文明黑色经济发展的旧时代而迈进生态文明绿色经济发展新时代的意愿和价值期盼，已成为人类文明演进和世界经济社会发展的必然选择和时代潮流。据此，建设绿色文明、发展绿色经济、实现绿色发展，是全人类的共同道路、共同战略、共同目标，是生态文明绿色经济及新时代赋予我们的神圣使命与历史任务。毫无疑问，当今世界和当代中国一个生态文明绿色经济发展时代正在到来。为了响应党的十八大提出的“努力走向社会主义生态文明新时代”的伟大号召，迎接生态文明绿色经济发展新时代的来临，中国环境出版社特意推出“十二五”国家重点图书出版规划项目“绿色经济与绿色发展丛书”（以下简称“丛书”）。笔者作为“丛书”主编，并鉴于目前“半绿色经济论”“伪绿色经济发展论”日渐盛行，故就“中国智慧”创立的绿色经济理论与绿色发展学说的几个重大问题添列数语，是为序。

一、关于绿色经济的理论本质问题

绿色经济的本质属性即理论本质：不是环境经济学的范畴，而是生态经济学与可持续发展经济学的范畴。西方绿色思想史表明，“绿色经济”这个词汇最早见于英国环境经济学家大卫·皮尔斯1989年出版的第一本小册子《绿色经济的蓝图》(后称“蓝图1”)的书名中。其后“蓝图2”的第二章的第一节两次使用了“绿色经济”这个名词，直到1995年出版“蓝图4”，也没有对绿色经济作出界定，这就是说4本小册子都没有明确定义绿色经济及诠释其本质内涵。对此，方时姣教授从世界绿色经济思想发展史的视角进行了全面评述：[①]“蓝图1”主要介绍英国的环境问题和环境政策制定，正如作者指出的“我们的整个讨论都是环境政策的问题，尤其是英国的环境政策”。“蓝图2”1991年出版，是把“蓝图1”的环境政策思想拓展到世界及全球性环境问题和环境政策。“蓝图3”1993年出版，又回到“蓝图1”的主题，即英国的环境经济与可持续发展问题的综合。“蓝图4”则又回到“蓝图2”讨论的主题，正如作者在前言中所指出的“绿色经济的蓝图从环境的角度，阐述了环境保护及改善问题”。因此，从“蓝图1”到“蓝图4”，对绿色经济的新概念、新思想、新理论，没有作任何诠释的论述，仅仅只是借用了绿色经济这个名词，来表达过去的25年环境经济学流派发展的新综合，确实是“有关环境问题的严肃书籍”。

皮尔斯等人在当今世界率先使用“绿色经济”这一词汇并得到了广泛传播，但基本上只是提及了这个概念，没有深入研究，尤其是理论研究。因此，在西方世界的整个20世纪90年代至2008年爆发国际金融危机的这一时期，仍然主要是环境经济学界的学者使用绿色经济概念，从环境经济学的视角阐述环境保护、治理与改善等绿色议题，其核心问题是讨论经济与环境相互作用、相互影响的环境经济政策问题，而关注点集中于环境污染治理的经济手段。在我国首先使用皮尔斯等人的绿色经济概念的是环境污染与保护工作者，并对其进行界定。例如，原国家环境保护局首任局长曲格平先生在1992年出版的《中国的环境与发展》一书中指出：“绿色经济是指以环境保护为基础的经济，主要表现在：一是以治理污染和改善生态为特征的环保产业的兴起；二是因环境保护而引起的工业和农业生产方式的变

---

① 方时姣：《绿色经济思想的历史与现实纵深论》，载《马克思主义研究》2010年第6期，第55～62页。

革，从而带动了绿色产业的勃发。”[①]在这里，十分清楚地表明了曲格平先生同皮尔斯等人一样，是借用绿色经济的概念来诠释环境保护、治理和改善的问题。其后，我国学界有一些学者把绿色经济当作环境经济的代名词，借用绿色经济之名，表达环境经济之实。总之，长期以来，国内外不少学者按照皮尔斯等人的学术路径，对绿色经济作了狭隘的理解而被看作是环境经济学的新概括，把它纳入环境经济学的理论框架之中，成为环境经济学的理论范畴。这就必然遮盖了绿色经济的本来面目，极大地扭曲了它的本质内容与基本特征，不仅产生了一些不良的学术影响，而且会误导人们的生态与经济实践。正如方时姣教授指出的：“把绿色经济纳入环境经济学的理论框架来指导实践，最多只能缓解生态环境危机，是不可能从根本上解决生态环境问题的，也不可能克服生态环境危机，也就谈不上实现生态经济可持续发展。”[②]

20世纪90年代，我国生态经济学界就有学者用绿色经济这一术语概括生态环境建设绿色议题和生态经济协调发展研究的新进展，论述重点是“一切都将围绕改善生态环境而发展，核心问题是要实现人和自然的和谐、经济与生态环境的协调发展。”[③]为此，笔者针对皮尔斯等国内外学者以环境经济学理论范式来回应绿色经济议题，在1994年出版了《当代中国的绿色道路》一书，以生态经济学新范式来回应绿色经济议题，以生态经济协调发展理论平台在深层次上阐述“发展经济必须与发展生态同时并举，经济建设必须与生态建设同步进行，国民经济现代化必须与国民经济生态化协调发展”的绿色发展道路。这就在国内外首次拉开了从学科属性上把绿色经济从环境经济学理论框架中解放出来的序幕。在此基础上，笔者于2000年1月出版的《绿色经济论——经济发展理论变革与中国经济再造》一书，深刻地论述了一系列重大的绿色经济理论前沿和现实前沿问题，科学地揭示了生态经济与知识经济同可持续发展经济之间的本质联系及其发展规律，破解了三者之间相互渗透、融合发展的绿色经济与绿色发展的内在奥秘，成为中国绿色经济理论与绿色发展学说形成的重要标志。尤其是该书把绿色经济看作是生态经济与可持续经济的新概括与代名词，并从这个新高度的最高层次对绿色经济提出了新命题：“绿色经济

① 转引自刘学谦、杨多贵、周志强等：《可持续发展前沿问题研究》，北京：科学出版社，2010年版，第126页。

② 方时姣：《绿色经济思想的历史与现实纵深论》，载《马克思主义研究》2010年第6期，第55～62页。

③ 郑明焕：《把握机遇，在大转变中求发展》，1992年3月28日《中国环境报》。

是可持续经济的实现形态和形象概括。它的本质是以生态经济协调发展为核心的可持续发展经济。"[①]这个界定肯定了绿色经济的生态经济属性，揭示了它的可持续经济的本质特征，从学科属性上把它从环境经济学理论框架中彻底解放出来，真正纳入生态经济学与可持续发展经济学的理论体系，成为生态经济学与可持续发展经济学的理论范畴，恢复了绿色经济的本来面目。虽然这个绿色经济的定义十分抽象，却反映了它的本质属性与科学内涵，得到了多数绿色经济研究者的认同和广泛使用。然而时至今日，在我国仍有少数学者尤其在实际工作中也有不少人还在用环境经济学范畴中的绿色经济理念来指导经济实践，这种现象不能继续下去了。

二、关于绿色经济的文明属性问题

绿色经济的文明属性不是工业文明的经济范畴，而是生态文明的经济范畴。世界绿色经济思想史告诉我们，在学科属性上把绿色经济当作环境经济学的新观念与代名词，纳入环境经济学的理论框架，就必然在文明属性上把它纳入工业文明的基本框架，成为工业文明的经济范畴，即发展工业文明的经济模式。这是因为，环境经济学是调整、修补、缓解人与自然的尖锐对立、环境与经济的互损关系的工业文明时代的产物，是工业文明"先污染后治理"经济发展道路的理论概括与学理表现。自皮尔斯等人指出环境经济学范畴的绿色经济概念以来，国内外一个主流绿色经济观点就是对绿色经济的狭隘的认识与把握，只是把它看成是解决工业文明经济发展过程中出现的生态环境问题的新经济观念，是能够克服工业文明的褐色经济或黑色经济弊端的经济模式。在我国这种观点比较流行。例如，有的学者认为："绿色经济是以市场为导向、以传统产业经济为基础、以经济与环境的和谐为目标而发展起来的一种新型的经济形式即发展模式"，"是现代工业化过程中针对经济发展对环境造成负面影响而产生的新经济概念"。时至今日，这种工业文明经济范畴的绿色经济概念仍被人引用来论证自己的绿色经济观念。因此，在此我要再次强调：工业文明经济范畴的绿色经济观念，在本质上仍是人与自然对立的文明观，并没有从根本上消除工业文明及黑色经济反生态和反人性的黑色基因，丢弃了绿色经济是生态经济协调发展的核心内容和超越工业文明黑色经济、铸造生态文明生态经济的本质属性，从而否定了绿色经济是生态文明生态经济形态的理论内涵与实践价值。因此，

① 刘思华：《绿色经济论》，北京：中国财政经济出版社，2001 年版，第 3 页。

以工业文明经济范式或理论平台来回应绿色经济议题，是不可能从根本上触动工业文明黑色经济形态的，是难以走出工业文明黑色经济发展道路的；最多是缓解局部自然环境恶化，是不可能解决当今人类面对的生态经济社会全面危机的。因此，决定了我们必须也应当以生态文明新范式或理论平台在深层次回应绿色经济与发展绿色经济议题，才能顺应21世纪生态文明与绿色经济时代的历史潮流。

生态马克思主义经济学哲学告诉我们：彻底的生态唯物主义者，不仅要在学科属性上把绿色经济从环境经济学的理论框架中解放出来，成为生态经济与可持续发展经济的理论范畴，而且在文明属性上，要把它从工业文明的基本框架中解放出来，作为生态文明的经济范畴。前面提到的笔者所著的《当代中国的绿色道路》《绿色经济论》这两部著作，是实现绿色经济这两个生态解放的成功探索。早在1998年笔者在《发展绿色经济，推进三重转变》一文中就明确提出了发展绿色经济的新的经济文明观，明确指出："人类正在进入生态时代，人类文明形态正在由工业文明向生态文明转变，这是人类发展绿色经济、建设生态文明的一个伟大实践。"[①]邹进泰、熊维明的《绿色经济》一书中指出：绿色经济发展"是从单一的物质文明目标向物质文明、精神文明和生态文明多元目标的转变。发展绿色经济，尤其要避免'石油工业''石油农业'造成的高消耗、高消费、高生态影响的物质文明，而要造就高效率、低消耗、高活力的生态文明"。[②]可见"中国智慧"在世界上最早实现绿色经济的两个生态解放、纳入生态文明的基本框架，是人与自然和谐统一、生态与经济协调发展的建设生态文明的必然产物。下面还要作几点说明：

(1) 按照人类文明形态演进和经济社会形态演进一致性的历史唯物主义社会历史观的理论思路，生态文明是继原始文明、农业文明、工业文明（包括后工业文明）之后的全新的人类社会文明形态，它不仅延续了它们的历史血脉，而且创新发展了它们尤其是工业文明的经济社会形态，使工业文明从人与自然相互对立、生态与经济相分裂的工业经济社会形态，朝着生态文明以人与自然和谐统一、生态与经济协调发展的生态经济社会形态演进。这是人类文明经济社会的全方位、最深刻的生态变革与绿色经济转型，可以说是人类文明历史发展以来最伟大的生态经济社会变革运动。

---

① 刘思华：《刘思华文集》，武汉：湖北人民出版社，2003年版，第403页。
② 邹进泰、熊维明等：《绿色经济》，太原：山西经济出版社，2003年版，第12页。

(2) 我们要深刻认识和正确把握绿色经济的概念属性与本质内涵，正是这个属性和内涵决定了它是生态文明生态经济形态的实现形式与形象概括。世界工业文明发展的历史表明，无论是资本主义工业化，还是社会主义工业化；无论是发达国家工业化，还是发展中国家工业化，都走了一条工业经济黑色化的黑色发展道路，形成了工业文明黑色经济形态。据此，工业文明主导经济形态的工业经济形态的实现形态与形象概括就是黑色经济形态。而生态文明开辟了经济社会发展绿色化即生态化的绿色发展道路，最终形成生态文明绿色经济形态。它是对工业文明及其黑色经济形态的批判、否定和扬弃，是在此基础上的生态变革和绿色创新。这就是说，绿色经济的根本属性与本质内涵是生态经济与可持续发展经济，使它必然在本质上取代工业经济并融合知识经济的一种全新的经济形态，是生态文明新时代的主导经济形态的现实形态。所以，笔者反复指出："绿色经济作为生态文明时代的经济形态，是生态经济形态的现实象征与生动概括。"①这不仅肯定了绿色经济是生态经济学与可持续发展经济学的理论范畴，而且界定了绿色经济是生态文明的经济范畴，恢复了绿色经济的本来面目。

(3) 绿色经济实现"两个生态解放"之后，就应当对它重新定位。现在我们可以将绿色经济的科学内涵和外延表述为：以生态文明为价值取向，以自然生态健康和人体生态健康为终极目的，以提高经济社会福祉和自然生态福祉为本质特征，以绿色创新为主要驱动力，促进人与自然和谐发展和生态与经济协调发展为根本宗旨，实现生态经济社会发展相统一并取得生态经济社会效益相统一的可持续经济。因此，发展绿色经济是广义的，不仅是指广义的生态产业即绿色产业，而且包括低碳经济、循环经济、清洁能源和可再生能源、碳汇经济以及其他节约能源资源与保护环境、建设生态的经济等。②这个新界定正确地揭示了绿色经济的本质属性、科学内涵、概念特征与实践主旨，准确地体现了绿色经济历史趋势与时代潮流；绿色经济观念、理论是人与自然和谐统一、生态与经济协调发展的生态文明新时代的理论概括与学理表现。只有这样认识和把握绿色经济，才能真正符合生态文明与绿色经济发展的客观进程与内在逻辑。

(4) 生态文明经济范畴的绿色经济包含两层经济含义：一是它作为理论形态是

---

① 中国社会科学院马克思主义学部：《36位著名学者纵论中国共产党建党90周年》，北京：中国社会科学出版社，2011年版，第409页。

② 刘思华：《生态文明与绿色低碳经济发展总论》，北京：中国财政经济出版社，2001年版，第1页。

生态文明的经济社会形态范畴，是生态文明时代崭新的主导经济，我们称之为绿色经济形态。二是它作为实践形态是生态文明的经济发展模式，是生态文明崭新时代的经济发展模式，我们称之为绿色经济发展模式。这就决定了建设生态文明、发展绿色经济的双重战略任务，既要形成生态和谐、经济和谐、社会和谐一体化的绿色经济形态，又要形成生态效益、经济效益、社会效益最佳统一的绿色经济发展模式。据此，建设生态文明、发展绿色经济应当是经济社会形态和经济社会发展模式的双重绿色创新转型发展过程，这是革工业文明的黑色经济形态和经济发展模式之故、鼎生态文明的绿色经济形态和经济发展模式之新的过程。因此，每个战略任务都是双重绿色使命：一方面背负着克服、消除工业文明的黑色经济形态与发展模式的黑色弊端，对它们进行生态变革、绿色重构与转型，改造成为绿色经济形态与绿色经济发展模式；另一方面担负着创造人类文明发展的新形态，即超越资本主义工业文明（包括高度发达的后工业文明）的社会主义生态文明，构建与生态文明相适应的绿色经济形态和绿色经济发展模式。这是生态文明建设的中心环节，是绿色经济发展的实践指向，因此双重绿色经济就是我们迈向生态文明与绿色经济发展新时代，也是推动人类文明形态和经济社会形态与发展模式同步演进的双重时代使命与实践目标。实现双重时代使命所推动的变革不仅仅是工业文明形态及其黑色经济形态与发展模式本身的变革，而且是超越工业文明的生态文明及其他的经济形态与发展模式的生态变迁与绿色构建。这才符合生态文明与绿色经济的本质属性与实践主旨。

三、关于绿色发展理论与道路的探索问题

自 2002 年以来的 10 多年间，一直流传着联合国开发计划署在《2002 年中国人类发展报告：让绿色发展成为一种选择》中首先提出绿色发展，中国应当选择绿色发展之路。这个“首先”之说不知是何人的说法，是根本不符合绿色发展思想理论发展的历史事实的，是一种学术误传。

1．我们很有必要对中国绿色发展思想理论发展的历史作简要回顾

如前所述，1994 年笔者在《当代中国的绿色道路》一书中，以生态经济学新范式及生态经济协调发展的新理论平台来回应绿色发展道路议题，阐述了绿色发展的一系列主要理论与实践问题，明确提出中国绿色发展道路的核心问题是“经济发展生态化之路”，“一切都应当围绕着改善生态环境而发展，使市场经济发展建立在

生态环境资源的承载力所允许的牢固基础之上，达到有益于生态环境的经济社会发展。”[①]1995 年著名学者戴星翼在《走向绿色的发展》一书中首次从“经济学理解绿色发展”的角度，明确使用“绿色发展”这一词汇，诠释可持续发展的一系列主要理论与实践问题，并认为“通往绿色发展之路”的根本途径在于“可持续性的不断增加”。[②]在这里，绿色发展成为可持续发展的新概括。2012 年著名学者胡鞍钢出版的《中国：创新绿色发展》一书，创新性地提出了绿色发展理念，开创性地系统阐述了绿色发展理论体系，总结了中国绿色发展实践，设计了中国绿色现代化蓝图。所以，笔者认为该书虽有不足之处，但从总体上说，丰富、创新、发展了中国绿色发展学说的理论内涵和实际价值，提出了一条符合生态文明时代特征的新发展道路——绿色发展之路。总之，中国学者探索绿色发展的理念、理论与道路的历史轨迹表明，在此领域“中国智慧”要比“西方智慧”高明，这就在于绿色发展在发展理念、理论、道路上突破了可持续发展的局限性，“将成为可持续发展之后人类发展理论的又一次创新，并将成为 21 世纪促进人类社会发生翻天覆地变革的又一次大创造。”[③]

2. 21 世纪的绿色经济与绿色发展观

进入 21 世纪以后，绿色经济与绿色发展观念逐步从学界视野走进政界视野，尤其是面对 2008 年国际金融危机催化下世界绿色浪潮的新形势，以胡锦涛为总书记的中央领导集体正确把握当今世界发展绿色低碳转型的新态势、未来世界绿色发展的大趋势，站在与世界各国共建和谐世界与绿色世界的发展前沿上，直面中国特色社会主义的基本国情，提出了绿色经济与绿色发展的一系列新思想、新观点、新理论，揭示了发展绿色经济、推进绿色发展是当今世界发展的时代潮流。正如习近平同志所指出的：“绿色发展和可持续发展是当今世界的时代潮流”，其“根本目的是改善人民生活环境和生活水平，推动人的全面发展。”[④]李克强还指出：“培育壮大绿色经济，着力推动绿色发展”，“要加快形成有利于绿色发展的体制机制，通过政策激励和制度约束，增强推动绿色发展的自觉性、主动性，抑制不顾资源环境承

① 刘思华：《当代中国的绿色道路》，武汉：湖北人民出版社，1994 年版，第 86 页、第 101 页。

② 戴星翼：《走向绿色的发展》，上海：复旦大学出版社，1998 年版，第 1～23 页。

③ 胡鞍钢：《中国：创新绿色发展》，北京：中国人民大学出版社，2012 年版，第 20 页。

④ 习近平：《携手推进亚洲绿色发展和可持续发展》，2010 年 4 月 11 日《光明日报》。

载能力盲目追求增长的短期行为。”[①]笔者曾发文把以胡锦涛为总书记的中央领导集体的绿色发展理念概括为“四论”，即绿色和谐发展论、国策战略绿色论、绿色文明发展道路论、国际绿色合作发展论。[②]在此我们还要重视的是胡锦涛同志在2003年中央经济工作会议上明确指出：“经济增长不能以浪费资源、破坏环境和牺牲子孙后代利益为代价。”其后，他进一步指出：“我国是社会主义国家，我们的发展不能以牺牲精神文明为代价，不能以牺牲生态环境为代价，更不能以牺牲人的生命为代价。”“我们一定要痛定思痛，深刻吸取血的教训。”[③]胡锦涛提出的不能以“四个牺牲为代价”换取经济发展的绿色原则，反映了改革开放以来，我国经济发展的基本经验和严重教训，这实质上是实现科学发展的四项重要原则，是推进绿色发展的四项重要原则。凡是以“四个牺牲为代价”换取的经济发展就是不和谐的、不可持续的非科学发展，这种发展可以称为黑色发展；凡是没有以“四个牺牲为代价”的经济发展就是和谐的、可持续的科学发展，这种发展可以称为绿色发展。正是在这个意义上说，不能以“四个牺牲为代价”是区分黑色发展和绿色发展的四项绿色原则。

3．依法治国新政理念：发展绿色经济、推进绿色发展

当下中国执政者对绿色经济与绿色发展的认识与把握，已不只是学界那样把发展绿色经济、推进绿色发展视为全新的思想理论，而是一种崭新的全面依法治国的执政理念、发展道路与发展战略。党的十八大首次把绿色发展（包括循环发展、低碳发展）写入党代会报告，是绿色发展成为具有普遍合法性的中国特色社会主义生态文明发展道路的绿色政治表达，标志着实现中华民族伟大复兴的中国梦所开辟的中国特色社会主义生态文明建设道路是绿色发展与绿色崛起的科学发展道路。这条道路的理论体系就是“中国智慧”创立的绿色经济理论与绿色发展学说。它既是适应世界文明发展进步，更是适应中国特色社会主义文明发展进步需要而产生的科学发展学说，甚至可以说，是一种划时代的全新科学发展学说。对此，近几年来，我多次强调指出：绿色经济理论与绿色发展学说不是引进的西方经济发展思想，而是中国学界和政界马克思主义学人自主创立的科学发展新学说。它是立足中国、面向世界、通向未来的马克思主义发展学说，必将指引着中国特色社会主义沿着绿色发展与绿色崛起的科学发展道路不断前进。

---

① 李克强：《推动绿色发展　促进世界经济健康复苏和可持续发展》，2010年5月9日《光明日报》。

② 刘思华：《科学发展观视域中的绿色发展》，载《当代经济研究》2011年第5期，第65～70页。

③ 中共中央文献研究室：《科学发展观重要论述摘编》，北京：中央文献出版社，2008年版，第34页、第29页。

“中国智慧”不仅从绿色经济的根本属性与本质内涵论证了绿色经济是生态文明的经济范畴，而且从绿色发展的根本属性与本质内涵界定了绿色发展是生态文明的发展范畴。故笔者把绿色发展表述为：“以生态和谐为价值取向，以生态承载力为基础，以有益于自然生态健康和人体生态健康为终极目的，以追求人与自然、人与人、人与社会、人与自身和谐发展为根本宗旨，以绿色创新为主要驱动力，以经济社会各个领域和全过程的全面生态化为实践路径，实现代价最小、成效最大的生态经济社会有机整体全面和谐协调可持续发展，因此，绿色发展必将使人类文明进步和经济社会发展更加符合自然生态规律、社会经济规律和人自身的规律，即支配人本身的肉体存在和精神存在的规律（恩格斯语）”[①]或者说“更加符合三大规律内在统一的”自然、人、社会有机整体和谐协调发展的客观规律。现在我要进一步指出的是，从学理层面上说，绿色发展的理论本质是“生态经济社会有机整体全面和谐协调可持续发展”；从实践层面上看，绿色发展的实践主旨是实现“生态经济社会有机整体全面和谐协调可持续发展”。现在我们完全可以作出一个理论结论：绿色发展是生态经济社会有机整体全面和谐协调可持续发展的形象概括与现实形态。正是在这个意义上说，绿色发展是永恒的经济社会发展。这是客观真理。

4．绿色发展学说中若干基本理论观点和现实问题

（1）绿色发展的经济学诠释，就是绿色经济与绿色发展内在统一的绿色经济发展。笔者在 2002 年《发展绿色经济的理论与实践探索》的学术报告中，首次提出了绿色经济发展新观念和构建了绿色经济发展理论的基本框架，明确指出：“发展绿色经济是建设生态文明的客观基础和根本问题”，“绿色经济发展是人类文明时代的工业文明时代进入生态文明时代的必然进程”，“是推进现代经济的‘绿色转变’走出一条中国特色的绿色经济建设之路”，“必将引起 21 世纪中国现代经济发展的全方位的深刻变革，是中国经济再造的伟大革命”，还强调指出：“只有建立生态市场经济制度才能真正走出一条中国特色的绿色经济发展道路。”[②]因此，21 世纪中国绿色发展道路在经济领域内，就是绿色经济发展道路，这是中国特色社会主义经济发展道路走向未来的必由之路。

（2）20 世纪人类文明发展事实表明工业文明发展黑色化是常态，故工业文明确实是黑色文明，其发展是黑色发展，它的一切光辉成就的取得，说到底是以牺牲

---

① 刘思华：《生态马克思主义经济学原理》（修订版），北京：人民出版社，2014 年版，第 578～579 页。

② 刘思华：《刘思华文集》，武汉：湖北人民出版社，2003 年版，第 607～612 页。

自然生态、社会生态和人体生态为代价，创造着黑色的文明史。因此，生态马克思主义经济学哲学得出一个人类文明时代发展特征的结论："工业文明是黑色发展时代，生态文明是绿色发展时代……'中国智慧'对从工业文明黑色发展向生态文明绿色发展巨大变革的认识，是21世纪中华文明发展头等重要的发现，是科学的最大贡献。"[①]从工业文明黑色发展走向生态文明绿色发展是生态经济社会有机整体的全方位生态变革与全面绿色创新转变，是人类文明发展史上最伟大的最深刻的生态经济社会革命。它的中心环节是要实现工业文明黑色发展道路向生态文明绿色发展道路的彻底转轨，其关键所在是要实现工业文明黑色发展模式向生态文明绿色发展模式的全面转型。[②]只有实现这两个"根本转变"，人类文明形态演进和经济社会形态演进才能真正迈向生态文明与绿色经济发展新时代。

(3) 和谐发展和绿色发展是生态文明的根本属性与本质特征的两种体现，是生态文明时代生态经济社会有机整体全面和谐协调可持续发展的两个方面。这是因为：① 生态马克思主义经济学哲学告诉我们，人类文明进步和经济社会发展的实质就是自然、人、社会有机整体价值的协调与和谐统一，是实现人与自然、人与人、人与社会、人与自身的全面和谐协调，成为人类文明进步与经济社会发展的历史趋势和终极价值追求。因此，笔者在《生态马克思主义经济学原理》一书中就指出了狭义与广义生态和谐论，指出"狭义生态和谐"就是人与自然的和谐发展即自然生态和谐，这是狭义生态文明的核心理念。而和谐发展不仅是人与自然的和谐发展，还包括人与人、人与社会及个人的身心和谐发展，于是我把这"四大生态和谐"称之为"广义的生态和谐"的全面和谐发展。这是广义生态文明的根本属性与本质特征，就必然成为生态文明的绿色经济形态与绿色发展模式的根本属性与本质特征。② 生态马克思主义经济学哲学还认为，从自然、人、社会有机整体的四大生态和谐协调发展意义上说，生态和谐协调发展已成为当今中国和谐协调发展的根基。这是绿色发展的核心与灵魂。因此，建设生态文明、发展绿色经济、推进绿色发展，必须贯穿于中国生态经济社会有机整体发展的全过程和各个领域，不断追求和递进实现"四大生态关系"的全面和谐发展，这是绿色发展的真谛。

---

① 刘思华：《生态马克思主义经济学原理》（修订版），北京：人民出版社，2014年版，第579页。

② 胡鞍钢教授在《中国：创新绿色发展》一书中认为："以高消耗、高污染、高排放为基本特征的发展，即黑色发展模式。"我认为应当以高投入、高消耗、高排放、高污染、高代价为基本特征的发展就是工业文明黑色发展模式，而以"五高"黑色发展模式为基本内容与发展思路就是工业文明黑色发展道路。

（4）全面生态化或绿色化是绿色发展的主要内容与基本路径。2011 年夏，中国绿色发展战略研究组课题组撰写的《关于全面实施绿色发展战略向十八大报告的几点建议》一书指出：按照马克思主义生态文明世界观和方法论，生态化应当写入党代会报告，使中国特色社会主义旗帜上彰显着社会主义现代文明的生态化发展理念，这是建设社会主义生态文明的必然逻辑，是发展绿色经济、实现绿色发展的客观要求，是构建社会主义和谐社会的必然选择。这里所说的生态化发展理念，就是绿色发展理念。后者是前者的现实形态与形象概括，在此我们很有必要作进一步论述：

- ☞ 生态化是一个综合科学的概念，是前苏联学者首创的现代生态学的新观念：早在 1973 年苏联哲学家 B. A. 罗西在《哲学问题》杂志上发表的《论现代科学的"生态学化"》一文中，就将生态化称为"生态学化"，其本质含义是"人类实践活动及经济社会运行与发展反映现代生态学真理"。以此观之，生态化主要是指运用现代生态学的世界观和方法论，尤其依据"自然、人、社会"复合生态系统整体性观点考察和理解现实世界，用人与自然和谐协调发展的观点去思考和认识人类社会的全部实践活动，最优地处理人与自然的自然生态关系、人与人的经济生态关系、人与社会的社会生态关系和人与自身的人体生态关系，最终实现生态经济社会有机整体全面和谐协调可持续的绿色发展"。[①]生态化这个术语是国内外学者，尤其在中国新兴、交叉学科的学者广泛使用的新概念，其论著中使用的频率最高，当代中国已经出现新兴、交叉经济学生态化趋势。因此，这个界定从学理上说，我们可以作出一个合乎逻辑的结论：生态化应当是生态文明与绿色发展的重要范畴，甚至是基本范畴。
- ☞ 当今人类生存与发展需要进行一场深刻的生态经济社会革命，走绿色发展新道路，推进人类生存与发展的生产方式和生活方式的生态化转型，实现人类生存方式的全面生态化。它就内在要求人类社会的经济、科技、文教、政治、社会活动等经济社会运行与发展的全面生态化。在当代中国就是使中国特色社会主义生态经济社会体系运行朝着生态

① 刘思华：《论新型工业化、城镇化道路的生态化转型发展》，载《毛泽东邓小平理论研究》2013 年第 7 期，第 8～13 页。

化转型的方向发展。这种生态化转型发展就成为生态经济社会运行与发展的内在机制、主要内容、基本路径与绿色结果。这样的当代中国走生态化转型发展之路，是走绿色发展的必由之路与基本走向。可以说，“顺应生态化转型者昌，违背生态化转型者亡。”[①]这不仅是当今人类文明进步和世界经济社会发展，而且是中国特色社会主义文明进步和当代中国经济社会发展的势不可当的生态化即绿色化发展大趋势。

☞ 生态马克思主义经济学哲学强调生态文明是广义和狭义生态文明的内在统一，[②]并把广义生态文明称为绿色文明，既然生态化是生态文明的一个重要范畴，那么它就同生态文明，也是广义与狭义生态化的内在统一；这样说，可以把广义生态化称之为绿色化。两者的本质内涵是完全一致的。2015 年 3 月 24 日，中共中央政治局审议通过的《关于加快推进生态文明建设的意见》首次使用了绿色化这一术语，要求在当前和今后一个时期内，协同推进新型工业化、城镇化、信息化、农业现代化和绿色化。如果说绿色发展（包括循环发展和低碳发展）是生态文明建设的基本途径，那么可以说生态化发展是生态文明建设的内在机制和基本内容与途径。这是因为生态文明建设的理论本质是以生态为本，即主要是以增强提高自然生态系统适应现代经济社会发展的生态供给能力（包括资源环境供给能力）为出发点和落脚点，既要构建优化自然生态系统，又要推进社会经济运行与发展的全面生态化，建立起具有生态合理性的绿色创新经济社会发展模式。所以“生态文明建设的实践指向，是谋求生态建设、经济建设、政治建设、文化建设与社会建设相互关联、相互促进，相得益彰、不可分割的统一整体文明建设，用生态理性绿化整个社会文明建设结构，实现物质文明建设、政治文明建设、精神文明建设、和谐社会建设的生态化发展。这是中国特色社会主义生态文明建设的真谛。”[③]

☞ 笔者借写“丛书”总序之机，代表中国绿色发展战略研究组课题组和“丛书”的作者们向党中央建议：两年后把“绿色化”或“生态化”

① 刘本炬：《论实践生态主义》，北京：中国社会科学出版社，2007 年版，第 136 页。
② 刘思华：《生态马克思主义经济学原理》（修订版），北京：人民出版社，2014 年版，第 540～542 页。
③ 刘思华：《生态马克思主义经济学原理》（修订版），北京：人民出版社，2014 年版，第 549 页。

写入党的十九大报告，使它成为中国特色社会主义道路从工业文明黑色发展道路向生态文明绿色发展道路全面转轨的一个象征，成为当今中国社会主义经济社会发展模式从工业文明黑色发展模式向生态文明绿色发展模式全面转型的一个标志，成为中国特色社会主义文明迈向社会主义生态文明与绿色经济发展新时代的一个时代标识。

四、关于迈向生态文明绿色发展的使命与任务问题

自 2008 年国际金融危机以来，绿色经济与绿色发展迅速兴起，是有着深刻的生态、经济和社会历史背景的。应当说，首先是发源于回应工业文明黑色发展道路与模式的负外部效应所积累的全球范围“黑色危机”越来越严重，已经走到历史的巅峰。“物极必反”，工业文明黑色发展道路与模式的历史命运也逃避不了这个历史的辩证法。它在其黑色发展过程中自我否定因素不断生成，形成向绿色经济与绿色发展转型的因素日渐清晰彰显，使我们看到了绿色经济与绿色发展的时代晨光，人类正在迎来生态文明绿色发展的绿色黎明。这是人类实现生态经济社会全面和谐协调可持续发展的历史起点。

1．我们必须深刻认识和正确把握生态文明的绿色发展道路与模式的时代特征

迈向生态文明绿色经济发展新时代的时代特色应是反正两层含义：一是当今世界仍然处于黑色文明达到了全面异化的巨大危机之中，使当今人类面临着前所未有的工业文明黑色危机的巨大挑战；二是巨大危机是巨大变革的历史起点，开启了绿色文明绿色发展的新格局、新征途，使人类面临着前所未有的绿色发展历史机遇，并给予全面生态变革与绿色转型的强大动力。因此，当今人类正处于工业文明黑色发展衰落向生态文明绿色发展兴起的更替时期。这是危机创新时代，黑色发展危机逼进绿色创新发展，绿色创新发展走出黑色发展危机。毫无疑问，当今世界和当代中国的一个生态文明绿色创新发展时代正在到来。对此，我们必须从工业文明黑色发展危机来认识与把握生态文明绿色发展道路与模式的历史必然性和现实必要性与可能性。

(1) 历史和现实已经表明，自 18 世纪资本主义工业革命以来，在工业文明（包括其最高阶段的后工业文明）时代资本主义文明及工业文明成功地按照自身发展的工业文明发展模式塑造全世界，将世界各国都引入工业文明黑色经济与黑色发展道路与模式，形成了全球黑色经济与黑色发展体系。当今中外多学科学者在对工业文

明黑色发展的反思与批判中，有一个共识：黑色文明发展一方面使物质世界日益发展，物质财富不断增加；另一方面使精神世界正在坍塌，自然世界濒临崩溃，人的世界正在衰败。它不仅是自然异化，而且是人的物化、异化和社会的物化、异化。当今世界的南北两极分化加剧，以美国为首的国际垄断资本主义势力为掠夺自然资源不断发动地区战争，没有硝烟的经济战和经济意识形态战频发；恐怖主义嚣张，物质主义、拜金主义、消费主义盛行，道德堕落和精神与理智崩溃，无论是发达国家还是发展中国家内部的贫富悬殊、两极分化正在加剧，各种社会不公正与不平等的社会生态关系恶化加深，已成为当今世界的社会生态黑色发展现实。因此，当今工业文明黑色发展的黑色效应已经全面地、极大地显露出来了，使工业文明黑色发展成为当今世界以及大多数国家和民族发展的现状特征。正是在这个意义上，我们完全可以说，当今人类已经陷入工业文明发展全面异化危机及黑色深渊，使今日之工业文明黑色发展达到了可以自我毁灭的地步，同时也包含着克服、超越工业文明黑色发展险境的绿色发展机遇和种种因素条件，也就预示着黑色发展道路与模式的生态变革与绿色转型是历史的必然。这就是说，如果人类不想自我毁灭的话，就必须自觉地走超越工业文明的生态文明绿色发展的新道路，及构建绿色发展的新模式。这是历史发展的必然道路，是化解当今工业文明黑色发展危机的人类自觉的选择，也是唯一正确的选择。

(2) 深刻认识和真正承认开创生态文明绿色发展道路与模式的现实必要性和紧迫性。这首先在于当今世界系统运行是依靠“环境透支”“生态赤字”来维持，使自然生态系统的生态赤字仍在扩大，将世界各国都绑在工业文明黑色发展之舟上航行。工业文明发展的一切辉煌成就的取得，都是以自然、人、社会的巨大损害为代价，尤其是以毁灭自然生态环境为代价的，这是西方各学科的进步学者的共识，也是中国有社会良知的学者的共识。在 1961 年人类一年只消耗大约 2/3 的地球年度可再生资源，世界大多数国家还有生态盈余。大约从 1970 年起，人类经济社会活动对自然生态的需求就逐步接近自然生态供给能力的极限值，自 1980 年首次突破极限形成“过冲”以来，人类生活中的大自然的生态赤字不断扩大，到 2012 年已经需要 1.5 个地球才能满足人类正常的生存与发展需要。因此，《增长的极限》一书的第 2 版即 1992 年版译者序就明确指出：“人类在许多方面已经超出了地球的承载能力之外，已经超越了极限，世界经济的发展已经处于不可持续的状况。”足见工业文明黑色发展确实是一种征服自然、掠夺自然、不惜以牺牲自然生态来换取经济发展的黑色发展道路，使“今天世界上的每一个自然系统都在走向衰落”。[①]进入21世纪的15年间，生态赤字继续扩大、自然生态危机及黑色发展危机日益加深。对此，《自然》杂志发文说：“地球生态系统将很快进入不可逆转的崩溃状态。”[②]联合国环境规划署2012年6月6日在北京发布全球环境展望报告中指出，当今世界仍沿着一条不可持续之路加速前行，用中国学者的话说，就是人类仍在继续沿着工业文明黑色发展道路加速前行。因此，从全球范围来看，“目前还没有一个国家真正迈入了‘绿色国家的门槛’”[③]，这是不可否认的客观事实。据报道，今年春季欧洲大面积雾霾污染重返欧洲蓝天，使巴黎咳嗽、伦敦窒息、布鲁塞尔得眼疾……这是今春西欧地区空气污染现状大致勾勒出的一幅形象的画面。这就意味着这些欧洲各城市又重新回到大气危机的黑色轨道上来了，因此，人们发出了西欧“霾害根除”还只是个传说之声。这的确是事实，欧洲遭遇空气污染已经不是新鲜事。2011年9月7日英国《卫报》网站曾报道，欧洲空气质量研究报告称空气污染导致欧洲每年有50万人提前死亡，全欧用于处理空气污染的费用高达每年7 900亿欧元。2014年11月19日西班牙《阿贝赛报》报道，欧洲环境署公布的空气质量年度报告显示空气污染问题造成欧洲每年大约45万人过早死亡，其中约有43万人的死因是生活在充满$PM_{2.5}$的环境中。2014年4月初，英国环境部门监测到伦敦空气污染达10级，是1952年以来最严重的污染，引发全国逾162万人哮喘病发[④]。近年来欧洲大面积雾霾污染事件，击碎了英国、法国、比利时等发达国家是“深绿发展水平国家”的神话。

(3) 一个国家和民族或地区经济社会运行，从生态盈余走向生态赤字并不断扩大的发展道路，就是工业文明的黑色发展道路，其自然生态环境必然是不断恶化的，没有绿色发展可言。与此相反，从生态赤字逐步减少走向生态盈余的发展道路，就是迈向生态文明的绿色发展道路，其自然生态环境不断朝着和谐协调绿色发展的方向前行。因此，逐步实现生态赤字到生态盈余的根本转变，构成判断是不是绿色发展及一个国家和民族及地区是不是“绿色国家”的一个基础根据与根本标准。据此，抛弃工业文明黑色发展模式，坚定不移走绿色发展道路，其根本的、最终的目标与

---

① 保罗·替肯：《商业生态学》（中译本），上海：上海译文出版社，2001年版，第26页。

② 详见2012年7月28日《参考消息》，第7版。

③ 杨多费、高飞鹏：《绿色发展道路的理论解析》，载《科学管理研究》第24卷第5期，第20～23页。

④ 戴军：《英国：“霾害根除”还只是个传说》，2015年3月22日《光明日报》。

首要任务就是尽快扭转自然生态环境恶化趋势，实现生态赤字到生态盈余的根本转变，达到生态资本存量保持非减性并有所增殖，这是人类生态生存之基、绿色发展之源。

2. 开创绿色经济发展新时代的绿色使命与历史任务

当今人类发展已经奏响绿色经济与绿色发展的新乐章。发展绿色经济、推进绿色发展是开创绿色经济发展新时代的绿色使命与历史任务，必将成为人类文明演进与经济社会发展的时代潮流。从全球范围来看，迄今为止，世界上还没有一个国家或地区真正是生态文明的绿色国家或绿色地区，中国也不例外。但是当今世界主要发达国家和发展中国家，已经奏响经济社会发展绿色低碳转型的主旋律，开始朝着建设绿色国家或地区，推进绿色发展的方向前行。在此我们要指出的是，发展绿色经济、推进绿色发展是世界各国的共同目标和绿色使命。2010 年美国学者范•琼斯出版的《绿领经济》一书谈到美国兴起的绿色浪潮时说："不管是蓝色旗帜下的民主党人还是红色旗帜下的共和党人，一夜之间都摇起了绿色的旗帜。"[①]奥巴马政府实行绿色新政，主打绿色大牌，实施绿色经济发展战略，其战略目标是要促进经济社会发展的绿色低碳转型，再造以美国为中心的国际政治经济秩序。以北欧为代表的部分国家如瑞典、丹麦等在实施绿色能源计划方面走在世界前列。日本推进以向低碳经济转型为核心的绿色发展战略总体规划，力图把日本打造成全球第一个绿色低碳国家。韩国制定和实施低碳绿色增进的经济振兴国家战略，使韩国跻身全球"绿色大国"之列。尤其是在绿色新政席卷全球时，不仅美国而且英、德、法等主要发达国家，都企图引领世界绿色潮流。这些事实充分表明发展绿色经济、推进绿色低碳转型、实现绿色发展，是世界发展的新未来、新道路，已成为 21 世纪人类文明进步和经济社会发展的主旋律即绿色发展主旋律，标志着当今人类发展已经开启了迈向绿色经济发展新时代的新航程。

然而，历史发展不是一条直线，而是螺旋式上升的曲线。当今人类历史仍处在资本主义文明及工业文明占主导地位的时代，主要资本主义国家仍有很强的调整生产关系、分配关系和社会关系的能力和活力。因此，主要资本主义国家尤其是西方发达资本主义国家，在工业文明基本框架内对生态环境与绿色经济的认识，制定和实行生态环境保护、治理与生态建设政策、措施和行动，并发展绿色经济，来调节、

---

① 范•琼斯：《绿领经济》（胡晓姣、罗俏鹃、贾西贝译），北京：中信出版社，2010 年版，第 55 页。

缓解资本主义生态经济社会矛盾，力图走出工业文明发展全面异化危机即黑色发展困境。但是，正如一些学者所指出的，“事实的真相”则是到目前为止，西方发达资本主义国家所实施的绿色经济发展战略和自然生态环境治理与修复的思路与方案，主要是在工业文明基本框架内进行①，仍然没有根本触动工业文明也无法超越现存资本主义文明的黑色经济社会体系。这主要表现在两个方面：一是西方发达资本主义国家对内实行绿色资本主义的发展路线。目前西方发达国家主要是在不根本触动资本主义文明及工业文明黑色经济体系与发展模式的前提下，通过单纯的技术路线来治理、修复、改善自然生态环境，寻求自然生态环境和资本主义协调发展，缓解人与自然的尖锐矛盾，并在对高度现代化的工业文明重新塑造的基础上走有限的“生态化或绿色化转型发展道路”，即绿色发展道路，实践已经论证，这是不可能走出工业文明黑色危机的。今春欧洲大面积雾霾污染重返欧洲蓝天就是有力佐证。二是目前西方发达资本主义国家对外实行生态帝国主义政策，主要有3种形式：资源掠夺、污染输出和生态战争，使发达资本主义大多数踏上了生态帝国主义黑色之路，使西方发达国家的黑色发展道路与模式所付出的高昂生态环境成本即发生巨大黑色成本由发展中国家为他们“买单”。因此，我们从现实中可以看到，绿色资本主义和生态帝国主义的路线与实践不仅可以成功地改善资本主义国家国内的自然生态环境，缓解甚至能够度过“生存危机”，而且可以“在承担着创造后工业文明时代资本主义的‘绿色经济增长’和‘绿色政治合法性’新机遇的使命。”②

当今人类虽然正在迎来生态文明即绿色文明的黎明，但人类文明发展却是在迂回曲折中前进的。自2008年国际金融危机之后，先是美国实行“再工业化战略”，推进“制造业回归”。随后欧洲发达国家纷纷宣称要“再工业化”，不仅把包括绿色能源战略在内的绿色经济发展战略纳入经济复苏的轨道，而且还针对经济虚拟化、产业空心化，试图通过实施“再工业化战略”和“回归实体经济”，重塑日益衰落的工业文明生态缺位的黑色经济，重新走上工业文明增长的经济发展道路。这是向高度现代化的工业文明发展的回归，阻碍着人类文明发展迈向生态文明绿色经济发展新时代。

按照生态马克思主义经济学哲学观点，在资本主义文明及工业文明框架的范围

① 张孝德：《生态文明模式：中国的使命与抉择》，载《人民论坛》2010年第1期，第24～27页。

② 郇庆治：《“包容互鉴”：全球视野下的“社会主义生态文明”》，载《当代世界与社会主义》2013年第2期，第14～22页。

内，是不可能从根本上走出工业文明发展全面异化危机即黑色危机的深渊。对此，连西方学者也认为：在资本主义文明及工业文明的“基本框架内对经济运行方式、政治体制、技术发展和价值观念所作的任何修补和完善，都只能暂时缓解人类的生存压力，而不可能从根本上解决困扰工业文明的生态危机。”①这就是说，绿色资本主义和生态帝国主义的推行会使全球自然生态、社会生态和人类生态的黑色危机越来越严重。这与20世纪90年代以来世界各国在工业文明框架内实施可持续发展一样，其结果是“20多年来的可持续发展，并没有有效遏制全球范围的环境与生态危机，危机反而越来越严重，越来越危及人类安全。”②因此，世界人民有理由把更多的目光集聚到社会主义中国，将开创工业文明黑色发展道路与模式转向生态文明绿色发展道路与模式，这一人类共同的绿色使命与历史任务寄托于中国建设社会主义生态文明。2011年在美国召开的生态文明国际论坛上有位美国学者说道：“所有迹象表明，美国政府依然将在错误的道路上越走越远。”“所有目光都聚到了中国。放眼全球，只有中国不仅可以，而且愿意在打破旧的发展模式、建立新的发展模式上有所作为。中国政府将生态文明纳入其发展指导原则中，这是实现生态经济所必需的，并使得其实现变为可能，是一个高瞻远瞩的规划。”③

3. 中国在当今世界已经率先拉开超越工业文明的社会主义生态文明绿色经济发展新时代的序幕，引领全人类朝着生态文明绿色经济形态与绿色发展模式的方向发展

我国改革开放以来，始终坚持保护环境和节约资源的基本国策，实施可持续发展战略，一些省市和地区实行“生态立省（市）、环境优先、发展与环境、生态与经济双赢”的战略方针。从发展生态农业、生态工业到建设生态省、生态城市、生态乡村；从坚持走生产发展、生活富裕、生态良好的文明发展道路，建设资源节约型、环境友好型经济社会，到发展绿色经济、循环经济、低碳经济；从大力推进生态文明建设到着力推进绿色发展、循环发展、低碳发展等，都取得了明显进展和积极成效。特别是党的十八大确立了社会主义生态文明科学理论，提出和规定了建设

① 转引自杨通进：《现代文明的生态转向》，重庆：重庆出版社，2007年版，总序第4页。

② 胡鞍钢：《中国：创新绿色发展》，北京：中国人民大学出版社，2012年版，第9页。

③ 《第五届生态文明国际论坛会议论文集（中英文）》，April 28-29，2011，Claremont，CA，USA，Fifth International Forum on Ecological Civilization：toward an Ecological Economics。

中国特色社会主义的两个“五位一体”[①]：建设中国特色社会主义“五位一体”总体目标，使中国特色社会主义道路的基本内涵更加丰富；建设中国特色社会主义“五位一体”总体布局，使中国特色社会主义的基本纲领更加完善。这不仅是奏响我们党“领导人民建设社会主义生态文明”（新党章语）的新乐章，而且标志着全国人民踏上社会主义生态文明绿色发展道路的新征途。因此，党的十八大明确提出“努力建设美丽中国”是社会主义生态文明建设的战略目标，即建设美丽中国首先是建设绿色中国，其中心环节就是走出一条生态文明绿色经济发展道路，构建绿色经济形态与发展模式。据此而言，党的十八大向全党全国人民发出的“努力走向社会主义生态文明新时代”的伟大号召，意味着中国特色社会主义文明发展要努力迈向生态文明绿色经济与绿色发展新时代。为此，《中共中央 国务院关于加快推进生态文明建设的意见》中又提出把经济社会绿色化作为生态文明建设与绿色发展的核心内容与基本途径，从而在当今世界率先开拓了从工业文明黑色发展道路与模式转向生态文明绿色发展道路与模式，使当下中国朝着生态文明绿色经济形态与发展模式的方向发展，努力成为成功走出工业文明的新型工业化道路、真正进入生态文明的绿色化发展道路的榜样国家。

当然，当今中国的客观现实还是一个加速实现工业化的发展中国家，刚走过发达国家100多年所走过的工业文明发展历程，成为以工业文明为主导形态的工业大国。在这几十年间，中国工业化、现代化道路的探索，尽管在一定程度上符合中国国情和实际情况，但仍然走的是工业文明黑色发展与黑色崛起道路，它在本质上是沿袭了西方发达资本主义文明所走过的高碳高熵高代价的工业文明——“先污染后治理、边污染边治理”的黑色发展道路。因此，我们“不得不承认，我们原先走在黑色发展和崛起的征途上，所以尽管我们即使按西方工业文明的标准未达到发展与崛起的程度，但是黑色发展和崛起的一切代价和后果我们都已尝到了。”[②]历史经验教训值得重视，党的十八大之前的20多年里，我们在没有根本触动刚刚形成的工业文明经济社会形态前提下，换言之，在工业文明基本框架内实施可持续发展战略、生态环境治理与修复，建设生态省市，走文明发展道路以及发展绿色经济等，是不可能有效遏制、克服工业文明黑色发展道路与模式的黑色效应，工业文明发展异化

① 刘思华：《生态马克思主义经济学原理》（修订版），北京：人民出版社，2014年版，第561～566页。
② 陈学明：《生态文明论》，重庆：重庆出版社，2008年版，第22页。

危机即黑色危机反而日益严重。它突出体现在3个方面[①]：一是当下中国自然生态恶化状况从总体上看，范围在扩大、程度在加深、危害在加重；二是城乡地区差距不断扩大、分配不公与物质财富占有的贫富悬殊已成常态；三是平民百姓生活质量相对变差等社会生态恶化，公众健康相对变差的国民人体生态恶化等，使得生态经济社会矛盾不断积累与日益突出甚至不同程度的激化，已成为建设美丽中国、全面建成小康社会的重大“瓶颈”，是实现绿色中国梦的最大桎梏。因此，我们必须正视当下中国“自然、人、社会”复合生态系统的客观现实，深刻认识与正确把握当今中国从工业文明黑色发展道路向生态文明绿色发展道路的全面转轨，从工业文明黑色发展模式向生态文明绿色发展模式的全面转型的必要性、迫切性、重要性与艰巨性。事实上，近年来，我国学术界有人为了所谓填补研究空白、标新立异，制造一些伪绿色发展论，不仅把西方主要发达国家说成是“深绿色发展国家”，掩盖当今资本主义国家工业文明发展全面恶化危机即黑色危机的客观现实；而且把处于“十面霾伏”的雾霾污染重灾区的京津冀、长三角、珠三角的一些城市界定为“高绿色城镇化”，这完全不符合客观事实的假命题，否定不了当下中国及城市自然生态危机仍在加深的严峻事实，动摇不了我国以壮士断腕的决心和信心，打好大气、水体、土壤污染的攻坚战和持久战。

所谓攻坚战和持久战，就在于当前国内外事实表明，大气、水体、土壤污染治理与修复已成为世界性的难题。而当今中国大气、水体、土壤污染日益严重，应当说是长期中国工业化、城市化黑色发展积累的必然恶果，是中国工业文明黑色发展道路与模式对自然生态损害的直观展示，是对中国过去GDP至上主义发展的严厉惩罚及严重警示。改革开放30多年，中国经济发展规模迅速扩大，快速成长为工业文明经济大国，这是世所罕见的。然而，它所付出的自然生态环境代价也是世所罕见的。当今世界上很少有国家像中国这样，以如此之高的激情加速折旧自己的生态环境未来，已经是世界头号污染排放大国，正如国内外学者所指出的，中国已经成为世界上最大的“黑猫”，“全球最大的生态‘负债国’”[②]。目前中国生态足迹是生物承载力的两倍，生态系统整体生态服务功能不断退化，生态赤字还在扩大。中

① 刘思华：《论新型工业化、城镇化道路的生态化转型发展》，载《毛泽东邓小平理论研究》2013年第7期，第8～13页。

② 卢映西：《出口导向型发展战略已不可持续——全球经济危机背景下的理论反思》，载《海派经济学》2009年第26辑，第81页。

国生态系统的生态负荷已达到临界状态，一些资源与环境容量已达支撑极限，经济社会发展是依靠“环境透支”与“生态赤字”来维持。因而，生态赤字不断扩大，生态（包括资源环境）承载力日益下降，在大中城市尤其是大城市十分突出，如上海市人均生态足迹是人均生态承载力的 46 倍，广州市为 31 倍，北京市为 26 倍。在存在生态赤字的国家中，日本是 8 倍，其他国家均在 2～3 倍，中国大城市特大城市普遍存在巨大的生态赤字，都面临比其他国家更为严峻的自然生态危机[①]。由此要进一步指出，目前全国 600 多个大中城市，特别是大城市，其高速发展不仅正在遭遇各种环境污染，如水、土、气三大污染之困，而且正在遭遇“垃圾围城”之痛，有 2/3 的城市陷入垃圾的包围之中，有 1/4 的城市已没有适合场所堆放垃圾，从而加剧了城市生态系统的黑色危机。近日有学者发文认为，“中国城镇化离绿色发展要求的内涵、绿色发展的模式相去甚远”，“中国的绿色发展目标尚未实现”[②]。这就是说，迄今为止，我国还没有一个大中城市真正走入按照社会主义生态文明的本质属性与实践指向所要求的生态文明绿色城市的门槛，这是不容争辩的客观事实。

综上所述，无论当今世界还是今日中国，生态足迹不断增加，生态赤字日益扩大，这是自然生态危机的核心问题与根本表现。而当下中国各类环境污染呈现高发态势，已成民生之患、民心之痛、发展之殇；生态赤字与生态资本短缺仍在加重，使我国进入生态“还债”高发期，良好的自然生态环境已经成为最为短缺的生活要素、生产要素及生存发展要素。这就决定了生态环境问题是严重制约中国生态经济社会有机整体、全面和谐协调可持续发展的最短板，是建设美丽中国、实现绿色中国梦的最大阻碍，是中国绿色发展与绿色崛起面临的最大挑战与绿色压力。因此，我们要直面这一严峻现实，必须也应当摆脱与摒弃过去所走过的工业文明高碳高熵高代价的黑色发展道路，与工业文明黑色发展模式彻底决裂，积极探索生态文明低碳低熵低代价的绿色发展道路及发展模式，使中国特色社会主义文明发展尽早实现从工业文明黑色发展道路与模式向生态文明绿色发展道路与模式的根本转变，成功地建成生态文明绿色强国。

---

① 齐明珠、李月：《北京市城市发展与生态赤字的国内外比较研究》，载《北京社会科学》2013 年第 3 期，第 128～134 页。

② 庄贵阳、谢海生：《破解资源环境约束的城镇化转型路径研究》，载《中国地质大学学报（社科版）》2015 年第 2 期，第 1～10 页。

五、关于“绿色经济与绿色发展丛书”的几点说明

“绿色经济与绿色发展丛书”是目前世界和中国规模最大的绿色社会科学研究与出版工程，覆盖数十个社会科学学科和自然科学学科，是现代经济理论与发展思想学科群绿色化的开篇，故不得不说明几点：

(1)“丛书”站在中国特色社会主义文明从工业文明走向生态文明的文明形态创新、经济社会形态创新、经济发展模式及发展方式创新的新高度，不仅探讨了中国社会主义经济的发展道路、发展战略、发展模式和发展体制机制等生态变革与绿色创新转型即生态化、绿色化发展，而且提出了从国民经济各部门、各行业到经济社会发展各领域等方面，都要朝着生态化、绿色化方向发展。为建设社会主义生态文明和美丽中国，实现把我国建成绿色经济富国、绿色发展强国的绿色中国梦，提供新的科学依据、理论基础和实践框架及路径。

(2)“丛书”力争出版45部，涉及学科很多、内容广泛，理论与实践问题研究较多，大致可以归纳为4个方面：一是深化生态文明和绿色经济与绿色发展的马克思主义基础理论研究；二是若干重大宏观绿色化问题研究；三是主要领域、重要产业与行业发展绿色化问题研究；四是微观绿色化问题研究。因此，整部“丛书”是以建设生态文明为价值取向，以发展绿色经济为主题，以推进绿色发展为主线，比较全面、系统地探讨生态经济社会及各领域、国民经济各部门、各行业与其微观基础的绿色经济与绿色发展理论和实践问题；向世界发出“中国声音”，展示中国的绿色经济发展理论与实践的双重探索与双重创新。

(3)“丛书”是新兴、交叉学科群绿色化多卷本著作，必然涉及整个经济理论与发展学说和马克思主义的基本原理与重要的基本理论问题，并涉及众多的非常重要的现实的前沿话题，难度很大，有些认识还只能是理论的假设与推理，而作者和主编的多学科知识和理论水平又很有限，因而“丛书”作为学科群绿色化的开篇，很难说是一个十分让人满意的开头，只能是给读者和研究者提供一个学术平台继续深入探讨，共同迎接绿色经济理论与绿色发展学说的繁荣与发展。

(4)“丛书”把西方世界最早研究生态文明的专家——美国的罗伊·莫里森所著的《生态民主》译成中文出版。《生态民主》一书于1995年出版英文版，至今已有20年了，中国学界和出版界却无人做这项引进工作，出版中译本。近几年来，在我国研究生态文明的热潮中，很多论文和著作都提到《生态民主》一书，尤其我

国权威媒体记者多次采访莫里森，使这本书在中国有较大影响。然而，众多研究者介绍本书时都没有具体内容，既没有看英文版原版，又无中译本可读，只是相互转抄、添油加醋，就产生了一些学术误传，不利于正确认识世界生态文明思想发展史，更不能正确认识中国马克思主义生态文明理论发展史。因此，笔者下决心请刘仁胜博士译成中文，由中国环境出版社出版，与中国学者见面。在此，我要强调指出的是莫里森先生所写中译本序言和该书一些基本观点，并不代表我作为“丛书”主编的观点，我们出版中译本是表明学术思想的开放性、包容性，为中国学者深入研究生态文明提供思想资料与学术空间，推动社会主义生态文明理论与实践研究不断创新发展。

(5)“丛书”的作者们在梳理前人和他人一些与本领域有关的思想材料、引用观点时，都尽可能将原文在脚注和参考文献中一一列出，也有可能被遗漏，在此深表歉意，请原著者见谅。在此，我们还要指出的是，“丛书”是“十二五”国家重点图书出版规划项目，多数书稿经历了四五年时间才完稿，有的书稿所引用的观点和材料是符合当时实际的。党的十八大后，党和政府对市场经济发展进程中出现的某些经济社会问题，认真地进行治理并有所好转，但在出版时对书稿中过去的材料未作改动，把它作为历史记录保留在书中，特此说明。总之，“丛书”值得商榷之处一定不少，缺点甚至错误在所难免，故热切盼望得到专家指教和广大读者指正。

刘思华

2015 年 7 月

目 录

Contents

第 1 章

绿色税收一般分析

自然生态系统作为人类生存空间，承载着人类的活动，支撑着人类的进步。早期人类无偿、无节制地开发利用自然资源，扰乱了生态系统的内在平衡，使得环境日益恶化。解决环境问题的方法多种多样，无论哪一种方法，其核心都是环境资源的合理定价和有偿使用，解决私人成本与社会成本的背离。绿色税收是环境价格的表现方式，绿色税收缘起于环境资源问题，其逻辑分析的起点是环境资源的外部性。由于环境污染的负外部性，环境保护和污染治理很难纳入市场机制系统，市场机制难以进行有效调节。“市场失灵”政府补位，初期政府采用“命令-控制”行政手段保护环境。但是，受经济、政治、社会、文化等诸多因素影响，政府的干预可能未能起到弥补和纠正市场失灵的效果，形成“政府失灵”。由于在环境问题上“市场失灵”和“政府失灵”并存，需要寻找介于两者之间、能够规避失灵状态的政策工具。绿色税收通过预设微观主体的“税收成本”，利用市场机制引导微观主体经营行为，使其行为选择有利于节能减排、减少环境污染、保护环境。这正是绿色税收存在的意义所在。绿色税收自产生以来，经历了从萌动到形成、成熟和完善的发展进程，在不同历史阶段，绿色税收制度体现出不同的时代特色，各国的环境税制各有千秋，税收的功能也从传统的财政功能、调节功能、监督功能拓展到生态功能。

1.1 绿色税收的逻辑起点

发展经济是人类活动的核心内容，是社会进步的基础和物质保障。令人遗憾的是，经济快速发展的同时也给环境资源带来了前所未有的压力和挑战。近年在全球范围内出现的环境污染问题，不但成为制约经济发展的因素，而且也影响了人类的生存和发展，生态环境问题从来没有像现在这样备受关注。

自然生态系统作为人类生存空间，承载着人类的活动，支撑着人类的进步，增加了人类的福祉。长期以来，人类将其作为永不枯竭的公共资源使用，无节制地开发利用，人类未考虑这些生态要素的价值及其补偿，忽略了过度使用环境资源带来的潜在损害。人类活动过度作用于生态系统，扰乱了生态系统的内在平衡，使得人类赖以生存的环境日益恶化，自然资源锐减。人类在充分享受现代物质文明的同时，饱受噪声、雾霾、水污染等无法回避的生态问题。协调发展经济与保护环境，治理污染是各国亟须解决的问题。

从经济学角度分析，资源的低效利用和环境污染恶化，其原因是环境资源作为一种公共资产，其外部性特征非常显著，在现有的市场运行规则中未将环境资源纳入市场要素进行有效的成本计量和补偿，环境资源长期被免费使用或廉价消耗，生产和消费的私人成本和社会成本不一致，商品价格不能反映环境成本，市场运行过程中未能形成合理的利益分配格局，出现大量的“搭便车”现象，市场机制在环境资源配置领域出现“市场失灵”。解决环境问题的方法多种多样，经济学方法就是合理定价和有偿使用环境资源，其关键在于解决私人成本与社会成本的背离，使环境资源的外部性成本内部化。

从公共政策角度入手，通过政府补位弥补市场制度的缺陷和失灵，运用经济手段促使私人厂商在追求私利时所产生的环境外部成本内部化，已成为解决问题的有效方式之一。最初各国运用的环境政策手段以简单的“命令-控制”方式为主，对环境污染行为进行强制性规制。但是，在市场体系下，行为主体的多元化和经济体系的复杂性，导致缺乏弹性的指令性管理模式越来越难发挥效力，政府开始探讨并引入经济激励方式，提高环境规制的效率。在这种情况下，作为现代经济政策主要工具之一的税收，自然被用到了资源与环境的保护上，“绿色税收”便应运而生。

绿色税收作为解决上述问题的工具之一而备受重视，成为现实税收制度中的新生力量，赋予环境保护的功能，因此，绿色税收缘起于环境资源问题，其逻辑分析的起点是环境资源的外部性。

1.2 绿色税收的存在

1.2.1 环境问题与市场失灵

从微观经济学角度分析，在完全竞争市场中，市场机制发挥作用的条件比较充分，市场对资源配置是有效的，市场机制可以有效地在消费者之间配置产品，在生产者之间配置生产要素，从而实现帕累托最优。在完全竞争的市场中，环境的外部性可以通过市场配置有效地加以解决。正如科斯定理所阐述的，外部性可以通过明确界定和保护产权，在产权清晰的前提下，通过市场的自愿交易来解决。也就是说，当交易谈判涉及的当事人较少、市场交易费用小于政府干预的成本时，市场机制配置要比政府干预解决外部性问题效率更高。科斯认为，环境污染的负外部效应的根本原因是产权界定不够明确或界定不当引起的，为此，解决问题的关键是要界定并保护产权，产权界定后，市场机制这只“看不见的手”就可以通过市场交易达到帕累托最优。

理论上看，完全竞争的市场能够使资源的配置符合帕累托最优状态，但要实现帕累托最优，隐含着如信息充分、无外部性、不存在规模报酬递增、产权界定清晰、资源自由流动、交易成本为零等一系列严格的假设条件。现实生活是纷繁复杂的，往往存在着阻碍市场机制发挥作用的一些要素，达不到完全竞争市场所需要的条件，造成市场机制对资源配置缺乏效率，出现“市场失灵”。在环境资源的配置上，阻碍市场机制充分发挥作用的因素较多，很多条件无法满足“帕累托最优”所需要的条件，具体体现在以下几个方面：

（1）环境资源的“公共性”。空气、水、森林等环境资源是人类的共同财富，这些环境资源属于公共产品的范畴，具有效用的不可分割性、消费的非竞争性、受益的非排他性、产权难以界定或界定成本很高等特点，因此，往往由社会或团体共同拥有、自由进入、自由消费、自由受益，“免费搭车者” 现象比较普遍，以等价交换为基础的市场机制在此无法发挥作用。在人口压力较小或存在非正式的社会或传统约束的情况下，这些环境资源可以被共同利用而仍保持持续性。但是，由于环境资源具有公共产品特征，在使用中必然出现过度使用，换句话说，对于免费提供的环境资源，由于追求个人私利的“先下手为强”式的利用，不会考虑选择的公正性和整个社会的意愿，个体的理性可能导致集体的非理性，使用者会一直使用到自己的边际效用为零为止，个体追逐个人私利的结果导致环境质量下降及所有人的福利水平降低，造成“公地悲剧”。环境资源的负外部性，使私人边际成本小于社会边际成本。由于纯粹的价格机制不能实现环境资源的帕累托最优配置，使得环境保护这一公共产品供应不足，环境污染的负外部性的成本无法得到充分补偿，出现环境供给的绝对紧张。

（2）环境行为主体理性“有限性”。对于人类排放的污染物，环境有一定的吸纳能力，当污染排放超过环境阈值时，影响了其自身系统循环，造成生态系统紊乱，才会呈现出一些不良的反应。因此，对于环境行为主体来说，对环境问题的认识必然存在时滞问题。环境问题处于潜伏期时，人们对环境问题的认识往往是主观的。在人们对环境保护尚未产生清醒认识之前，人类无法感知环境的变化，体现出“无知”状态下的有限理性，这意味着环境污染在特定条件下难以得到有效控制和治理。另外，即使人们认识到保护环境的必要性，但是在经济发展初期阶段，迫于生存压力或对物质财富的追求，人们还是不得不以牺牲环境为代价来换取经济增长，即人的短视性及机会主义倾向驱使人类只顾眼前利益，以牺牲环境换取经济增长。

（3）环境污染的“外部性”。环境资源的公共性导致环境保护中的“搭便车”问题，也使得环境主体各方最大限度地追求个人利益最大化，而不考虑整个社会利益和长远利益，采取掠夺式利用。由于利用过程中的私人成本与社会成本的背离，私人收益与社会收益的差异，形成了环境污染的负外部性。由于环境污染的负外部性，私人厂商按照利润最大化确定产出，与社会最优产出产生偏差，这种偏差就是环境资源的过度消费，环境污染物过度排放、非环保产品过度生产，加剧了环境与人类之间的不协调。

（4）环境信息的“不对称性”。由于生态环境系统是一个复杂的网络系统，人类对环境的认识是有限的，甚至是微乎其微的，与人类对环境信息的需求相比，环境信息的供给十分有限。为此，人类对环境资源的运用不能通过有效沟通，只是人类凭主观判断或人类的需求进行开发。另外，信息的隐蔽和人对资源的独占心理以及机会主义行为倾向，容易导致部分人通过屏蔽一些信息保证自身具有信息优势来谋求私人利益，获得超额利润，因此，环境信息存在不对称性。例如，污染者对污染状况、污染物的危害等往往比受污染者了解得多得多，但受个人利益驱使，污染者往往会隐瞒这些信息。而受污染者拥有的相关污染信息相对较少，如果想“讨回公道”则需要付出很大的信息成本。这也许正是在一定的限度内，人们宁愿“忍声（噪声）吞气（废气）受污染”的原因。

由此可以看出，在环境资源问题上，市场失灵的主要原因与资源开发、环境利用、环境污染的外部性密切相关，如通过市场提供的环境质量和信息数量不足，环境资源利用未能按照“成本-收益”原则定价，环保投资递增效应未能形成等。

1.2.2 环境问题与政府失灵

新古典经济学无法解释市场失灵问题。凯恩斯学派通过对新古典学派的“革命”提出，在市场失灵情况下，要避免政府失灵，通过政府干预来弥补市场失灵，达到提高资源配置的目的。从理论上看，理想的政府可以解决环境污染问题。但是，政府有效资源配置同样需要与市场完全竞争相类似的条件，理想的政府也需要具备一系列严格的假定条件，如具有充分的信息、积极参与制订科学合理的计划并有效加以执行。这其中，所有人都必须一心为公，而不能谋取个人私利。只有这样的理想政府才能实现环境资源的优化配置，实现环境外部效应内部化，解决环境问题。

英国福利经济学家庇古在 1920 年所著的《福利经济学》提出的“庇古税”就是依靠政府介入解决外部性问题的一种手段，即对环境污染施加一定税收，该税收等于厂商生产每一连续单位的产出所造成的外部损害，使政府征收的税收（T）应恰好等于边际外部成本，将环境污染的外部成本内化为厂商生产成本，保证产品的价格反映生产的社会成本。

然而，现实生活的复杂性同样无法满足理想政府运行所需要的条件。政府解决环境污染问题的目标无法完全实现，因此，也需要审视政府在环境保护、环境治理方面所出现的“政府失灵”。

所谓“政府失灵”是指政府的政策和行动不能增进经济效率，国民对公共物品的需求在民主政治中得不到满足，政府的活动或干预措施缺乏效率，政府提供公共物品时趋向于浪费和滥用资源，致使公共支出规模过大或者效率降低，或者说政府做出了降低经济效率的决策或不能实施改善经济效率的决策。“政府失灵”是政府在克服市场失灵或是市场缺陷的过程中所产生的。造成政府失灵的因素较多，包括经济、政治、社会、文化等诸多因素影响，都可能成为政府失灵的影响因素。

在环境问题上，政府失灵主要分为干预失灵或政府的不合理行为引起的失灵以及由于缺乏政府干预或干预不足所导致的失灵。具体原因可概括为以下几个方面：

（1）“道德风险”带来的政府失灵。布坎南创立的公共选择学派把“经济人”假设运用于政府行为的分析，无论我国还是西方国家政府实践活动都证明这一假设是经得起实践检验的。在市场有效作用的领域，由于“看不见的手”发挥有效的调节，经济主体要“利己”首先必须“利他”。但在政府部门，由于市场手段失效，政府代表公众利益恢复市场功能，使社会福利最大化，这里隐含着政府是“道德人”的假设，即政府永远是大公无私的，而这种假定往往是靠不住的，政治家和官员是毫无私利的社会利益的代表这一理念存在道德风险。如同消费者和生产者追求自身利益最大化一样，政府部门及官员也是追求自身利益最大化的经济人。政府部门及官员的利己动机促使政府干预的缺位。按照公共经济学对市场经济条件下政府与市场关系的界定，市场做不了或做不好的事情政府应该去做，但政府未必就一定做得了或做得好。即市场失灵并不必然意味着政府就一定有效。例如，发达国家在经济发展初期，各地政府对环境污染大都采取“视而不见”“放任自流”的态度，政府官员为了追求经济增长往往忽视经济增长所付出的环境成本，不制定相应的政策措施来加以弥补纠正，抑或即便制定了相应的环保措施也不认真贯彻实施。这是政府调控过程中的“短视”形成的“政府失灵”，相对于环境而言，政府及其官员处于利己的思想，政府采取不干预、不作为的态度，在此，政府并未充当真正的理性的“道德人”，造成“政府失灵”。

尽管如此，在市场失效而政府相对有效的前提下，客观上还是需要发挥政府的调节作用，避免市场调节缺位同时政府调节也缺位所带来的巨大社会问题。对于环境污染问题来说，由于环境污染的负外部性，环境保护和污染治理很难纳入市场机制系统，市场机制难以进行有效调节，有必要发挥政府的干预和调节作用。但是政府的干预可能未能起到弥补和纠正市场失灵的效果，甚至政府干预所导致的政府失灵较之市场失灵有过之而无不及。这种政府干预的失灵主要体现为政策失灵，集中体现为政府制定的规章制度、财政、税收、外汇、金融、价格和环境政策等不仅未能将环境污染外部性成本内部化，还造成环境资源使用价格的扭曲，并最终导致产品生产的私人成本与社会成本脱节。

对于环境问题，政策失灵分 3 种：①不完全信息和政府有限理性造成的环境公共政策失灵。环境政策的正确决策必须以充分可靠的环境信息为依据，现代市场经济活动复杂多变以及环境资源系统的复杂性，增加了政府对环境信息及经济与环境互动关系信息的掌握和处理的难度，尤其是一些非环境资源管理部门，在政策制定上，没有对环境和生态以足够重视，制定的政策强调经济效益，经济利益优先于环境利益；抑或强调部门利益，部门利益重于环境、生态方面的利益，形成环境公共政策失灵。②环境公共政策执行效率低，其主要原因是政府的公信力不强，致使包括环境公共政策在内的政策执行效率降低。公信力是公共政策的基础和灵魂，市场环境中，市场各个方面对政府公信力的信奉程度直接影响政策的执行。在复杂多变和充满风险的市场机制中，政府制定的环境政策有助于降低风险，降低交易成本，提高效率，弥补市场缺陷。若政府为民众提供公共物品的能力和效率低下，公共政策得不到民众信任，市场主体及国民对政府公信力持怀疑态度，必然使环境公共政策受到怀疑，导致政府环境公共政策效率低下或干预政策失效。③政府确定的政策目标选择失误，政策目标过于看重眼前利益而忽视长远利益，过于关注经济利益而忽视环境利益，缺乏实现经济可持续发展的长远眼光，形成环境政策失灵。

（2）环保政策时滞引起的“市场失灵”。由于资源利用和环境保护的负外部性，市场机制在该领域出现“失灵”，需要政府干预，弥补“市场失灵”。但是，政府对环境问题的认识、政策的制定以及执行需要一个过程，从而会出现政策时滞，导致“政府失灵”。环保公共政策的时滞主要表现在以下几个方面：①认识时滞。由于政府对环境变化的预见能力、行动的决心和制定环保政策到政府采取行动需要一定的时间，从而产生环保公共政策认识时滞。②决策时滞。政府在认识到环境问题重要性以后，在制定相关环境政策时，需要考虑经济、社会、环境以及政治等多方面的诉求，需要协调各方面关系，找到各个利益主体博弈的均衡点，以便提高环保政策的政治接受度和执行力，这同样需要一定时间，从而产生决策时滞。③生效时滞。受客观环境和条件的影响，环境政策出台后，传导到微观经济个体行为，对其经营形成产生影响，各个微观主体行为的改变促使整个社会宏观经济变量的变化，也需要一个过程，即生效时滞。市场经济的运行有其内在的规律性和周期性，政府环境政策的滞后性增加了市场运作的不确定性，导致经济无规则地波动，带来资源浪费，环境问题日益突出，这种环境政策时滞的存在导致政府环境政策极易在不适当的时候发挥不适当的作用，甚至有人认为环境政策时滞的存在导致环境政策的不可信赖，形成在环境问题方面的政府失灵。

（3）环境领域的“寻租”造成的“政府失灵”。垄断导致“寻租”，“寻租”导致腐败，这是市场机制与政府调控相互作用的结果。政府利用垄断性行政权力和法律手段干预市场，市场主体以较低的成本（贿赂支出）获得较高的收益和超额利润。在“寻租”活动中，政府并非一个被动的被利用的角色，政府官员利用行政干预的办法“政治创租”，以此增加私人企业的利润，人为创租，诱使私人企业行贿。政府官员以行政权力“创租”后，以此为条件，提出某项会使私人企业利益受损的政策作为威胁，迫使私人企业支付一部分既得利益与政府官员分享，形成“抽租”问题。在环境问题上，这种“寻租”“创租”“抽租”都有存在的空间。政府对市场主体的环境污染不作为，不出台相关的环境约束政策，缺乏政府干预，抑或出台了相关环境政策，但与之配套的执行程序不健全，监督考核不到位，导致环境政策执行时敷衍了事，使得一些私人企业超标排放获得超额利润，为私人企业完成政府的“抽租”积累了资金。环境领域的“寻租”“创租”“抽租”破坏了环境的正义原则，违背市场竞争秩序，导致整个经济效率、政府效率和环境效率以及全社会福利损失，最终导致政府失灵。

由于在环境问题上“市场失灵”和“政府失灵”并存，需要寻找介于两者之间、能够规避失灵状态的政策工具。绿色税收是政府干预经济的市场手段，政府通过开征绿色税收，预设微观主体的“税收成本”，通过市场机制引导微观主体经营行为，使其行为选择有利于节能减排，减少环境污染，保护环境。这正是绿色税收存在的意义所在。

1.3 绿色税收的历史沿革

绿色税收在现实生活中的运用开始于 20 世纪 70 年代。西方发达国家工业化进程加快和经济高速发展带来持续环境污染，导致生态失衡。生态环境破坏的不断累积形成的令人震惊的生态危机事件，给人们敲响了警钟。如何加强环境资源的保护，逐渐成为全球各大经济环保组织重点研究的问题，并推动着各国政府在环境保护政策方面进行探索和深入实践，大量的类似环保经济学概念也相应地孕育而生，包括绿色 GDP、绿色税收、绿色生产、绿色会计等，环境税已成为其中最重要的一种方式并被西方国家认同和广泛采纳。从绿色税收发展轨迹看，绿色税收的推进是一个渐进的过程，不同历史阶段绿色税收制度体现出不同的时代特色，各国的环境税制也各有千秋。

1.3.1 绿色税收萌动阶段——理论探讨

绿色税收起源于 1920 年庇古基于外部性提出的"庇古税"。按照庇古的观点，环境资源领域市场配置失效的原因是私人厂商作为经济当事人，由于环境污染的外部性，私人成本与社会成本不相一致，从而私人的最优导致社会的非最优甚至低效。因此，纠正环境污染外部性的方案是在"市场失灵"时，政府需要适时伸出"看得见的手"，通过征税或者补贴来矫正经济当事人的私人成本。只要政府采取措施，使得私人成本和私人利益与相应的社会成本和社会利益相等，即对私人厂商污染征收等于污染所造成的边际社会损失的税收，则资源配置就可以达到帕累托最优状态。"庇古税"的设想是具有开拓性的，是一个美好的设想，但是，庇古税方案发挥作用，需要满足一定的条件，即征收管理机关对环境污染的相关成本和收益信息掌握是完整的。而在实践中，这种假设是一件不可能实现的事情，因此，庇古税是一个理想化的解决污染外部性的工具，在实践中往往不能作为一种政策加以运用。尽管如此，庇古将税收工具引入环境保护和控制污染领域，为解决外部性问题提供了一个天才的设想，是名副其实的绿色税收的鼻祖。

经济学家们总是偏爱市场机制，不愿意轻易放弃使用"庇古税"来解决环境污染等外部性问题。针对"庇古税"存在的操作难题，巴罗（Burrows）提出了逐步控制法，巴罗认为，在信息不完全或信息条件较差情况下，可以对太高或太低的"庇古税"进行不断调整优化，直到找到最优税率。巴罗非常推崇庇古税的基本理念，但是逐步控制法具有太大的不确定性，无法预料试错调整成本及损失。20 世纪 70 年代，保莫（Baumol）和欧姿（Oates）在继承"庇古税"思想的基础上，提出标准和收费法，他们在分析了庇古税在实践中面临的难题后，提出了一种能使外部性内部化的替代方法，这种替代方法称为"环境价格和环境程序法"。"它代表两种实践中最能体现庇古税精神的方法。"[①]保莫和欧姿认为，标准和收费法可以规避庇古税的局限性，执政当局可以通过接受标准和收费方法引入庇古税型收费，这样，既

① Baumol W J, Oates W E,"The Use of Standards and Prices for Protection of the Environment", *Swedish Journal of Economics*，1971，March，p.42.

能体现庇古税的基本精髓，又不像庇古税需要私人厂商确切的、全面的污染排放量信息，收费标准高低与污染排放无关，而是根据投入、产出信息确定，因此，在征税对象与排污或外部性之间存在着明显关系的情况下，是特别有意义的。从历史渊源看，经济学中用外部性对环境问题的解释，庇古提出的通过征税解决环境外部性、保莫和欧姿提出的标准和收费法以及此后对这些理论及建议的修正改进，是将“税费”应用于生态环境保护思想的主要来源。

早期庇古税的研究限于以税收的形式内化外部成本，矫正环境市场价格扭曲，但是未就绿色税收对财政收入的影响加以研究和探讨。在其之后的许多研究者，以“庇古税”为基础，不断对庇古税进行拓展性研究。1927 年，拉姆齐（Ramsey）提出最优税率理论，他指出，一个“广税基、低税率”的税收体系要比一个“窄税基、高税率”的体系更为有效，最优税率是用最有效的方式筹集税收收入。[①]在经济不存在外部性的前提下，拉姆齐解决了将税收扭曲最小化的最优税率问题。而现实经济中，生产行为对环境产生的外部性是广泛存在、不可避免的，因此，尽管拉姆齐的前提假设简化了分析，但在实践中的应用同样受到限制。在拉姆齐之后的研究者，基于社会边际成本和效用收益对比，对最优税率进行了深入研究，虽然各自的观点不尽相同，但是都围绕着最优税率是应该高于庇古税税率还是应该低于庇古税税率进行研究和探讨的。各个学派一致认为，当环境税收并非旨在筹集税收收入时，最优环境税率就是庇古税率，即单位税收等于边际社会损失时的税率；如果征收绿色税收是基于税收的财政职能，旨在筹集财政收入，则需进一步研究税收收入的使用是否可以带来额外收益，若财政支出能够产生额外收益，存在税收的循环效应，则最优税率将高于庇古税率，并且随着需要筹集的税收收入增加，最优税率也不断提高。持相反的观点则认为，如果环境税收目的旨在筹集财政收入，即使存在收入循环效应，实际最优环境税率也应低于庇古税率。例如，Goulder 等在对美国经济的研究中，通过多部门 CGE 模型检验，验证了收入循环效应的存在性，但是他认为，即使绿色税收存在收入循环效应，最优环境税率也应低于庇古税率。绿色税收的征收也会使社会福利的增加幅度减小，因此政府在征收环境税时，绿色税收的财政职能和保护环境这两个目标具有一定排斥力。

关于最优税率高低，诸多研究者的观点无法达成一致结论。Scheb 将此归结为

① Ramsey F P, “A Contribution to the Theory of Taxation”, *Econornic Journal*, 1927, Vol.37, No.145, pp.47-61.

最优环境税率是高于还是低于庇古税率的矛盾并不存在，矛盾产生的根本原因是对次优条件下最优污染税率的定义造成的。在一个纯产品税的环境中，次优条件下的最优污染税率低于庇古税率，当引入工薪税时，该最优污染税率被提高到高于庇古税率的水平。

在接续的研究中，对绿色税收功能进行了研究，提出了著名的“双重红利”理论。绿色税收的“双重红利”是指环境税在保护环境、提高环境质量的同时，也能够促进经济社会的发展。双重红利理论建立在收入中性的假设之上，它不同于税收中性，收入中性是指开征新税（如绿色税收）时，国家的总体税收负担保持不变，而是通过调整税制结构的变化保证政府原有预算收入规模。“双重红利”理论提出后，一直争论不休。但是，各个流派对绿色税收的第一重红利，即环境税可以改善环境质量的功能的意见非常一致。但是，对绿色税收是否具有第二重红利的看法差异度比较大，或者对第二重红利的程度的看法各异。部分学者认为绿色税收不具有第二重红利，认为绿色税收的环境保护和对经济、社会的积极促进作用的双重红利不是广泛存在的，如 Holmlund 和 Kolm 考察了垄断竞争市场和自然失业下的小型开放经济体，认为存在着可贸易和不可贸易两个部门，当可贸易部门存在溢价时，对能源征税会减少失业，但即便如此，社会福利也并不一定上升，总的来说能源税会提高环境质量，但会促使 GDP 下降，也就是说没有产生第二重红利。[①]还有其他学者从其他不同角度研究绿色税收第二重红利不存在。认为绿色税收具有双重红利的学者，基于研究时选取的对象不同、目的不同，对“双重红利”的概念界定、功能分析及其作用程度的认识存在着较大差异，双重红利的争论一直在延续，这些差异是由于采用不同的理论模型以及对经济政策和市场特征等的不同假设产生的。

国外现代关于绿色税收的研究除对经典理论进行拓展以外，还进行了大量的经验分析，主要是利用各种理论模型对不同国家的绿色税收和不同税种的实际数据进行分析，考察现实中绿色税收的作用程度和影响因素，为理论研究和政策抉择提供依据。

---

① Holmlund B，Kolm A，“Environmental tax reform in a small open economy with structural unemployment”，*International Tax and Public Finance*，2000，Vol.22，No.7，pp.315-333.

1.3.2 绿色税收形成发展阶段

20 世纪五六十年代以来，不断加剧的环境危机使各国政府开始尝试将环境税手段用于环境保护领域。绿色税收的发展是一个渐进的过程，最初只是零散、个别征收，而且最初大多数是以收费的形式出现，是保莫和欧姿的“标准和收费法”的运用。70—80 年代，是生态税收的起步阶段，其中以欧盟的环境税建设最为典型。这一时期的生态思想还没有表现为税收形式，仍然以收费的形式存在，是为治理环境污染而收取的补偿成本，遵循“污染者付费”的原则。该阶段的绿色税收主要体现为补偿成本的收费。1975 年欧共体（欧盟前身）理事会建议利用公共权力对环境领域进行干预，提出按照“污染者负担”的原则，将环境收费列入成本，要求排污者承担规制、监控排污行为的成本，因为规范排污行为需要付出代价。其种类主要分为用户费、特定用途收费等，这些尚不属于典型的绿色税收，只能说是绿色税收的雏形。例如，欧盟各国在 70—80 年代，纷纷开始对环境污染收费。荷兰在 1970 年开始征收废水排污费和居民生活垃圾处置费，80 年代出现了以刺激为特征的收费，通过向排污厂家收费，使得厂家从关心自己经济效益的角度出发，减少污染排放，增强环境保护意识。80 年代初期，法国和德国分别制定了鼓励较少排污和提高污水处理能力的收费规定。在法国，向公共水域排污者一定要交纳费用，而污染处理设施建设者可以获得补助。德国的排污者采取减少排污的措施以后，可以获得政府财政补助。瑞典从 1984 年开始对生产含有氮和磷的化肥厂家收费，并资助农村地区建设污水处理厂。由此可以看出，绿色税收起步阶段是以收费的形式存在，辅之以激励措施，是“惩戒”与“奖励”相结合，目的仅仅是对环境污染的补偿，是事后控制措施。从征收对象看，先向个人征收，而后普及到生产厂家，发挥保护环境的作用，引导市场主体树立环保理念，同时不影响本国经济竞争力。

随着战后经济繁荣，美国逐步从工业社会向后工业社会过渡，人们在物质生活得到极大满足以后，开始向往享受大自然独特的魅力，希望更多地接触自然，领略自然的魅力，希望拥有洁净的生存环境，崇尚更有利于身心健康的生活方式，因此，美国公民对环境状况格外关注，对环境产品的需求日益旺盛。20 世纪 60 年代逐渐席卷全国的环境保护运动更加引起广大美国公众对环保问题的高度关注。在民众的环保需求推动下，理论界生态学的思想影响逐步增强。蕾切尔·卡逊的《寂静的春天》和保罗·厄尔利奇的《人口炸弹》，进一步激发了隐藏于美国人内心的环境保护意识。而这一时期美国发生的一系列严重环境污染事件，如 1967 年的托雷峡谷号事件和 1969 年发生在加利福尼亚州的巴巴拉原油泄漏事件，使得美国联邦政府也意识到，原有的联邦（州的合作伙伴关系）已经不能适应环境保护的需要，联邦政府必须在环境保护上有所作为。在此背景下，1969 年，美国环境保护史上一个划时代的标志性事件出现了：国会通过了《国家环保政策法案》。70 年代，美国联邦政府相继制定了一系列新的环保法案，涉及内容非常广泛，包括空气和水的保护、杀虫剂的管制、濒危物种的保护、危险化学品的控制、海洋和大陆架的保护、公共土地的监管。1977 年国会还对《清洁空气法》和《清洁水法》进行了修订，提出了更高的环保要求，并拓展了法律的应用范围。70—80 年代美国的环保政策更多的是以命令等政府规制手段发挥作用，1987 年，绿色税收在美国付诸实施。

1.3.3 绿色税收成熟阶段（20 世纪 80 年代至 90 年代中期）

20 世纪 80 年代以后，西方发达国家掀起了绿色税制改革热潮，各国税收制度的绿化经历了从零散的、个别环境税种的开征到逐渐形成全面的绿色税收体系的发展过程。在这一时期，绿色税收制度发生了较大变化，主要表现是生态思想融入各国税收制度建设过程中，生态税收登上税收舞台。这个时期环境税种日益增多，征收范围日益扩大，税收政策体系中与生态环境有关的政策条款不断完善，如硫税、能源税、碳税等纷纷出现。绿色税收制度建设综合考虑了税收的财政功能和调节功能，调节的范畴拓展到环境保护和污染防治领域。例如，1986 年丹麦开征了填埋和焚烧垃圾税，专项用于垃圾减量化工作，这是以筹措专项基金为目的而出现的税收。进入 90 年代后，欧盟一些国家如瑞典、丹麦和挪威等先后开征了二氧化碳税，但税率差别较大。从总体上看，欧盟各国的二氧化碳税是以生态和经济效率为出发点的。[①]1990 年芬兰引入二氧化碳税，瑞典和挪威在 1991 年开始征收，丹麦在 1992 年也引入二氧化碳税。挪威在 1986 年开始对含铅汽油和无铅汽油实行有差别税收，以体现环保理念。法国于 1985 年开征硫税，1991 年 1 月 1 日又开征了二氧化碳税。

① 武亚军、宣晓伟：《环境税经济理论及对中国的应用分析》，北京：经济科学出版社，2002 年版，第 158 页。

90 年代初期，欧盟各国在征收二氧化碳税的同时，大都还征收能源税。美国从90 年代开始，先后开征了各种绿色税收，包括开采税、固体废物处理税（费）、二氧化硫税等。在这一时期，各国绿色税收一方面体现税收的基本职能——筹集财政收入，税收收入大都实行专款专用，用于环境保护与环境污染治理，绿色税收成为筹措环保资金的一个途径。由于绿色税种的增多，征税范围的扩大，绿色税收收入也日益增加，税收的财政职能有所体现。另一方面，绿色税收在环境保护领域发挥着重要的调节作用，从功能上看，绿色税收以调节功能为主，财政功能为辅，并且各国都出于保护本国国际竞争力的考虑，对特殊的行业安排了不同的税收优惠。

1.3.4 成熟完善阶段（20 世纪 90 年代中期至今）

20 世纪 90 年代中后期以来，发达国家的绿色税收迅速发展，各国不仅普遍建立了生态税制，而且绿色税收在许多国家已成为环境政策中的主要手段。这一时期传统税收法律制度在环境危机的冲击下面临重大调整，同时环境税手段相对于传统的“命令-控制型”管制手段的优势也充分显现出来。因此，大量环境税收措施以及一些全新的环境税种被相继引入，环境税法律制度全面推开。为使环境税与传统税制协调统一，欧盟国家率先启动了以“全面绿化税制”为标志的环境税制改革，并辅之以绿色财政、绿色金融等系列环境保护政策。欧盟国家的绿色税制建设对尚未全面进行环境税制改革的其他国家和地区起到了一定的促进作用，欧盟税收制度绿化过程中的经验也为其他国家提供了有益借鉴。随后，越来越多的发达国家开始实施全面、综合的“绿化税制”改革，环境税法律制度日趋成熟和完善。在这一期间，OECD 环境政策委员会和财务委员会共同建立了“税收与环境联席会议”，呼吁成员国积极推行环境税，以适应有效保护环境的需要。在其推动下，所有的经合组织国家都在不同程度上引入了环境税（OECD，2001）。英国 1996 年 10 月开始征收“土地回填税”，并于 2001 年 4 月 1 日起开征气候变化税（Glldas de Muizonand，Matthieu Glachant，2003）。至此，发达国家大多数建构起颇具规模的绿色税收体系。

1.4 绿色税收的内涵

1.4.1 绿色税收的定义

从绿色税收的研究脉络和各国政府对绿色税收的运用等方面看，与绿色税收相关的税收名词很多，诸如生态税、环境保护税、环境税等。关于绿色税收的定义，目前还没有一个统一的公认的定义。国内外关于绿色税收的定义具有代表性的有以下几种：

《国际税收辞汇》第二版专门对“绿色税收”给出了定义：绿色税收又称环境税收，是指对投资于防治污染或环境保护的纳税人给予的税收减免，或对污染行业和污染物的使用所征收的税。现有文献中有关绿色税收的描述也大多采用了该定义。从《国际税收辞汇》的解释可以看出，绿色税收的内容包括两个方面，即为环境保护而独立征收的税种和保护环境及遏制污染而采取的各种税收措施。

关于绿色税收的定义及内涵的研究，国外开展得较早。从庇古提出以税收手段解决环境外部性问题，将税收引入环境保护领域后，各国的经济学家从不同角度对绿色税收的内涵进行了研究。

（1）绿色税收是指对投资于防治污染或环境保护的纳税人给予的税收减免，或对污染行业或污染物的使用所征收的税。①

（2）绿色税收是一种收入中性的税种，从中可以发现三项潜在优势，即提高环境质量、降低税制成本、提高劳动就业率。②

（3）绿色税收是为了保护环境而向任何消费行为征收的一个新税种，税款由国家机构征收后再投入环境的改良。这并不是为了迫使公司提高商品的售价，其内在目的是消除无节制地追逐更低价格而造成的扭曲，并为买主揭示真正的成本。③

国内对绿色税收的研究比较晚，从已有的资料看，最早开始于 20 世纪 90 年代。比较具有代表意义的观点如下：

---

① International Bureau of Fiscal Documentation，*International Tax Glossary*，1998.

② Goulder L H，*Green tax reform：theoretic issues，empirical esults，and future challenges*，2001.

③ 保罗·霍肯：《商业生态学》，上海：上海译文出版社，2001 年版。

（1）环境税应该坚持一个较小的概念界定，它是指对于污染环境的行为或物品征收的一种特定目的税，该税开征的首要目的是保护环境。无论某税种最主要的目的、功能是什么，只要该税种具有环保功能，就将之视为环境税。①

（2）绿色税收，又称“环境税收”，是旨在提高环境质量，通过税收制度来控制危害环境行为的一种税收。②

（3）绿色税，是环境税和生态税的代名词，是一切有益于环境保护与生态建设的各种税费的形象表达。③

（4）绿色税收，就是为了保护环境，合理开发利用资源，推进清洁生产，实现绿色消费而征收的税收。绿色税收政策的理论依据在于国际贸易中环境成本的内部化。④

（5）根据一般性概念，生态税是指国家对一切开发、利用环境资源以及对环境造成污染的单位和个人，根据其开发、利用资源的程度、对环境污染程度而征收的税种，并以立法形式明确规定污染环境者须按其造成污染的种类、程度和数量缴纳一定费用。⑤

（6）绿色税收，是为了实现保护环境和可持续发展目标，筹集环保资金，对破坏环境的行为进行调节而征收的税。从深层次讲，绿色税收从环境、经济、社会三维发展角度，研究税收在生态环境保护以及生态与经济的协调发展过程中的作用，同时探讨税收对经济的负干预，通过税制本身“绿化”，实现经济、社会、生态的可持续发展。绿色税收并不是一个法律术语，只是作为生态税或生态税的代名词，即指一切有益于资源利用，有益于环境保护与生态建设，能够减少或者杜绝环境污染的各种税费的形象表述。⑥

科学、全面、准确地给出绿色税收的定义，揭示其丰富的内涵，并非一件易事。迄今为止，虽然关于绿色税收没有公认的统一的定义，但是对绿色税收所包含的内容认识非常一致，各种观点均认为，绿色税收是为合理利用资源、保护环境而征收的各种税以及为环境保护而采取的各种减免、补贴等税收措施。

---

① 邢会强：《基于激励原理的环境税立法设计》，载《税务研究》2013 年第 7 期。

② 闫河等：《绿色税收》，载《税务与社会》1996 年第 5 期。

③ 梁本凡：《绿色税费在中国》，北京：中国财政经济出版社，2002 年版，第 88 页。

④ 汪素芹：《绿色税收与我国对外贸易发展》，载《税务研究》2001 年第 1 期。

⑤ 计金标：《生态税收论》，北京：中国税务出版社，2000 年版，第 25 页。

⑥ 侯作前：《经济全球化、WTO 规则与中国与环境税之构建》，载《政法论丛》2003 年第 2 期。

由此可见，绿色税收的内涵是相当丰富的。从既有的研究和已推行的绿色税收实践看，绿色税收有广义、中义和狭义之分。

狭义的绿色税收仅以如何降低生态污染，以实现生态保护为核心出发点，对造成生态污染的企业生产行为、个人社会行为专门征收的税收。通常是以预先设定的生态污染影响指标衡量，从而确定应税者破坏环境的程度大小，并以此为据征收税款。如美国在 20 世纪 70 年代开征的二氧化硫税，其法案规定，二氧化硫的浓度达到一级标准的地区，每排放 1 磅[①]硫征税 15 美分；达到二级标准的地区，每排放 1 磅硫征税 10 美分；达到二级标准以上的地区则可以免征该税。美国主要强调对污染物排放量的限制，而没有对其他可能受其影响的领域进行研究，也没有对征税后的结果进行研究。

中义的绿色税收则不是以减少生态污染为唯一出发点，而是以治理生态污染为出发点，对各种有利于环境保护的行为实行税收优惠政策而对纳税人各类破坏生态活动产生的不良后果增加其排污负担的税收，即为整个税收体系中有利于生态资源的节约使用、有利于生态环境不被破坏等各种相关税种以及税目的总称。

广义的绿色税收不仅具有中义的绿色税收涵盖的全部内容，还包括政府为恢复和改善生态环境、促进及协调经济发展与环境保护的关系、平衡生态治理引起的社会问题等采取的税收政策，它是一个涵盖生态保护、经济发展、社会进步之间的相互协调、相互促进的税收政策的统称。

大工业时代下发展起来的制污、造污、排污企业，面对全民参与生态保护的呼吁，以及国家强制性税收政策的持续加压下，使得企业的生态治污成本投入越来越大，获得的利润却越来越少，从而迫使企业不得不裁员、整顿、关停。这样会造成社会失业人口增加、劳动就业率降低、社会生产总值减少、税基缩小、国家财政资金短缺等一系列连锁问题的出现。因此狭义、中义的绿色税收无法解决这一系列涉及经济、社会等多领域的问题；而广义的绿色税收不仅关注遏制资源浪费、减少现有污染源、保护生态环境等方面，更重要的是，在面对治理环境所衍生出的各类关系民生、社会及政治等的问题时，它能够切实发挥税收的调节作用，给予那些无污染、低消耗又有高就业率的新型替代企业或者行业（如高新技术企业、服务性行业）以政策性的支持，从而解决人口失业问题、促进社会产能提升，这将不仅有利于拓

① 1 磅=0.453 6 kg。

展国家的财政收入来源，而且有利于减少威胁社会安定的不稳定因素，使得环境、经济、社会相互协调，相互促进，达到科学发展。本书所涉及的绿色税收如没有特殊说明，所指即为广义的绿色税收。

总体而言，绿色税收是指一切有益于资源合理利用、环境保护和生态建设的各种税费的总称，是由多个税种及相关税费共同组成的制度体系。

1.4.2 绿色税收的分类

按照功能作用为标准进行分类，绿色税收分为三大类：成本弥补型绿色税收、收入型绿色税收和激励型绿色税收。

成本弥补型绿色税收是指为了弥补环境污染治理和控制成本而征收的相关税费，包括使用者收费和指定用途收费，属于传统意义上的绿色税收。

激励型税收是指为了调整私人行为，改变私人的环境损害行为而课征的税收，而对于环保型行为给予一定优惠，激励社会形成有利于环境保护的氛围。

收入型绿色税收是指环境税的征收所带来的经济发展方式的改变，即促使私人厂商行为改变，同时会带来超过环境管制需要的收入，绿色税收与其他税收一样，发挥了一定的财政功能；或是这样定义的："这种税收可能会改变或意图改变行为，但是会同时带来超过环境管制需要的收入。""这些收入可能是政府本身的需要，或者它们是带来希望的税收负担转移，如将税负从高边际税率的收入税或非工资性劳动税上转移出来的一种途径"（Ekins，1999）。实施绿色税制改革的国家，绿色税收的收入功能有所增强。瑞典、丹麦、荷兰等国家近年来都相继大幅提高了原有的对自然资源和污染课税的税率，或开征新的绿色税种，同时相应降低所得课税的数量。这些国家绿色税收数量的上升幅度相当可观，如在瑞典的税制绿化过程中，从劳动力税转换为能源税的部分达到了 GDP 的 4%（葛察忠、王金南，2001），丹麦从个人所得税和社会保险税转化为各类绿色税的数量在 2002 年也达到 GDP 的 3% 或全部税收收入的 6%（Bosquet，2000）。

按照征税对象为标准进行分类，绿色税收主要分为五类：

（1）开采环节征收的资源税。资源税是对自然资源的开采和使用而征收的税，以减少资源的开采或使用为目的，鼓励自然资源替代品的研发、生产和使用。世界各国开征的资源税多种多样，不同国家资源税构成差异较大。例如，美国作为资源非常丰富的国家，为了降低自然资源的采伐与提升自然资源利用效率，对资源税调节功能的发挥相当重视，美国联邦政府中的 50 个州中已有 38 个州开征了资源税。美国的资源税称为开采税，征收范围主要包括石油、天然气、林业产品、非金属矿石等，对开采应税资源征收资源税，也称作特许权税。美国资源税属于地方税，由各州自行制定开采税的制度要素，资源税为各州收入的 1%～2%，并非各州的主要收入源泉，但税率却不低。欧盟各国也征收资源税，如丹麦、芬兰都有渔业许可证费和狩猎许可证费，而且芬兰还征收其他欧盟国家少见的砂石采掘费，法国征收水资源税。总体而言，各国大都是根据本国的资源情况，针对资源的稀缺程度而征收，但征税范围宽窄不一，税率高低也存在较大差别。

（2）投入品税。是根据企业投入的原材料清洁度设置差别绿色税收政策，即对生产的投入品征税。由于许多物品既可以用于社会生产，又广泛用于人民的生活当中，将物品作为生产资料投入到生产领域征税属于投入品税。投入品税征收对象主要是能源，包括矿物能源和电能等，因此，也称为能源税或燃料税。能源作为国民经济发展的基础性产品，其需求量越来越大，但矿物性能源作为大自然奉献给人类的资源，具有不可再生性和稀缺性，因此各国均通过绿色税收引导能源的开采以及有效利用，并控制能源在使用过程中产生的废气排放，目的是通过合理有效地设置能源税以解决能源污染问题。能源税是绿色税收体系中的重要组成部分。推行绿色税制的国家中，能源税大多是绿色税收体系的主体，如 OECD 国家能源税占绿色税收的平均比重为 71.65%，欧盟以能源产品为税基所带来的收入在欧盟整个绿色税收入中占重要份额。

（3）污染税。针对企业生产排放的污染物进行征税，主要对排放的废水、废气、废渣等课征排放税。目前实施环境税的各个国家对排放物普遍征收的税种包括二氧化碳税、二氧化硫税和水污染税等。二氧化碳税是对燃煤和石油类产品如汽油、航空燃油、天然气等化石燃料产品按其碳含量的比例来征税，实现减少化石燃料消耗和二氧化碳排放。该税的征收有单项征收和混合征收两种形式。单项征收是针对燃料的碳排放量单独设置税种，混合征收是将碳税与其他税项一起征收。碳税作为国际组织推崇的一种减排措施日益受到重视。20 世纪 90 年代以后，许多发达国家纷纷制定了相应的碳税制度。二氧化硫税是对排放到空气中的二氧化硫征收的一种税。美国早在 1972 年就开始征收二氧化硫税，到 90 年代，欧盟许多国家开始征收二氧化硫税。二氧化硫税作为一种环境税，是作为一种污染税而设计的。各国在课税对象的选择上不尽相同，主要分为两类：①直接环境税，即直接对矿物燃料燃烧产生的排放物二氧化硫征税，也就是对单位排放物课征的环境税；②间接环境税，即对燃烧过程中产生二氧化硫的矿物燃料征税，也就是对产生污染物的投入物征税。

（4）能源税类。针对高能耗、高物耗的行为或产品进行征税，主要集中在燃料产品上，也是通常所说的燃料税。燃料税的种类多种多样，如燃料增值税、燃料消费税、燃料储备税等。

（5）对城市环境和居住环境造成污染的行为税，如车辆拥挤税、噪声税、填埋税等。

1.4.3 绿色税收与税收制度生态化的关系

税收制度生态化是指税制要素的全方位生态化，是一个国家或地区在税收制度改革过程中，税收的调节范围在利用资源、保护环境、防止污染等领域发挥的作用越来越广泛，是税制结构布局、税种设置以及税种各要素的安排等各方面的生态化过程。税制体系生态化要求税制体系中不仅包括传统的销售税、所得税、财产税以及社会保障税等，还应包括生态税。税制体系架构形成后，要对各个税种的地位和作用进行合理分工，实现税制结构优化。税制结构生态化要求环境保护税在税制体系中应占有一定位置，尽管短期内生态税无法取代所得税和销售税而成为最重要的主体税种，但也不应该只作为一个可有可无的税种存在于税制体系中。生态税种的设计要体现保护环境的要求，具体包括生态税种增加，各个生态税种税收制度要素的完善，其他税种的税收条款要充分反映保护生态环境的要求等。

从生态税收与税收制度生态化的含义可以看出，两者之间既有着密切的联系，又存在着一定的差别。税收制度生态化是一个集合概念，一般而言，税收制度生态化应由 4 个层面构成：①由能够充分反映生态化要求的税制要素构成的不同环境税种；②由不同的环境税种与其他税种形成生态化税制体系；③在税制体系中，各个环境税种的合理布局及环境税与其他税种的协调形成的生态化税制结构；④环境税制建设与绿色税收征收管理的配合。绿色税收是某一个税种生态化程度的体现。因此，绿色税收是税收制度生态化的主要内容，税收制度生态化通过绿色税收来体现，是绿色税收逐步完善的结果。

1.4.4 税收制度生态化与税收职能的拓展

按照税收基本功能衡量，税收可以分为收入型税收和生态型税收。税收的主要功能是财政功能，可称为收入型税收。收入型税收的思想来源可追溯到亚当·斯密，他认为税收是为国家机器的运行提供经费的手段，税收的目的是为国家提供稳定的财政收入。亚当·斯密认为税收与政府所提供的公共产品之间可以不遵从市场等价交换原则。生态型税收源自“庇古税”。“庇古税”的贡献是通过外部效应内部化实现保护生态环境，将税收手段渗透到环境保护领域，可称为生态型税收。

税收的功能也称税收的职能，是税收应具有的职责。一般来说，传统上税收具有三大基本职能：财政职能、经济职能和监督管理职能。

（1）财政职能。税收的财政职能是税收的最基本职能。“赋税是喂养政府的奶娘”，马克思的名言阐述了税收的基本职能。古今中外，无论是奴隶社会、封建社会、资本主义社会还是社会主义社会，税收都是国家组织财政收入的重要手段，各国的财政收入大部分来自税收收入。组织国家财政收入是税收原生的最基本职能。

税收之所以成为主要的财政收入形式，是因为税收具有强制性、无偿性、规范性，税收的“三性”决定了税收取得财政收入具有及时性、稳定性、可靠性的特点，因而成为世界各国最主要的财政收入来源。随着国家财政的发展，尽管出现了一些新的财政收入范畴，如公债、规费等，但是，它们都无法也不可能取代税收在取得财政收入方面的主体地位。

（2）经济职能。税收的调节职能是税收的重要职能。税收的调节职能也称税收的经济职能，税收的经济职能主要体现在以下 3 个方面：

- 调节国内经济总量平衡，促进经济的稳定和发展，发挥稳定经济的功能。在市场机制充分发育和市场功能比较健全时，市场机制可以自发地保证总供给和总需求的大体均衡，对经济稳定发挥调节作用。但是当市场机制不完善时，会出现市场失灵，市场机制缺乏及时调整经济行为的动力和能力。此时，税收作为主要的经济杠杆，要担负起维护经济稳定的职责。税收对社会总供给与总需求的调节主要是利用税收的内在稳定机制和相机抉择的税收政策来发挥作用的。税收的“内在稳定器”作用，主要表现在所得课税制度，通过对所得税实行累进税率，并设定一定的免征额或起征点。

一般情况下，边际税率越高，累进程度越大，税收对收入的抑制就越强，稳定程度也越大。但由于“内在稳定器”只能使经济波动减缓，而无法消除经济的周期波动，因此，在经济变动发生质的变化时，要启动“相机抉择”机制，根据不同的经济形势，运用税收政策有意识地调整经济活动水平，以消除经济波动。当经济衰退时，政府应当执行扩张性的税收政策，实行减税，刺激消费和投资，扩大总需求。当经济高涨时，政府应当执行紧缩性的税收政策，通过提高税率、开征新的税种、扩大税基等手段，增加税收，抑制消费和投资，从而抑制总需求，使税收“逆经济风向行事”，有效调节经济，使之平稳运行。

☞ 调节国民经济结构平衡，发挥资源配置功能。现实经济生活中，完全竞争的市场几乎不存在，市场机制无法在任何领域发挥作用。在公共产品供给领域，市场机制自发调节失败等造成市场机制自身不能达到帕累托最优，政府有意识地利用课税手段对市场配置进行调整和干预，避免市场机制与政府干预同时缺位，以形成课税的最大福利收益，提高和改善整个社会资源的配置效率。矫正环境资源领域市场失灵的典型税收措施是绿色税收，它通过弥补私人边际成本与社会边际成本的差距，纠正外部性，使经济重新回到效率的轨道。

☞ 调节个人收入，缩小个人收入差距，发挥税收的分配功能。市场基础上的收入和财富分配往往带来过大的差距，超过社会价值所能认可的程度，大多数人的贫穷和少数人的暴富在许多国家引发严重的社会问题，因此需要政府运用宏观调控手段来缓解贫富悬殊，使分配趋于公平，其中税收是主要的调控手段之一。税收的分配功能通常是通过个人所得税来实现，收入多的多负担税收，收入少的少负担税收，并通过财政转移支付使贫穷的人群得到救济，达到社会公平，缓解社会矛盾，为经济发展提供良好的社会环境，实现经济、社会的和谐发展。

（3）监督管理职能。税收的监督管理职能是税收的派生职能。国家在征税取得收入的过程中，必然要建立在日常深入细致的税务管理基础上，具体掌握税源，了解情况，发现问题，监督纳税人依法纳税，在日常的税收征收管理过程中，会对纳税人的经济活动产生监督作用，维护社会生活秩序。历史上任何一个国家的税收都具有监督管理职能。

税收的财政职能、经济职能及监督管理职能是税收的传统职能，在税收发展的历史过程中，上述 3 个职能对促进经济增长、社会进步发挥了积极的作用。但是，随着各国经济快速发展，出现资源浪费、环境污染、能源危机等与社会发展不协调的现象，因此，为了使税收在保护环境、控制污染等方面发挥应有作用，应在税收制度改革过程中，构建税收的生态职能，这是税收职能在现代社会的拓展。虽然在国家财政收支的约束下，税收的财政职能仍然是其基本职能，但是应保护环境的要求，应适度强化税收生态职能。由于环境税与经济发展和环境治理存在着“倒 U 形”的特点，决定了税收的生态功能不能替代税收的收入功能，这与绿色税收的“双重红利”理论内涵相吻合。

1.5 绿色税收功能的拓展

马克思主义关于人的发展观认为，人在物质世界中具有主体地位和价值，强调人与人、人与社会以及人与自然环境的和谐统一，其中蕴含着绿色发展的理念。绿色发展是永续发展的必要条件和人类对美好生活追求的重要体现。经济社会发展同时必须坚持节约资源和保护环境，建设资源节约型、环境友好型社会，坚持走生产发展、生活富裕、生态良好的文明发展道路。

绿色税收的产生与发展同样也贯彻着人与人、人与经济社会、人与自然环境的关系。如前文所述，绿色税收缘起于环境资源问题，绿色税收的需求源自人类对清洁环境的渴望，其逻辑分析的起点是环境资源的外部性。鉴于经济、社会以及环境对税收提出的绿色化需求，绿色税收的发展脉络首先体现在税收制度的绿色化改良，而后是环境税的提出到整个税收制度体系的生态化改革，是一个循序渐进的过程。随着以“效率、和谐、持续”为目标的经济社会发展方式的转变，绿色税收的功能不断拓展，体现在人与人之间的和谐发展、人与社会共同进步以及人与环境的协调平衡，是绿色发展的全方位体现。

绿色税收作为税收体系中的组成部分，具有税收的传统职能，即税收的财政职能、经济职能和监督管理职能。同时，税收制度绿化改革的整体推进，其职能作用不断拓展。

（1）绿色税收功能拓展之一。促进人与人的和谐发展。人与人的和谐发展包括当代人的和谐、共享发展，也包括人类代际之间的可持续发展。从引导当代人和谐共享发展角度看，通过绿色税收的调节和引导，减轻或消除由于贫富不均造成的对"环境资源产品"消费以及"物质产品"消费水平、消费能力差距过大以及非效率问题，即通过绿色税收手段引导全社会倡导合理消费、调整消费结构，反过度包装、反食品浪费、反过度消费行动，力戒奢侈消费，制止奢靡之风，遏制对环境资源的过度消费，增加环保产品消费比例，在生产、流通、仓储、消费各环节落实全面节约要求，推动形成勤俭节约、环保节能的社会风尚。

人与人的和谐发展，必须保证人类自身的生产和生存的可持续性，当代人必须留给后代人生存和发展必需的环境资源，如果人类自身生产和生存无法保障，则经济发展、社会进步、政治清明都无从谈起。这就是环境资源代际公平问题。

绿色税收的制度安排是促进代际公平的重要手段。绿色税收的建立和发展需要遵循"正义原则"，其中包括环境正义。环境正义是保持环境资源的代内、代际公平以及和谐发展的重要内容，是以环境资源为纽带形成的人与人之间关系，它涉及人与人之间的伦理道德关系，也涉及人与自然的环境道德关系，它关注人类自身和环境资源两个方面的合理需要、永续发展以及社会文明和进步，因此，需要建立自然资本的公平储备，维持生态的可持续性。

（2）绿色税收功能拓展之二。推动供给侧结构性改革，促进经济社会绿色发展。绿色发展是一种以人本自然观为基础的新理念，是对传统经济社会发展的扬弃，是建立在生态环境容量和资源承载力的约束条件下，转变经济发展方式，增强供给结构对需求变化的适应性和灵活性。经济发展绿色化包含生产方式绿色化、生活方式绿色化、价值观念绿色化和制度建设绿色化等几个方面，其中生产方式绿色化居于首要位置。为此，需要政府改变公共政策供给方式，适应供给侧改革的需要。在绿色发展方面，按照"去产能、降成本、补短板"的要求进行税收制度设计，构建有利于促进科技含量高、资源消耗低、环境污染少的产业结构和生产方式的发展，为提高经济绿色化程度、加快发展绿色产业、形成经济社会发展新的增长点提供制度保障。

绿色税收作为国家宏观调整的手段之一，可以通过税收制度绿色化改革，推动供给侧结构性改革。①通过科学设计能源税，扩大经济能源绿色供给，提高清洁能源供应比例，如可再生和清洁能源。②适应消费升级，改善消费环境，释放消费潜力，优化消费结构的需要，对消费税进行生态化改良，调整消费税征收范围、税率及计税方式，并与增值税有效配合，降低高效节能、先进环保、资源循环利用的节能环保产品的税收负担，提高资源类、污染类产品和高档消费税负，重构能源及产品供需生态，推动能源产业链式及产业结构变革，提高服务经济和智能经济比重，降低或限制环境污染严重、安全度低的产品和非清洁能源在市场的流通和供应，形成生态化、可持续的绿色生产方式。

通过一系列绿色税收政策的推出，调整税收政策的产生、输出、执行以及修正和调整方式，更好地与经济社会可持续发展相适应，与市场导向相协调。通过税收制度绿色化改革，把原来不利于提高效率、不利于增加有效供给、不利于控制或减少环境污染的税收制度取消、优化或调整。在所得税方面，对绿色投资给予税收优惠，主要途径包括：对环保绿色投资给予一定优惠；对于能够增加就业、拉动消费，同时又有利于减少污染排放、节约资源的技术，如清洁技术、可再生能源、生态系统或环境基础设施、基于生物多样性的商业、废物及化学品管理、绿色城市、绿色建筑和绿色交通等给予投资抵免优惠政策，引导投资向有利于环保的方向发展。

（3）绿色税收功能拓展之三。以税收形式计量环境资本价值的功能。马克思认为，“资本是能够带来剩余价值的价值”，而“价值是人类抽象劳动的凝结”。[①]西方经济学通常将资本看作经营过程中的投入、能够带来增值或利润的物。生态环境作为大自然的基本要素，是社会生产要素和人类生存要素，是构成人与自然高度和谐发展的枢纽。在传统经济体系中，人类无偿攫取资源，不计算环境资源成本，未将环境资源纳入经济核算体系，造成环境资源的浪费，负外部性显著。随着人类对环境资源“稀缺性”认识的不断深入，人类已经将天然生成的环境和资源作为社会再生产系统的内置因素，感悟到环境资源作为包容、供应和支持整个经济的载体，向社会经济系统提供环境和资源服务，成为社会产品增值不可或缺的要素，意识到环境资源与其他生产要素一样，具有现代资本的属性，利用和开发环境资源需要考虑其损耗及成本补充，基于此，需要将环境和资源纳入资本范畴。“天然生成的环境和资源不再是生产以外的因素，而是包容、供应和支持整个经济的一个外壳，它向社会提供着环境和资源服务。因此，必须把环境和资源纳入资本范畴。与使用其他生产要素一样，享受环境资源服务，也必须支付代价。”[②]

与其他资本一样，生态资本具有稀缺性。但是，其他资本可以在人类经营过程中得以恢复或维持，而生态资本的稀缺性由可再生性资源和不可再生性资源的稀缺性两部分构成，对于不可再生性资源的稀缺性在相当长的时期内难以通过人类行

---

① 马克思：《资本论》第 3 卷，北京：人民出版社，1972 年版，第 265 页。

② 陈少英：《生态税法论》，北京：北京大学出版社，2008 年版，第 118 页。

为得以恢复或补偿。另外，由于环境和资源产权界定比较困难或成本较大，在现实生活中，经常出现多重产权或产权不明晰，因此，环境和资源作为人类共同的资产，难以依靠市场机制，按照等价交换原则支付成本或代价，造成“搭便车”现象，或多重产权造成多个所有者争相对资源进行超负荷使用，导致资源的浪费和破坏，环境污染严重。市场机制在保护环境、合理利用自然资源方面存在着失灵现象，导致市场机制对环境资源无法达到有效配置。目前，环境问题产生的根源是环境资源的价格没有正确反映环境资源的稀缺程度，当环境资源已经日益稀缺时，仍然实行“零价格”使用制度，其市场价格与其相对价格严重偏离，导致资源配置不当，带来环境污染、资源浪费、能源危机的一系列问题。

解决环境资源问题的经济学方法是通过明晰环境资源的产权，对环境资源合理定价和有偿使用，对那些能够界定产权的环境资源，通过市场机制达到有效配置，实行市场定价。对那些难以界定产权或界定产权成本大，具有准公共性的环境资源，由政府代表社会拥有其产权，通过政府调控机制进行配置，制定环境资源的“服务价格”，实行政府定价，这种价格的具体表现形式便是绿色税收。在资源的开发、利用以及保护环境等各个环节，科学设置生态税种，充分发挥税收经济杠杆作用，解决某些生态资本领域由于市场机制失灵带来的低效或无效配置，从而在资源的开发利用过程中，实现自然资源的保值、增值，体现生态资本的本质特征，并对自然资本进行追加投资，用以维护现有资源和环境，推动自然资本动态属性的实现，使自然资本存量不枯竭，保障自然资源的可持续性。

生态资本思想包含了丰富的可持续发展与生态化意蕴，它从系统和全局的角度统一考虑人口、资源、环境与经济发展问题，为可持续发展战略目标的实现提供了全新的视角，也为绿色税收提供了理论基石。绿色税收将生态资源和环境的成本内部化，以绿色税收的形式计量环境资源的价值，弥补了市场机制无法完成的环境资源计量的问题，拓展了税收的功能。征收的绿色税收一方面可以筹集环境污染治理资金，加大环境保护的资金投入，达到保护环境资源的目的，使社会福利得以改进；另一方面，也有助于可持续发展所追求的生态持续、经济持续和社会持续目标的实现。

在一般税收理论中，税收与国民生产总值的变动间存在着税收乘数，即政府税收增加时，国民生产总值将减少。从传统的税收理论角度分析，绿色税收和其他税收一样，课税将直接减少国民生产总值，降低经济增长的幅度。绿色税收作为促进绿色经济的有效手段，鼓励经济的增长，同时也尊重极限，尊重环境阈值的约束，在经济决策中能够全面、系统考虑环境因素，避免因环境退化、生态补偿等各项不可逆转的支出，抵消经济增长的效率。绿色税收正是在绿色经济发展道路过程中探索出的一种有效的经济手段，并拓展了税收的功能。

第 2 章
绿色税收的影响因素

随着经济的快速发展，社会生产过程提供的物质财富不断增加，人类所享受的物化成果越来越丰富，人类的物质文明得到空前的发展，由此带来了经济、社会、环境之间的矛盾。尤其是进入 21 世纪以后，人类不断面临着各种严峻的挑战，如能源供需失衡、石油危机、温室效应、空气污染、水污染、雾霾等，一些极端气象灾害如暴雨、飓风、洪水等频频出现，严重影响了人类的生存和发展，也与人类所追求的和谐、繁荣的目标相去甚远。究其原因，这些自然灾害与人类对生态环境的破坏有着密切关系，生态系统的紊乱导致经济、社会发展与环境的冲突。保护环境，维持生态系统平衡，促进经济的可持续发展，实现生态系统、经济系统以及社会系统的和谐发展，已成为全球共识。一些专家学者尤其是经济学家、公共财政学家、生态学家等对经济社会的可持续发展、保护环境等问题的研究越来越深入。总体而言，绿色税收产生的直接动因是日益恶化的环境问题，但是，促使其从理论研究走向税收实践，使其登上税收历史舞台的动因主要是经济因素，是经济发展到一定阶段的必然要求，是顺应绿色经济发展的需要。各国日益兴起的民间绿色文明运动，推动着政治生态化，使绿色税收逐渐成为各国财税政策中的组成部分。

2.1 环境因素：环境恶化

2.1.1 生态环境与人类生存

自然环境是环绕在人们周围的各种自然因素的总和，构成自然环境的物质种类很多，主要有空气、水、植物、动物、土壤、岩石矿物、太阳辐射等，是人类从事生产和生活的物质基础，也是各种生物资源生存的基本条件。对于人类而言，环境资源具有五大功能：①资源供应功能。即为人类活动提供不可缺少的各种资源。②环境净化功能。即在环境阈值内对人类活动产生的废物进行吸纳、分解和同化。③生命支持功能。即为人类提供基本的生存保障，如自然资源的各种生物链保持了生态系统的协调运行，从而保证人类生产和生活必需的环境。④为人类提供愉悦的精神食粮。如令人陶醉的自然风光、洁净清新的空气，会净化人的心灵，感受大自然的博大、撼人心扉的强大力量，使人感受到物化生活无法比拟的精神享受。⑤为人类生产和生活提供空间。

自然资源是大自然奉献给人类宝贵的财富，是天然存在的、未经人类雕琢的自然物，这些天然存在的自然物是生产的原料来源和布局场所，在一定的时间和技术条件下，能够通过人类利用产生经济价值，为人类提供福祉。

人类是自然的产物，而人类的活动又影响着自然环境。人类经济活动促进了物质财富的增加，提高了人类的物质文化水平，同时也带来日益严重的环境问题。

2.1.2 经济发展与环境污染

从 18 世纪中叶开始，蒸汽机、焦炭、铁和钢四项主要因素促成工业革命技术加速发展，引起从手工劳动向动力机器生产转变的重大飞跃。人类进入了第一次产业革命时期，机器大生产推动了采矿业、冶炼业以及机器制造业的迅速发展，这一时期也称为“蒸汽时代”。工业革命以来，发达国家经济出现了高速增长，工业化进程的推进使发达国家率先崛起，人类在世界范围内实现了经济的迅速增长。人类利用自然和改造自然的能力大大提高，生产力得到空前发展，对自然资源的巨大需求和大规模开采，导致了自然资本的迅速削减、退化甚至枯竭，大地满目疮痍，水体资源被污染，环境破坏严重。然而，在这种增长过程中，污染问题和能源危机的负反馈作为经济高速增长的伴生物出现在发达国家经济发展过程中，早期工业化国家的大量污染物排放，造成全球变暖、臭氧层破坏、酸雨、淡水资源危机、能源短缺、森林资源锐减、土地荒漠化、物种加速灭绝、垃圾成灾、有毒化学品污染等污染问题和能源危机。

进入 20 世纪 80 年代以来，具有全球性影响的环境问题日益突出。1984 年，英国科学家首先发现南极上空存在“臭氧空洞”，出现这一现象的直接原因是大气污染，同时，“温室效应”和“酸雨”等现象也与大气污染有关。这意味着环境问题已经不仅仅是区域性问题，而是全球性问题，是超越主权国家的国界和管辖范围的、全球性的环境污染和生态破坏问题。由于工业进程的加快，各种有毒有害物质进入自然环境系统，环境污染和生态破坏相互作用，环境问题日益突出，世界范围内都出现了不同程度的资源瓶颈约束。例如，20 世纪震惊世人的十大公害事件，具体如表 2-1 所示。

表 2-1　世界十大公害事件

事件	时间	地点	原因	危害
马斯河谷事件	1930 年 12 月 1 日—5 日	比利时的马斯河谷	工厂中排放的有害气体和煤烟粉尘，SO_2浓度很高	一个星期内有 60 多人死亡，许多家畜死亡
多诺拉事件	1948 年 10 月 26 日—31 日	美国宾夕法尼亚州多诺拉镇	SO_2 与金属元素以及金属化合物相互作用，持续有雾，致使大气污染物在近地层大气中集聚	全镇 43%的人口相继暴病，死亡 17 人
伦敦烟雾事件	1952 年 12 月 5 日—8 日	英国伦敦	SO_2浓度高，烟雾中的 Fe_2O_3 促使 SO_2 氧化成 SO_3，从而形成 H_2SO_4，并凝结在微尘上，从而形成酸雾	12 000 多人相继死亡，事件后的两个月里又有 8 000 多人死亡
水俣事件	20 世纪 50 年代	日本九州湾水俣镇	含有大量的汞的废水排入水中，鱼食用后，在鱼体内转化成有毒的甲基汞，人食用鱼后中毒	1972 年，水俣镇患病 180 人，死亡 50 多人
洛杉矶光化学烟雾事件	20 世纪 40 年代初期	美国洛杉矶	汽车尾气所造成的污染，在强烈阳光的照射下就能产生臭氧，形成浅蓝色的光化学烟雾	引发喉头炎、头痛等许多疾病，100 km 之外的高山上的柑橘减产，松树枯黄

事件	时间	地点	原因	危害
富山事件（骨痛病）	20 世纪 50 年代	日本富山县	用含有金属镉的废水浇灌农田或饮用含镉的水中毒	引发骨痛病，1963—1977 年死亡 337 人
四日市事件	20 世纪 60 年代	日本四日市	SO_2 和粉尘排放量超标准，烟雾厚达 500 m，含有害的气体和金属粉尘，相互作用生成硫酸	造成哮喘病，1972 年全市哮喘病患者 871 人
米糠油事件	1968 年	日本九州爱知县	米糠油中混入了多氯联苯	5 000 余人中毒，并有 16 人无故丧生，这期间实际受害人在 13 000 人以上，10 万只鸡死去
切尔诺贝利核泄漏事件	1986 年 4 月 26 日	苏联切尔诺贝利	核电厂第 4 号反应堆发生爆炸，一股放射性碎物和气体冲上 1 km 的高空	13 万居民紧急疏散，苏联 1 万多 km^2 的领土受污染
博帕尔事件	1984 年 12 月 3 日	印度博帕尔市	地下储罐内剧毒的甲基异氰酸酯因压力升高而爆炸外泄	死亡近 2 万人，受害 20 多万人，5 万人失明，数千头牲畜被毒死

资料来源：http//tieba.baidu.com。

进入 21 世纪后，环境污染事件有增无减，著名的有 2001 年 1 月发生在罗马尼亚西北部的多瑙河污染事件，事件发生的原因是该地区连降大雨，使多瑙河水位暴涨，西北部一个由罗马尼亚和澳大利亚投资开办的巴亚马雷金矿的污水处理池由于大雨冲刷出现大裂口，大量有毒的污水流入附近的索莫什河，而后又冲入匈牙利境内的多瑙河，严重污染了多瑙河河水，污水流经之处，几乎所有的水生生物迅速死亡，河流两岸的植物枯萎，动物纷纷死亡。2011 年 3 月 11 日，日本福岛第一核电站 1 号反应堆建筑物在大地震后爆炸，在大地震中受损的福岛第一核电站 2 号机组的高温核燃料发生泄漏事故，使得福岛第一核电站周边半径 100 km 范围内出现核辐射。

2.1.3 环境问题催生绿色税收

环境问题的日益严峻，不断冲击环境的承载极限，唤起了公民环境保护意识，应保护环境、保护地球和经济可持续发展的需要，世界各地先后出现了各种民间环境保护组织，绿色运动风起云涌，促使发达国家政府反思传统经济发展方式的科学性，也不断创新环境管理的新方法、新手段，解决环境外部不经济带来的资源低效或无效配置，减少社会财富净损失。减少环境损失的有效途径是利用市场机制将外部成本内部化，将污染成本计入企业经营费用的组成部分，由造成外部性的私人主体自己承担或“内部消化”，从而弥补私人成本与社会成本间的差额，解决外部性所带来的效率损失。[①]生态环境作为公共物品，具有产权的不可界定性和消费的非排他性、非竞争性，在无外部约束条件下，经济主体可以对自然资源无限制利用，也可将生产、生活废物随意排入环境系统中而不承担任何代价。[②]从经济学的角度看，环境外部性是由于环境资源的“无价使用”形成社会净产值与私人净产值的偏离，或社会边际成本与私人边际成本的不一致。环境成本的补偿方式与企业经营过程中的耗费计量有着本质的区别，很难通过企业自身核算进行衡量并进行计量补偿，需要通过政府统一进行计量并计入企业经营费用。税收作为有效的经济杠杆，具有矫正性功能，因此，税收成为各国保护环境、维护生态系统平衡的政策工具之一。西方国家在环境管理方法创新中，将绿色税收作为经济手段纳入调控经济与环境协调发展体系中的重要手段，将税收“植入”企业微观生产经营过程中，并作为企业成本核算的组成部分，以适应本国公民渴望洁净环境的需求，缓解经济发展过程中带来的“环境赤字”。因此，绿色税收成为世界各国保护环境、维护生态系统平衡的政策工具之一，其中，欧盟绿色税收制度建设走在世界前列。

2.2 经济因素：绿色经济兴起

根据美国经济学家华尔特·惠特曼·罗斯托（Walt Whitman Rostow）20 世纪 60 年代提出的“经济成长阶段论”，一个国家的经济发展将经历 5 个阶段，依次是传统社会阶段、准备起飞阶段、起飞阶段、走向成熟阶段、大众消费阶段。到了 70 年代，罗斯托在《政治与增长阶段》的著作中，提出新的第六个阶段，即“追求生活质量”阶段，也称为超越大众消费阶段。在这一阶段，主导部门从原来的制造业等传统产业转变为服务业与环境改造事业。绿色经济是经济发展到第六个阶段的一个表现，它是以传统产业经济为基础，以市场为导向、以经济与环境的和谐为目的而发展起来的一种新的经济形式，是产业经济为适应人类环保与健康需要而产

① 鲁传一：《资源与环境经济学》，北京：清华大学出版社，2004 年版，第 34 页。

② 铃青莲、王蕾：《对生态税收基本理论的几点认识》，载《经济论坛》2002 年第 3 期，第 17 页。

生并表现出来的一种发展状态。

2.2.1 绿色经济的内涵

绿色经济由 20 世纪 80 年代末英国经济学家皮尔斯在其著作《绿色经济蓝皮书》中首次提出。绿色经济是指能够遵循“开发需求、降低成本、加大动力、协调一致、宏观有控”等五项准则，并且得以可持续发展的经济。“绿色经济”既是指具体的一个微观单位经济，又是指一个国家的国民经济甚至是全球范围的经济。绿色经济作为经济发展的新阶段，与传统经济相比，一个显著特征是生产要素的构成比传统经济的生产要素更加丰富，将生态资本作为生产要素的重要组成部分。Jacobs 与 Postel 等从经济学角度提出对传统经济学的 3 种生产基本要素（劳动、土地及人造资本）进行修正，即在生产基本要素中应考虑社会组织资本，并将其融入传统的生产要素之中，修正后的生产基本要素分为人类资本、生态资本和人造资本。[①]人类资本（human capital）更加强调作为生产要素的“人力”资源的健康、知识、技艺及动机。生态资本是对原有土地成本扩充，将为经济发展提供支撑的生态环境由原来的土地资本拓展到更为宽泛的生态资本或自然资本。人造资本保持不变，也称为制造资本。生态资本作为生产要素，与其他资本一样，需要在经济发展中，对其投入产出进行计量，需要其保值并增值，保证其在绿色经济发展中持续发挥作用。

从皮尔斯的经济发展阶段理论看，在经济成长过程中，人类的追求从原来的“物质化”倾向转为“精神享受”的转变，对经济发展更注重“人本主义”，追求经济增长对人类福祉的增加，摒弃传统经济的非人本主义的虚幻增加，使得绿色经济发展成为经济成长的必然逻辑。由此可以看出，绿色经济是既能产生环境效益，又能带来经济效益的人类活动。图 2-1 展示的是经济在不同发展阶段与环境的关系。

---

① 皮尔斯认为：社会组织成本指的是地方小区、商业团体、工会乃至国家的法律、政治组织，各个层级的组织会衍生出具有特别属性的习惯、规范、情操、传统、程序、记忆与文化，从而培养出相异的效率活力、动机及创造力，它们具有资本的特征。

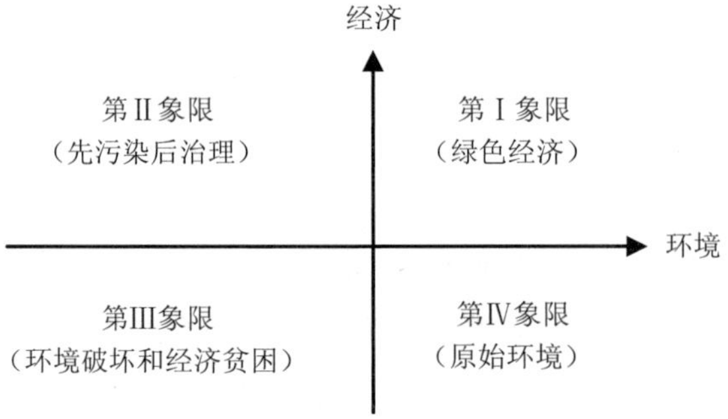

图 2-1　经济在不同发展阶段与环境的关系

从图 2-1 可以看到，第Ⅰ象限是绿色经济的境界，是最理想的状况，是最值得追求的境界，但不等于说是唯一值得追求的境界；第Ⅱ象限是经济发展以环境资源为代价，属于有经济无环保的状况，这是经济发展初期阶段容易出现的状况，这种情况虽不尽如人意，但付出一定环境代价会获得经济发展，经济发展经历了这个阶段后达到绿色经济的境界，是经济发展很难规避的一个过程；第Ⅲ象限是既无发展也无环保的“双无”情况，破坏了环境却未取得经济的发展；第Ⅳ象限是限制开发、保存原始环境的特殊情况，在这种状态下，环境是唯一的，并不必强调绿色经济的意义，对于特殊的生态系统和生态区域而言，这种状态也是完全必要的。

通过上述分析可以看出，要放在特定的背景下去理解绿色经济，发展绿色经济也是有前提的，有时候即使不是绿色经济也要去发展，而有时候即使是绿色经济也不能发展。不能将绿色经济绝对化，毕竟绿色经济是一种经济活动，需要遵循经济发展的内在规律。

总体而言，绿色经济本质是以经济与环境协调发展为核心的可持续发展经济，是以维护人类生存环境、合理保护资源、增加人类福祉为特征的经济发展方式。这种新的发展方式更注重平衡：生态系统及经济系统自身的平衡，生态系统及经济系统的平衡。发展绿色经济是对工业革命以来几个世纪的传统经济发展模式的一种扬弃，是 21 世纪世界经济发展的必然趋势。

2.2.2　绿色经济的价值分析

绿色经济是一个历史进程，是继人类物质文明、精神文明之后的第三种文明——

生态文明的具体体现，是以高新技术为支撑，使人与自然和谐相处，能够可持续发展的经济，是市场化和生态化有机结合的经济，将自然资源价值和生态价值纳入社会价值体系之中，是生态价值视域下的经济体系。它是一种经济再生产和自然再生产有机结合的良性发展模式，是人类经济、社会和环境可持续发展的必然产物。以可持续发展为基础的绿色产业和绿色经济的不断发展，这也是当今产业经济发展的必然选择。

（1）绿色经济倡导公平发展的价值观。公平性是可持续发展的重要保证，失去公平性就等于失去可持续发展基础。从经济角度看，追求经济利益最大化，不断提高人类的生活质量，是经济发展的基本目标，也是传统经济模式下的社会经济增长方式。传统的经济增长模式是以自然资源系统遭受严重破坏和污染为代价获得，对于自然资源的生态系统而言是不公平的。在这一发展过程中，仅仅满足了当代人，忽视了后代人的生存发展的需要，不符合“代际公平”的原则。传统的经济发展方式缺乏全局通盘考虑，自然资源丰腴地区独占原本属于全体公民的“级差收入”，忽略其他欠发达区域和环境资源欠佳地区人的生存需要，不符合区域公平原则。这种将子孙后代或全人类的环境资源用以满足少部分当代人的物质上的奢侈，不符合市场经济规律，是不公平的。绿色经济发展方式通过自然资源的可持续利用，能够最大限度地提高自然环境的利用率，兼顾当代人和后代人的代际利益平衡，权衡当代人之间的区域利益平衡，促进经济、社会、环境协调发展，促进区域经济协调发展。

（2）绿色经济倡导兼容性发展的价值观。在传统经济发展模式下，认为自然环境与经济增长和社会发展之间彼此不能兼容。经济的发展、人口的增加，使得生产和生活都需要消耗更多的资源，污染排放不断增加，自然资源再生产步伐远远落后于耗费的节奏，经济发展无节制的增长，使自然环境天然的净化功能负荷加重，社会发展、经济繁荣以牺牲自然环境为代价，最终导致经济发展的不可持续性，环境恶化是一个必然的结果，是不可回避的恶性反馈环路①。绿色经济模式是以可持续发展观为基础所形成的新型经济发展方式，它以自然生态规律为基础，通过政府引导和市场机制资源配置，制定和实施一系列引导社会经济发展符合生态系统规律的强制性或非强制性的制度安排，引导、推动、保障经济社会活动各个环节的绿色化，

① 反馈环路是一个封闭的线路，环路内的某个节点活动对周围状况产生影响，而这些影响反过来又作为信息影响下一步的活动。在这种环路中，一个因素的增长，将通过刺激和反馈连锁作用，使最初变化的因素增长得更快。

从根本上减少或消除污染，形成经济、社会和环境良性的闭合循环反馈回路。

（3）绿色经济坚持开放性和协调性的价值观。认为经济发展应在环境资源约束下，将环境资源的保护和合理利用作为其经济系统运行的重要组成部分，充分考虑自然资源的经济价值和社会价值，将其纳入市场经济价值体系之中，遵循自然环境系统内在规律，在市场资源配置下，建立和完善自然资源价值形成机制和价值补偿路径，保证自然生态系统的内在自有的平衡不受破坏，并将其与经济系统有机衔接，将自然资源及环境价值嵌入社会产品价值体系之中，将自然环境代价与生产收益一并作为产业经济核算的依据，确认和体现经济发展过程中自然环境的价值。事实上，经济的发展与环境资源的消耗是并行的，在量化经济发展的各项收益指标时，环境价值理应据实计算并从中扣除，从而完善了传统的经济增长模式下的价值核算体系，建立了稳定的生态和经济条件，形成经济和环境资源价值相互补充的价值形成体系，促进自然生态系统和经济系统的协调运行。

在经济发展过程中，产业结构是动态的、发展的，具有较强的更新机制，产业结构优胜劣汰是客观规律。绿色经济的核心是促进经济的可持续发展，自然会带动产业结构的可持续发展。发展绿色经济，可以引起社会再生产的各个环节的绿化，带动经济社会发生巨大的变革。①在生产领域更倾向于清洁化，工业社会实行以最大化地提高社会劳动生产率，促进经济增长为中心的“资源—产品—污染排放”的生产方式，绿色经济实行以提高自然资源的利用率、消除或减少环境污染为中心的可持续发展生产方式，生产者不仅仅是产品的生产者，也负有保护环境的社会责任和义务。②在流通领域内增加了对污染源转移的控制。绿色经济在工业社会奉行的自由贸易原则的基础上，实行附加环境保护义务的自由贸易，控制和禁止污染源的转移。③消费观念的绿化，引导和推动绿色消费。这一系列的制度性变革，必然引起工业社会向绿色社会的发展，依据自然生态规律，建立起包括生态系统在内的绿色经济系统。

2.2.3 绿色经济实现途径

绿色经济是指那些同时产生环境效益和经济效益的人类活动。从绿色经济的外延看，实现绿色经济有两个途径：一是对原有经济系统进行“绿化”或生态化改造；二是发展和构建环保新产业、倡导环保消费新理念等。

第一个途径是在实现发展的同时保护环境。即经济活动和发展要不损害环境或有利于保护环境。在这里，绿色是对经济活动的外在限定，它要求经济活动不以牺牲环境为代价或在环境阈值约束范围内。绿色经济是对整个经济体系的要求，是将原有经济体系的构造由非环保型转到环保型，是对环保型内涵的再生产，因此，绿色经济又可称为环保型经济或环境友好型经济。在这一路径下，绿色经济强调的重点是环保，在经济发展和环境保护权衡时，可能会放弃一部分经济效益，以保证经济是绿色的。

第二个途径是环境保护要促进经济发展。即从环境保护活动中获得新的经济增长点。在公民环保意识和环保理念越来越强的时代，聪明的企业会通过分析公众及政府对环境保护的需求对企业战略管理提出挑战，以全新的环保视角观对企业经营进行布局和调整，适时改变经营理念及经营战略，实施“从绿掘金”，使企业既创造业务利润，又营造健康和可持续发展的世界，将环保产品、环保产业作为潜在的经济利润的来源和未来新竞争力所在，培育企业利润新增长点。为此，绿色经济的外延由以下两部分组成：

（1）对传统的经济系统进行绿化或生态化改造。其主要途径是环保技术的开发利用，原材料的高效循环利用，环境有害物质的替代使用，环保产品的研发和推广，减少污染排放物的产生量，对污染物进行净化治理等。通过对传统产业的生态化改制，节约资源，减少排放，减轻对环境的压力，同时获得经济效益。从现实经济活动考察看，现代工业已经在很大程度上做到了低排放甚至零排放，所以尽管产业是传统产业，但属性上已属于绿色经济。

（2）开发有利于改善环境或对环境影响小的产业。包括发展生态农业、生态旅游、现代服务业，推动环保产业发展等，这些产业的特点是天生对环境友好，不必投入过多资源进行污染防治和生态保护。这些产业有的属于新兴产业，如现代服务业，有些属于传统产业甚至有着数千年的悠久历史。开发有利于改善环境的产业主要依赖于绿色投资，将生产要素尤其是资本投入到这些既能增加就业、拉动消费又减少排放的经济活动中去，提高生态环保产业所占比重，包括清洁技术、可再生能源、生态系统或环境基础设施、废物及化学品管理、环保城市设施建设以及绿色交通等，培育以低碳排放为特征的新的经济增长点。

2.2.4 绿色经济呼唤绿色税收

传统经济理论中，经济增长、稳定物价、充分就业和国际收支平衡是四大宏观经济目标。分析税收的宏观经济调节作用是以这些宏观经济目标为基础，从工业发展观的视角，通过国民生产总值或国民收入为主要考核指标来反映。这种工业发展观主要关注的是物质财富的增加，强调一个物化的结果，未能将环境价值纳入价值体系，没有考虑环境成本，成本核算不完整。随着人类对环境资源价值的重新认识，以及生态环境的日益恶化，环境问题已越来越受到人们的重视，绿色经济的提出正是对原来狭隘的经济增长目标的一种矫正。

税收作为伴随国家产生而出现的经济“聚财”手段。在人类不同的发展阶段，其职能作用不断发生着变化。人们对其认识也逐步深入，对税收政策的运用也越来越灵活，税收的影响触角不断延伸。尤其是自凯恩斯主义主张政府干预市场经济以来，各国的实践都在不同程度上承认了税收对经济所具有的重要调控作用，并规定不同的鼓励或限制的税收政策，给予纳税人有利或不利的条件，使其经营行为能够符合政府宏观调控的经济目标和社会目标，税收的经济职能、监督管理职能被逐步认识和运用。

自 20 世纪 70 年代开始，发达国家为了改变经济发展过程中出现的严峻的环境问题，提出经济社会和环境的可持续发展，开始转变经济发展方式，大力发展绿色经济。在经济转型时期，需要税收有所作为。税收作为环境保护手段之一，税收的职能得到拓展，税收的生态职能逐步显现。

在一般税收理论中，税收与国民生产总值的变动间存在着税收乘数，即政府税收增加时，国民生产总值减少。从传统的税收理论角度分析，绿色税收和其他税收一样，课税将直接减少国民生产总值，降低经济增长的幅度。绿色经济作为新的经济发展方式，一方面鼓励经济的增长，另一方面也尊重极限，尊重环境阈值的约束，经济决策中能够全面、系统地考虑环境因素，避免因环境退化、生态补偿等各项不可逆转的支出，抵消经济增长的效率。绿色税收的课征正是在绿色经济发展道路过程中探索出的一种有效的经济手段。通过对污染物、产生污染物的产品和不可再生资源课征绿色税收，并对防治污染、清洁生产等给予税收鼓励或补贴，遏制环境的进一步恶化和资源的耗损速度，减少环境退化的货币价值，将社会劳动和环境资源同样纳入成本核算体系，以社会劳动和环境资源较小量的消耗，生产出较大量的物质财富，使经济可持续收入增长，培育可持续的税源。因此，设计适当的绿色税收，将生态资源和环境的成本内部化，而且，以征收的绿色税收筹集环境污染治理资金，加大环境保护的资金投入，达到保护环境资源的目的，使社会福利得以改进，有助于可持续发展所追求的生态持续、经济持续和社会持续目标的实现。即税收作为政府调控经济的重要手段，其职能逐步呈现出生态化态势，对于环境负外部性有较好的调节作用，绿色税收体系的构建对发展绿色经济、促进可持续发展具有积极的促进作用。OECD 国家早在 20 世纪 70 年代绿色税收的实践也已证明了这一点。

2.3 社会因素：公民对环境权的诉求

2.3.1 环境权及其构成

任何人都不能离开环境，自然环境（包括空气、水、土地等）是人类生存的基础。环境权指的是人们能够享有健康的、清洁的环境，并能够使用生态环境资源的权利。它是人类的基本权利，没有环境权就没有人类的生存条件。1972 年瑞典斯德哥尔摩会议发表的《人类环境宣言》提出："人类有权在一种尊严的和福利的生活环境中，享有自由、平等和充足的生活条件的基本权利，并且负有保证和改善这一代和世世代代的环境的庄严责任。"

环境权是一种与生俱来的人权，应受到宪法的保护，不容侵犯；同时也是一种经济权利。环境权具有人身权的属性，它直接影响每个人的身体健康，涉及公民的社会保障权。公民有权享受通过使用生态资源所获得的收益，有权参与到对生态资源的管理中来，有权知道有关环境的信息。除此之外，人们在自身生态利益遭受威胁或侵害时，有权依法向有关部门或司法部门请求保护或予以补偿，以实现公平。另外，经济自由主义所倡导的自由竞争以及对实现利益最大化的追求也危害了环境，所以，设立环境权也是为了克服经济自由所带来的弊端。

环境权并不是一个独立的权利，它是由一系列的权利组成的权利体系。从公民和企业的角度来看，环境权大致包括以下几种权利：

（1）环境资源利用权。环境权的核心就是环境资源利用权。保障人们能够充分地享有环境资源，利用环境资源满足自身的需要，是设立环境权的核心。正是人们拥有环境资源利用权，人们的衣食住行才得以保障，人们才能放心地生活和安全地生存下去。目前，环境资源利用权在法律中大致包括以下几个方面的规定：阳光权、通风权、眺望权、安静权、清洁空气权、清洁水权、风景权、环境美学权、历史文化遗产瞻仰权等。当然，应合法、文明地行使环境资源利用权，否则要承担相应的成本。

（2）环境状况知情权。又被称为信息权，是指公民获得环境状况等有关信息的权利。享有环境状况知情权是公民或企业参与国家环境管理、监督和维护自身环境权利的前提。人们只有知晓自身周边的环境状况信息，才能够有的放矢地做好预防工作，才能够充分地保护好自己。

（3）环境侵害请求权。是指公民在自身环境权益受到侵害后具有向行政机关或司法机关请求保护的权利。公民既有权向环境行政管理机关主张权利，又有权向司法机关请求保护权利；既有权申请对行政行为的司法审查，又有权提出损害赔偿请求权和停止不法侵害的请求权等。环境侵害请求权是环境权落到实处的保障，正所谓“一种无法诉诸法律保护的权利，实际上根本就不是什么法律权利”。从国家的角度来看，作为公共利益的代表，作为环境资源的所有者，国家具有环境管理的权力。国家有义务为了社会的公共利益，而利用各种行政、经济、法律等手段对环境资源进行管理和保护，从而促进社会、经济和自然的和谐发展。

从上面分析可以看出，从环境权内容看，环境权包括环境使用权、知情权、参与权、请求权，其中包括了生态性权利和经济性权利。前者权利形态表现为生命权、健康权、日照权、通风权、安宁权、清洁空气权等；后者具体化为环境资源权、环境使用权、环境处理权等。[①]从法律关系内容看，“环境权应界定为环境法律关系主体对其赖以生存、发展的环境所享有的基本权利和承担的基本义务，环境法律关系主体有享有适宜环境的权利，也有保护环境的义务”。[②]环境权是人类的基本权利之一，公民有权要求享受美好、舒适、健康的环境，在经济高度发达的现代社会，公民的环境权应是法定的，国家作为环境权的管理者，应保证其公民生存和发展所需的环境权。

---

① 陈泉生：《环境法原理》，北京：法律出版社，1997 年版，第 110～115 页。

② 蔡守秋：《环境资源法学教程》，武汉：武汉大学出版社，2000 年版，第 273 页。

2.3.2 环境权利成本

环境的本质是一种利益，而且是一种不易修复又极其重要的利益。公民享受环境权依赖于政府，依赖于法律规范。权利，专指法律上的权利，就是个体或团体能够运用政府的手段切实地加以保护的重要利益。赋予公民享受环境权不等于政府撒手，而是需要政府履行环境保护的规划、管理职责。“在实践中，只有当权利把权力授予那些其决策有法律拘束力的实体时，权利才不仅仅是个宣言。”[①]作为一般规则，如果一个人生活在没有税收能力和无法提供有效救济的政府下，他就没有法律权利可言，无政府也就意味着无权利。

按照霍尔姆斯、桑斯坦的权利成本思想，权利是有成本的。环境权的成本就是绿色税收，也就是说，为了保证充分享受环境权，公民应承担环境保护的义务，应转让一部分私有财产，形成国家税收收入。国家对生态环境与自然资源享有管理权，弥补市场失灵而造成的“环境外部不经济”，为公民提供高质量的环境产品，满足公共产品的需要，并以生态税收的形式取得管理收入，获得环境保护的成本补偿，以保护公民的生态环境权，促进经济、社会与生态协调、可持续发展。

而人们通过利用环境获得的利益总和就是环境利益。所以，每个利用环境的人都是从环境中无偿获得利益。既然人们从环境攫取到收益，那么按照税法的基本原理，国家应当对这种收益进行征税，所征的税就叫绿色税收。但如何衡量收益额呢？由于污染者向环境排放的污染物并没有计入污染者的生产或消费成本中去，那么这部分的成本就变相地相当于污染者的获益，所以，应以污染造成的总成本为基数征收绿色税收。

环境权的性质与税法性质的发展趋势出现了趋同现象，税法一方面维护国家的公共利益，另一方面也日益表现出对社会利益的关怀，对环境利益的关注，对公民环境权的尊重。

---

① [美]史蒂芬·霍尔姆斯、凯斯·R.桑斯坦：《权力的成本——为什么自由依靠于税》，北京：北京大学出版社，2004 年版，第 6 页。

2.4 政治因素：政治生态化

日益严重的环境问题以及公民对美好、洁净环境的大自然的向往之间的矛盾冲突，使得人类从经济、政治、社会、文化等多个领域对环境问题给予了高度关注，人类开始崇尚绿色文化、绿色文明，信奉生态哲学。生态文明和生态哲学对人类行为方式以及思维方式产生了巨大影响，并掀起了民间环保运动，在此基础上，绿党应运而生，伴随着绿党等非政府组织介入政治，推动了政治生态化，政治生态化助推税收成为环境保护的重要手段，税收制度绿化在20世纪90年代开始方兴未艾。

2.4.1 绿色文化

人类经济的发展，是与地球大自然系统的物质资源变换的过程。在这一变化过程中，人类不断地从自然取得物质资料，以满足自己的需要，而后又不断将废物排放到自然，经过大自然的吸纳“滤化”作用，重新转化为自然物质。随着人类对自然利用程度不断深化，从自然获取物质资料不断增加，达到今天巨大的物质文明。没有大自然的无私奉献和供养，人类文明的发展是不可思议的。但是，自然资源并不是无限的，根据物质守恒定律，人类与自然的物质变换过程，必须建立在平衡的基础上。一方面，由于许多自然资源的不可再生性，对于这些资源的开发利用应控制其节奏，提高效率，人类的社会再生产要以自然的再生产能力为前提；另一方面，人类生存和发展产生的排泄物返还自然，要以自然的净化能力为限，也就是说，人类向自然的索取和向自然的排放应以环境阈值为限，否则会影响生态系统平衡，造成环境污染。遗憾的是，由于早期人类的过度开发，这种不平衡不断地出现。马克思在《资本论》中讲到资本主义大工业和城市的发展所产生的影响时曾经指出：“大工业一方面聚集着社会的历史动力，另一方面又破坏着人和土地之间的物质变换……从而破坏土地持久肥力的永恒的自然条件。”严重的环境问题残酷地摆在人类面前，人类终于开始觉醒，不得不反思自己的行为。为此，“绿色”观念逐步形成。

1962年，美国海洋生物学家蕾切尔·卡逊（Rachel Carson）经过4年时间，调查了使用化学杀虫剂对环境造成的危害后，出版了影响深远的著作——《寂静的春天》（*Silent Spring*）一书。在该部著作中，蕾切尔·卡逊用生态学的原理分析了由于在生产中使用化学杀虫剂，从而对人类赖以生存的生态系统带来的危害，并形象地描述了最终可能出现的结果——春天是寂寞的，不再有鸟儿歌唱，不再有清澈的河流……提出人类应该走“另外的路”。“绿色革命”的概念是由美国国际开发署署长 W. S. 高达提出的。1968 年 3 月，美国国际开发署署长 W. S. 高达在国际开发年会上发表了“绿色革命——成就与担忧”的演讲，从此，“绿色”概念越来越多地出现在人们面前，并为人们关注。1971 年，加拿大工程师戴维·麦克塔格特发起成立了绿色和平组织。1972 年罗马俱乐部提出“增长的极限”，郑重提醒人类应重视资源的有限性和地球环境面临的问题，绿色思路逐渐跃进人们的视野，绿色思想催生绿色文化。

绿色思想是建立在充分认识生态平衡、可持续发展、环境保护的重要性基础上的思想意识。在与自然的长期斗争中，人类终于认识到自己是自然界的产物，认为一个物种主宰世界的自然史是最不稳定的自然史，人类工业化道路必须考虑与生态环境的相容共生问题，必须放弃“先污染后治理”的“黑色”工业化道路，用“绿色”文明减轻或消除工业化带来的环境恶化问题。因此，绿色文化的产生是人类经济社会发展到一定阶段的产物。

随着人类对自然环境与经济社会发展关系的认识不断深入，人类开始认识到应该将人类的发展与自然环境发展以及社会进步协调起来，寻求生态、能源、人口三者协调可持续发展，与大自然和谐共处。绿色文化首先由世界自然保护联盟提出，该联盟从生态学角度出发，按照可持续发展的思维方式，提出对自然资源的开发利用，既能满足当代人的最大持续利益又能保持其满足后代人的需求，并且要加强对人类利用生物圈的管理，以维持生物圈自有的平衡状态为前提，促进自然环境的可持续发展。

2.4.1.1 绿色文化的内涵

“绿色文化”中的“绿色”并不单单指颜色本身，而是泛指对自然环境的自然状态。“绿色文化”是指基于改善人类生存和发展的生态条件而进行的环保设计和创造，使之产生能够促进环保理念建立、在人类行为规则中强化生态伦理的软约束力的一种文化，绿色文化将和谐的触角从人自身延伸到人与人、人与自然的多重和谐，将人与自然的和谐作为人类应有的追求。

绿色文化有狭义和广义之分。从狭义来说，绿色文化是以绿色植物为标志，为人类适应环境而创造的文化。从范围看，主要涉及植物学科，包括采集、狩猎文化、农业、林业、城市绿化以及所有的植物学科等。从广义上讲，绿色文化是能使人类实现可持续发展的文化，促进人类与自然环境协同发展、和谐共进。从范围看，既包括持续农业、生态工业、绿色消费、绿色交通、绿色建筑、绿色服务业等绿色产业，也包括绿色教育、绿色文学和有绿色象征意义的生态意识、生态哲学、环境美学、生态艺术、生态旅游以及生态伦理学等意识形态的绿色化。绿色文化的精髓是生态学的理论和原则，可持续发展理论是绿色文化研究的核心。

2.4.1.2 绿色文化的主要表现

党的十八届五中全会提出“创新、协调、绿色、开放、共享”五大发展理念，它要求在文化建设中融入绿色发展理念。绿色文化主要包括绿色理念、绿色生产和绿色消费 3 个部分。

（1）绿色文化的理念是和谐共生、协调发展。绿色文化是追求人以及人类主客观两个世界优化与美化的文化，它崇尚自然、注重保护环境资源，促进社会的协调发展，实现生态和谐、人与自然和谐、社会和谐的发展理念。

（2）绿色生产。物质资料再生产包括生产、分配、交换、消费 4 个环节，其中生产是起决定作用的环节。在社会总资本再生产过程中，核心问题是社会总产品的实现问题，其中价值补偿是基础，实物补偿是关键。随着经济高速发展、物质财富的增加、环境的恶化，人类开始重新审视传统的生产方式对人类自身、生态环境、社会发展等方面的影响，开始将环境补偿纳入社会总产品价值实现过程。绿色生产成为人们所期盼的新的生产方式。绿色生产一般也称为清洁生产，是以生态的理念进行社会再生产，按照有利于生态环境保护的原则来组织生产过程，创造出绿色产品，以满足绿色消费。绿色生产以管理和技术为手段，以节能、降耗、减污为目标，对工业生产实施全过程污染控制，生产出清洁产品。绿色生产一般涉及 3 个环节的控制：①事前控制。即通过技术革新以及新技术的运用，将生产投入物合理安排，提高资源利用效率，以替代品替代短缺资源和不可再生资源，推广节能、省料、节水技术，以实施资源的合理利用，减缓资源的耗竭。②事中控制。即在生产过程中，尽量消除减少废物、污物的产生和排放，以实现合理利用资源，促进产品生产和消费过程与环境相容，减少整个生产活动对人类和环境的危害。③事后控制。即对环境造成事实损害的生产企业和生产业务，采用成本补偿方式收取补偿金，使其污染成本大于清洁生产投入成本，促使污染的事后控制向前转移，实现绿色生产的目的和最终效果。绿色生产是对物料转化全过程的设计和控制。即从原材料加工到产品生产、产品使用甚至报废处置的各个环节采取必要的措施，实施污染控制。

绿色生产的核心问题是开发和生产绿色产品，绿色产品是比目前类似产品更有利于环保的产品，具有环保性和替代性特点，绿色产品可以替代传统的同类或类似产品，它可以是改良型或全新的产品，具有传统产品的基本功能，同时还有一个最基本的要求，即符合环保要求，有利于环保。绿色生产是一个相对的、动态的概念，绿色生产本身是一个随着环境变化和社会需求而不断完善的过程，随着技术进步和经济发展，绿色生产的内涵将不断更新进步。

（3）绿色消费。消费是社会再生产的最终目的和动力。绿色消费是以保护消费者健康为主旨，符合人的健康和环境保护标准的各种消费行为和消费方式的统称。从客体看，绿色消费的对象是绿色产品，倡导消费者在消费时选择未被污染或有助于公众健康的绿色产品。从过程看，包括消费绿色产品及消费过程中物资的回收利用，能源的有效使用，对生态环境及物种的保护等；在消费过程中注重对垃圾的处置，不造成环境污染。从时间跨度看，包括代内消费需求和安全，也包括代际消费需求和安全。从空间范畴看，绿色消费着眼公平消费，这种公平既包括人际消费公平，又包括国际消费公平。引导消费者转变消费观念，崇尚自然、追求健康，在追求生活舒适的同时，注重环保、节约资源和能源，实现可持续消费。总体而言，绿色消费的突出优势在于人类的消费行为与自然环境和谐统一，与人类社会可持续发展相互促进，与经济可持续发展相适应。

由此可见，绿色文化的自然存在方式是自然禀赋，也是绿色文化的生存方式，是以自然资源为要素的生态系统。绿色文化的生产存在方式是产业绿色化，包括三次产业的优化和生态化。绿色文化意识形态的表现是与绿色禀赋和绿色产业相适应的绿色文化。三者之间，产业生态化是基础，绿色文化是灵魂，绿色环境是特质。三者的有机结合形成绿色生态经济战略，形成以保护和发展绿色环境为基础，以创建和发展绿色产业为中心，以构建和发展绿色文化为动力，形成经济、社会、环境的可持续发展的战略。

绿色文化的本质是生态文明，追求的是人与自然、人的身心和人类社会这三大系统的动态和谐发展，是多维度的综合体，其物质载体是生态环境，该物质载体的动态和谐主要表现在生态系统内部自身循环的和谐以及生态系统和经济社会系统交互过程中的和谐。内在和谐和外在和谐过程，也是成长的过程，包括生机、生长、生命、活力、可持续发展等，是一种人与人、人与自然的协调发展、和谐并进的文明发展观和社会进步观。

2.4.2 生态文明

随着人类对生态环境的关注，绿色文化建设得以不断深入，从而促进生态文明的发展。

2.4.2.1 人类文明的历史演变

文明是人类文化发展的成果，是人类改造世界的结晶，是物质世界和精神成果的总和，是人类社会进步的象征。在西方语言体系中，“文明”一词来源于古希腊“城邦”的代称。《周易》里说：“见龙在田，天下文明。”纵观历史发展长河，随着技术的进步和人类对世界认识的不断深入，人类社会经历了 4 个文明阶段，即原始文明、农业文明、工业文明和生态文明。5 000 多年的农业文明时代，一次又一次的技术进步，促使了农业文明向工业文明转化，从而人类又经历了 300 多年的工业文明时代。工业文明带来的环境问题，促使人类工业文明向生态文明转化，形成了生态文明。

第一阶段是原始文明，是人类文明的起点。约在石器时代，人类以自然的石器为工具，必须依赖集体的力量才能得以生存，物质生产活动主要靠简单的采集渔猎，勉强维持人类自身的生存需要。第二阶段是农业文明。铁器的出现使人改变自然的能力产生了质的飞跃，物质生产主要以农业为主。人类利用的工具从石器向铁器的转变，促使了人类文明从原始文明进步为农业文明，农业社会的本质要求相对静止的社会和稳定的分工，是属于人类文明的低级形式，经济社会发展效率低下，主要是解决人们的温饱、生存问题。第三阶段是工业文明。18 世纪英国工业革命标志着人类社会发展史上一个全新时代的开始，拉开了整个世界向工业化社会转变的帷幕。蒸汽机等一系列技术进步促进人类从农耕文明进入工业文明。工业文明是以工业化为重要标志、机械化大生产占主导地位的一种社会文明状态。工业文明时代，奉行劳动方式最优化、劳动分工精细化、劳动节奏同步化、劳动组织集中化、生产规模化和经济集权化六大基本原则。工业文明时期，由于技术进步，类似农业社会中劳动所具有的体力性和智力性大都被机器所代替，机器越来越自动化，劳动的体力因素也越来越少，劳动特有的智力因素则越来越重要。机器的大规模化生产使工业文明时代商品迅速丰富。工业革命是人类历史发展的历史飞跃，工业革命催生了现代工业文明，结束了延续 5 000 年的传统农业文明。工业文明从根本上提升了社会生产力，创造出巨量的物质财富，并从经济、政治、文化、精神以及社会结构和人的生存方式等所有方面实现历史转型。

工业文明以人类征服自然为主要特征，世界工业化发展使人类征服自然、改造自然、利用资源的文化达到极致。对自然资源掠夺性的开发利用造成严重的环境污染。到 20 世纪中叶，大规模的污染引起了人们高度警觉，人类开始反思千百年来根深蒂固的实践方式和价值观念。工业文明否定农业文明成就了人类的辉煌，带来了物质财富的极大丰富，同时，工业文明自身发展中也在酝酿着被扬弃的结局。其主要原因是工业革命后，技术的发展不断地增强人类的力量，以“人类为中心”的对大自然肆无忌惮地攫取，破坏了自然界的和谐和人与自然的和谐。马克思说过：“资本主义农业的任何进步，都不仅是掠夺劳动者的技巧的进步，而且是掠夺土地的技巧的进步。”从而出现无法回避的工业文明的结果：生态危机。当代生态危机表明，工业时代的文明模式，已经不适应人类社会发展的需要，已经无法调整人与自然的关系。工业文明模式本身的局限和缺陷，不能从根本上解决全球性的、整体性的生态危机，工业文明带来的生态危机使得工业文明时代走向衰落，与以往历史文明更替一样，工业文明必须终结，而应该代之以新的、生机勃勃的文明形态——生态文明，人类社会改变了工业文明下对自然环境的作用方式，重新调整人与自然的关系，把自然生态纳入人类可以改造的范围之内，形成了现代的生态文明。

2.4.2.2 生态文明的内涵

由于人们研究的视角不同，对生态文明概念给出了不同的见解。具体可分为狭义上的生态文明和广义上的生态文明。狭义的生态文明是社会文明的一个方面，是继物质文明、精神文明、政治文明之后的第四种文明。生态文明要求改善人与自然关系，用文明和理智的态度对待自然，反对粗放利用资源，建设和保护生态环境。广义上的生态文明是人类经历了原始文明、农业文明、工业文明后的一个新的发展阶段，在文化价值方面，生态思想、生态文化和生态道德具有广泛的社会基础，成为社会广泛的文化意识形态。在生产方面，倡导清洁生产，以低投入、低污染、低排放，提高利用效率和生产率以及产出水平。在生活方面，以满足自身需要又不损害他人需求为目标，践行可持续消费，倡导简约的物质享受而追求更加丰富多彩的精神境界。在社会管理方面，追求人与自然的良性循环。也有的学者认为生态文明是一种发展理念，是人类文明经历了工业文明后，在已有文明的基础上，用更文明的态度对待自然，积极建设和认真保护良好的生态环境，改善与优化人与自然的关系，避免对大自然进行野蛮与粗暴的掠夺，促进经济社会环境和谐可持续发展。

总体而言，生态文明是继工业文明之后的文明形态，是人类文明发展的一个新的阶段。生态文明集生态哲学、生态伦理学、生态经济学等生态思想的精华，是用生态系统的观点和方法，跨学科多角度研究人类社会与自然环境之间的相互关系及其普遍规律的科学，是人类遵循人、自然、社会和谐发展、可持续发展这一客观规律而取得的物质与精神成果的总和，是人类文化发展的重要成果，是绿色文化的升华。生态哲学起始于马克思主义思想，马克思主义生态哲学理论从唯物主义世界观的角度，阐述人与自然环境的辩证统一关系，强调人与自然的相互依存、相互促进、相互发展的内在和谐。生态伦理学是以生态领域的道德问题为研究对象的应用伦理学。从人与人的关系角度看，生态伦理学认为，当代人不能因为自己的发展与需求而损害人类世世代代满足需求的条件，要从道德角度做好环境资源的“代际公平”；从人与环境的关系看，生态伦理学认为，应将道德关怀从社会延伸到自然存在物或自然环境，打破了“人类中心主义”的传统道德逻辑。生态经济学是以生态系统和经济系统的复合系统的结构、功能及其运动规律为研究对象的应用经济学。生态经济学认为，经济增长给生态环境带来的压力日益增大，社会生产成本中除包括物耗投入的内部成本外，还应包括污染费用等外部成本，将外部成本内部化，提高厂商保护环境的社会责任。

生态文明从哲学、伦理学、经济学等多维度考虑人与自然、人与人、人与社会和谐共生、良性循环、全面发展的内在关系，是以持续繁荣为基本宗旨的社会形态，是人类为保护和建设美好生态环境而取得的物质成果、精神成果和制度成果的总和，贯穿于当今社会的经济建设、政治建设、文化建设、社会建设全过程和各方面的系统工程，反映了一个社会的文明进步状态。

2.4.2.3 生态文明的深度阐释

生态文明是人类文明的一种形式。它以尊重和维护生态环境为主旨，以可持续发展为根据，以未来人类的持续发展为着眼点。生态文明强调人与自然环境的相互依存、相互促进、共处共融，强调人的自觉与自律，既追求人与生态的和谐，也追求人与人的和谐，而且人与人的和谐是人与自然和谐的前提。生态文明是对人类文明的继承，它与以往的农业文明、工业文明具有相同点，那就是以促进社会发展为目的，主张在改造自然的过程中发展物质生产力，不断提高人的物质生活水平。但生态文明与其他文明的不同点是将人置于生态系统之中，将人类作为地球的组成部分，更加突出人类赖以生存的生态环境的重要，强调人与自然之间的尊重及和谐，强调人类在改造自然的同时必须尊重和爱护自然，不能单纯地以人为中心，以征服者的身份对自然进行粗暴的、野蛮的掠夺。为此，生态文明以引导人们走上持续、和谐发展道路为着眼点，要求人类自觉、自律，树立生态观念，约束自己的行动，以环境自我净化、发展为基础，促进经济和社会的发展，是人类对传统文明形态特别是工业文明进行深刻反思的成果，是人类文明形态和文明发展理念、道路和模式的重大进步。

生态文明是以追求可持续发展为基本宗旨的文化伦理形态。它的产生是基于人类对于长期以来主导人类社会的物质文明的反思，倡导追求精神生活的丰富，承续工业文明时代所创造的辉煌的科学技术、伟大的思想理论、不朽的艺术成就和空前的社会发展，摒弃工业文明对生态环境的粗暴的掠夺，遵循自然资料的有限性决定了人类物质财富的有限性的规律。这无疑是文明形态的“范式转换”，是对现代文明形态和社会主义文明理论的创新，也是马克思主义自然-历史观在当代中国的新发展，是从工业文明的经济增长观到现代的生态发展观的转变，是人类文明的“生态学转向”，体现了人类对发展的认识从经济视角到社会视角再到生态视角的转换历程，对发展的价值追求和实践指向也经由经济增长到社会变革再到生态发展的历史嬗变。

2.4.2.4 生态文明的核心要素

生态文明的核心要素是和谐、公正、发展。人类经历了工业文明后，在物质产品极大丰富、人类社会本身矛盾凸显、人与自然的冲突日益加剧时，对以往的发展模式进行了深刻反思，推动了生态文明的发展。生态文明的第一个核心要素是对和谐的向往，谋求人与自然、人与人、人与社会 3 个循环系统的动态和谐运行，包括每个系统内部的平衡以及各个系统相互之间的平衡，达到生产与消费、经济与社会、城乡与地区之间的协调发展，使人类追求简约的物质生活，历练有品质、有品位的精神世界。和谐是生态文明的保障。生态文明的第二个核心要素是公正，就是要公正地对待每一种权利，包括人的环境权，尊重自然权益，实现生态公正，保障人的权益，实现社会公正。公正是生态文明的基础。生态文明的第三个核心要素是发展。发展是硬道理，包括经济和社会在内的发展，是社会进步的标志。人类自从经历了农业文明以及高速发展的工业文明以来，征服自然的影响力越来越大，尤其是世界工业化的发展使人类征服自然的文化达到极致，也促使人类物质文明的高度发达，人类物质财富不断增长，但工业文明下的发展是以大量资源耗费以及环境污染为代价，这种现象被称为“有增长无发展”或“恶的增长”。它导致人与自然的尖锐对立，造成全球性一系列生态危机，全球性的生态系统紊乱以致生态危机，说明地球再也没有能力支持工业文明的继续发展。生态文明理念下奉行“生态发展观”，开创一个新的发展方式，延续人类的生存，促进经济社会的持续发展，强调政府、企业、社会等利益相关者进行有效合作，满足绿色发展的需要，尊重自然、顺应自然、保护自然，把生态文明建设放在突出地位，使人类社会的发展符合生态规律，构建经济社会系统与自然生态系统之间良性循环、协调发展体系，从而使社会发展真正植根于人与自然之间的和谐关系之中，提高经济、社会和环境各方均衡发展水平以及发展质量。

2.4.3 政治生态化

人类社会步入 20 世纪 60 年代以后，全球性环境问题日益加剧，生态危机困扰着世界各国，为此，人类越来越关注自身共有的生态环境和生存家园，生态环境问题受到世界各国前所未有的关注。生态危机的出现，影响了人类的行为方式，迫使人类重新审视以往历史征程中自身与自然之间的关系，重新审视人类自身原有的思维方式、生产及消费方式、发展模式、意识形态、伦理观、发展观，重新思考在政治、经济、文化等方方面面的发展前途及发展方式。由于全球环境问题、生态协调系统紊乱及生态危机的出现，以西方一些发达国家为主要倡导者，包括世界各国在内的世界性的生态政治运动风起云涌。例如，20 世纪 70 年代世界各国以每年的“地球日”“世界环境日”等为契机，生态环保活动不断壮大。在生态政治运动的推动下，世界各国纷纷建立了各种各样的生态组织或生态绿党。在理论研究方面，出现了生态学与政治学联姻，形成了生态政治学以及政治生态学等新兴交叉边缘学科。

政治从来都不是孤立的存在物，政治是社会的政治。政治问题甚至也是延伸至社会以至自然环境之中的政治。传统政治发展观也逐步将生态问题纳入研究视野，传统的政治发展观也由此向政治生态发展观转变。

2.4.3.1 政治生态化的缘起——生态危机

工业文明以来，尤其是 20 世纪后 50 年，工业文明使全球环境遭到空前严重的破坏和污染，生态系统危机四伏，人类赖以生存和发展的自然环境、生态系统结构和功能由于人为地不合理开发、利用，引起生态系统的严重失衡，生态环境退化，生态系统对人类经济和社会的支撑作用减弱。这些问题被一些生态学家、政治家称为工业文明犯下的愚蠢行为之一，其破坏作用相当于“第三次世界大战”。盖洛德·纳尔逊作为“地球日”的发起人曾精辟阐释：来自自然的威胁——生态危机，是要比战争更为危险的挑战。一个国家、一个民族可以从战争的创伤中恢复起来，但没有一个国家能从被毁坏的自然环境中迅速崛起，生态危机的创伤需要相当长的历史时期进行疗伤。50 年代以后，相继出现的十大全球性环境问题：温室效应、大气臭氧层破坏、酸雨污染日趋严重、有毒化学物质扩散、人口爆炸、土壤侵蚀、森林锐减、陆地沙漠化扩大、水资源污染和短缺、生物多样性锐减等，泯灭了工业文明给人类带来的物质化的享受，全球生态环境的严重破坏成了人类未来实现美好愿望和梦想的障碍，这一影响不仅会殃及一代、两代人，而且将影响几代甚至几十代人的生存繁衍。来自于生态危机的威胁，已远远超过战争、瘟疫，保护地球家园已刻不容缓、迫在眉睫。人类生存环境的恶化是令人战栗的，生存环境恶化不扭转，何谈生活、何谈生产、何谈发展！正如生态学所指出的，在整个地球生物圈这个最基本、最重要的生态系统中，人类作为自然界的组成部分，和其他任何生物一样，一定的生态环境、特定的生态系统是其生存繁衍的基础和载体。同时，人类作为整个生物界中的特殊角色，对生态环境有意识地影响、改造以至征服无时无刻不在发生着。另外，人类自从诞生之日起又无时无刻不依赖于其他生物和自然生态环境。人类与生态环境的交互关系从来不是独立的，它与国家息息相关，与政治生活息息相关，而政治又从来不是孤立存在的，政治是人的政治，政治是人类社会的政治。生态危机既然已关系到人类的生存、生活以及发展，因此作为人类社会的政治就必然与生态危机发生必然而深刻的内在联系，政治的触角必然会延伸到社会之外的自然环境之中。因此，当全球性的环境问题引发的生态危机对人类构成巨大威胁时，生态危机就不再是环境问题，而是一个社会问题和政治问题，全球环境日益成为人类一个敏感而重要的政治问题，生态政治理论也应运而生。因此，在生态危机的推动下，政治必须谋求一种全新的政治发展观，生态政治缘起于生态危机。

2.4.3.2 绿党与政治生态化发展

人类首先具有自然属性，是受自然环境限制、约束的人，而后才是具有社会属性的人。如果政治行为仅仅去把握人与人、人与社会间的社会属性关系，单纯以“人类为中心”，忽略自然生态规律对人的影响，甚至违背自然生态运行规律，以牺牲生态环境及资源为代价谋求人类短期的发展，其结果是整个人类自掘坟墓，走向自我毁灭的绝境。生态政治理论是在生态自然环境约束下，站在全人类生存利益的高度，引导政治的生态化运动有序地进行。

最初的生态政治运动源于民间自发组织的政治运动和文学领域。1962 年，美国著名学者蕾切尔・卡逊出版了《寂静的春天》这一惊世骇俗的著作，向人类敲响了生态危机的警钟。该著作唤起了人们的环境意识，为人类环境意识起到了启蒙作用，引发了公众对环境问题的注意。1972 年，一个主要由科学家组成的非政府组织——罗马俱乐部发表了一份振聋发聩的研究报告《增长的极限》，向全人类宣告了能源与环境问题对人类社会与延续的终极制约，极大地影响了各国的经济生产方式、社会生活模式乃至政治发展内涵。从 20 世纪 60 年代末至今，世界生态学家、经济学家、政治家以及科普学家不断推出一系列生态环境发展与预测报告。除卡逊的《寂静的春天》以外，还包括加博尔等的《超越浪费的时代》，以及由 58 个国家 152 位世界著名生态学家、经济学家、政治家共同编写的《只有一个地球》等。

20 世纪 60 年代后期，全球生态环境问题成为西方发达国家公众关心的热点，随着世界范围内的生态政治运动规模的扩大和深入发展，各国绿党组织应运而生，并在国家政治生活中的地位、影响日益增强。世界各地绿党的产生，标志着全球生态政治运动的兴起和发展。

1972 年，世界上的第一个全国性绿党——“价值党”在新西兰成立，并参加了当年新西兰全国议会选举，得到了 2.7%的选票。1979 年德国绿党诞生，并首次参加欧洲议会的选举，各地小组联合起来，以绿党的名义参加竞选，最后赢得了引人瞩目的 90 万张选票。仅 1979—1989 年，西北欧 15 个国家的绿党共有 117 名成员进入 11 个国家的议会，绿党等民间组织逐渐参与本国政治，推动了政治生态化的进程。

从总体上看，绿党已遍布全球各大洲，大部分欧洲国家都有绿党组织。仅欧洲绿党联盟就有 43 个成员。随着绿党组织增多，政治活动日益加强，绿党不仅在环保领域影响增大，在政治领域的影响力也在提高，而且绿色国际联合行动逐步增多。

20 世纪 80 年代，欧洲各国的绿党迅速发展，并在 1984 年 1 月，西欧 9 国绿党在比利时发起成立了欧洲绿色协调组织。同年 6 月，欧洲各国绿党组成了跨越政治主权的区域性欧洲绿党。1993 年欧洲绿党联合会正式宣告成立。欧洲绿党联合会的宗旨是建设一个环境优美、社会公正的欧洲，与此同时，加强与其他大陆的绿色政治组织联系，促进绿色组织的国际化进程。

20 世纪 60 年代后期，在欧美国家发生了声势浩大的和平运动、环境保护运动。在此推动下，“自然之友”“峰峦俱乐部”“绿色和平组织”“世界卫士”“布仑特兰委员会”等非政府组织蓬勃发展，推动着作为国际社会一种市民运动的“绿色政治运动”的发展，其影响日益深入，并渗透至社会的每一角落，形成所谓“绿色政治化”的局面。由于各国绿色组织的建立及其社会影响逐步加强以及各地的民间生态政治运动如火如荼开展，推动了联合国的生态政治活动不断创新，组织机构不断涌现，如联合国下属的教科文组织（UNESCO）、人与生物圈计划（MAB）、联合国环境规划署（UNEP）、联合国开发计划署（UNDP）、世界环境与发展委员会（WCED）、世界自然保护联盟（IUCN）、世界自然基金会（WWF）、国际环境与发展研究所（IIED）、地球之友（FOE）等绿色和平组织和非政府间国际生态保护组织纷纷成立。到目前为止，非政府环保组织和政府环保组织共存，并逐渐参与政治。全世界官方的和非官方的绿色组织数量已达到 7 000 多个，它们活跃在世界政治舞台上，并通过协商、沟通、政府干预等方式，传播环境意识、生态思想、生态伦理、生态哲学等理念，为解决环保领域的国际争端、冲突、战争，最终为维护国际和平，促进国际间经济、文化、政治协调发展，解决跨国资源的合理开发利用和污染治理起到了举足轻重的作用，同时，也促进了生态运动的国际化。

1999 年 2 月在巴黎召开了欧洲绿党联合会第二次代表大会，有 28 个国家的 300 多名代表参加会议，提出了“绿色国际”等国际生态政治发展新概念，要建立一种真正的力量对比关系和一种新的国际，即“绿党国际”。

与传统政党不同，绿党的意识形态公开希望超越阶级界限、超越国界，它的出发点是全人类的，不分阶级和阶层，它所关心的不是哪一个阶级、阶层或哪一部分人的生存，而是整个人类和星球的生存，将人类作为一个整体，协调人类与地球生态系统的关系，将人与自然界共存亡看作是自己的最高目的。

绿党的政治学原则是“生态优先”原则。在理论纲领、意识形态、政策主张等方面都以生态主义哲学为理论基础，强调保护环境，实现生态平衡，这是绿党制定其纲领和政策的基础。

绿党的意识形态以一般系统论为哲学基础，以生态学为核心思想。绿党认为，人是自然界的一部分，而不是在自然界之上，人类不可以自然界主人的身份自居，以征服自然、改造自然为追求目标而自鸣得意，不断地向自然进行索取。否则，一旦生态环境遭到破坏就不可能恢复，人类赖以生存的环境出现紊乱，是难以补救的、令人触目惊心的。所谓的补救措施也只能是损人利己、嫁祸于人的权宜之计。

绿党的经济政策反对经济效用最大化，反对只受物质利益驱动而肆无忌惮地破坏资源、破坏生态平衡、毫无限制地提高生产率的消费性经济，认为以资源的耗费换取经济增长的外向型经济会推动经济走向崩溃。为了生态平衡、保护环境，绿党提出"不进行不考虑未来的投资"，强调保护生态系统的平衡高于一般经济增长的需要，主张以"生态经济""生态财政"代替"市场经济""市场财政"。

绿党的消费政策倡导简约、质朴、回归自然的生活方式，要求从改变人们的生活方式开始，逐步否定传统的消费观念，尊重自然、尊重人类、尊重自己。

绿党采用现代生态学的基本原则和原理，用系统的观点、动态的观点，从全局、整体、多维度、多层次的角度看待经济、社会和环境，把环境污染、高经济增长、高失业率等经济社会问题联系起来对待，提出社会公平、公正等纲领和目标。

各国的非政府绿色组织蓬勃发展，推动着作为国际社会一种市民运动的"绿色政治运动"的发展，其影响日益深入，并渗透至社会的每一个角落，形成所谓"绿色政治化"的局面，在推动国内、国际政治的"生态化"，促进建立人与自然和谐相处的发展的生产、生活方式方面，起到了积极的作用。

20 世纪六七十年代西方国家民间自发的生态政治运动在推动公民及官方关注环境问题发挥了积极作用。在节约有效利用资源、保护环境、控制污染逐渐纳入政府施政理念当中，"生态牌"为政治竞选不可忽视的因素之一。在生态运动影响下，"生态环境保护"成为各国政治家选举和施政必须考虑的问题，政治家在竞选时，无论从公民生存需求、社会发展需求以及政治竞选需求，都首先提倡保护环境，以"生态牌"来夯实其竞选实力和政治地位。例如，1976 年美国卡特成功当选总统，其中很重要的一个原因是他提出了对生态环境保护的承诺；1992 年，克林顿在竞选总统时，选择的竞选伙伴是环保主义者《濒临失衡的地球》的作者阿尔·戈尔，这种体现生态政治的主张是人心所向，更是竞选获胜的王牌之一。"生态保护"成为政府施政内容之一。环境保护运动的高涨同时也对政府行为产生了巨大影响。环境保护问题摆在各国政府面前，公共决策过程的“生态化”使生态运动真正成为生态政治运动。在公众舆论压力下，西方各国政府不得不直接或间接介入生态环境的保护和污染治理行动中来。政府机构中环保部门是各国最重要的政府管理实体，它不仅是国家重大的环境保护工程的制定和实施者，而且负有国家环境法规的执行和监督责任；强化了生态保护的法制化，制定相应严厉的污染物排放标准和环境法规；加大环境财政开支。“生态文明”成为人类文明史上的又一个崭新的阶段。在公众生态政治运动推动下，西方发达国家的文明从工业文明时代逐步过渡到生态文明时代。“生态国际化”趋势日益明显。到了 90 年代，公众生态政治运动发生了新的变化，尤其是 1992 年里约联合国环境与发展大会召开以后，不仅发达国家，而且发展中国家和不发达国家公众也从纯粹关注环境问题发展为政府与公众共同关心全球环境变化和可持续发展问题，生态政治运动几乎触及各国政治、经济、文化、军事、人权等每一个领域，也推动了政治生态化。

综上所述，全球性环境污染彰显了全球生态危机，生态危机又成为影响公众生存、发展以及经济和社会发展的障碍，从而成为民众生态政治运动的源动因和基础。非政府组织的生态运动使得环境问题上升为政治问题，并进入政治家的视野，用全球性的环保联盟来代替军事、经济联盟，这是全球政治生活和经济战略的一个具有划时代意义的转变。人类文明从物质文明、工业文明向政治文明和生态文明的转变，这是人类文明的一个崭新的时代。由于世界各国绿党的参政，以及民众生态政治运动的深入和范围的扩大，国际及各国内部政治的生态化趋势成为国际政治和各国政治发展的新方向。

2.4.4 政治生态化助推绿色税收登上税收舞台

生态政治观，是生态文明理论兴起以后在政治领域的反映。生态政治将自然生态保护作为人类及人类政治的出发点和落脚点，它改变了以往人类社会及政治的运行方式，成为人类社会政治运作的重要原则和形式。

从生态政治的关系范围和构成分析，生态政治具有 3 个生态层次，即政治体系内“生态—政治”“政治—社会生态”“社会—自然生态”。①“生态—政治”是以协调为特征的。政治体系内生态，是生态政治的第一个生态层次。生态政治构成的主体是参与生态政治的政治角色，这种政治角色既包括个人，如公民、政治家、政府官员，也包括集体，如政党、政治团体、政府机关、国家等。从全球政治的范围看，政治体系是指国际政治体系，由主权国家内的政治体系和主权国家间的政治关系两个部分构成。主权国家内政治体系的生态政治表现为政府与公民、中央与地方、上级与下级以及立法与行政、立法与司法、行政与司法等之间生态关系的正确处理与平衡。当然，这种协调与平衡是一个动态的过程，而且它有一个明确的主体和目标。为谋求政治目标的实现，体系内部各亚体系围绕体系主体进行良性协调互动，形成生态学意义上的生态平衡。而国际政治体系内部关系的生态化，则表现为国家与国家、民族与民族、区域与区域、组织与组织之间政治关系的协调互动，这种协调互动是以符合人类最高利益为宗旨的。违背这一宗旨，以牺牲人类最高利益为代价，为追求一国、一族之利益而进行的所谓协调，则是非生态化的。②“政治—社会生态”是生态政治的第二个生态层次。在这一层次，政治体系的生态效应外延于社会层面。由于政治关系的直接动因关系到不同群体的政治利益，由此而形成观念、信仰、追求和需要各异的利益集团，这些利益集团的追求和需要，通过各种渠道反馈给政治体系，形成政治压力。而具有政治—社会生态功能的政治体系通过其体系内的协调运行，可以搜集各个利益集团的政治需求和政治压力信号，并将其内化为决策，使之尽量满足不同阶级、阶层及其人们的不同的利益需求，巧妙地化解矛盾，达成相互间的协调一致，形成相互制约、守恒的态势，最终取得良好的社会生态效益。由此可见，政治—社会生态谋求的是均衡与和谐，即社会体系内各力量间的均衡和谐，同时形成“生态回路”，即通过对政治—社会间生态关系的确立，在政治—社会关系上形成具有相互推动作用的生态回路。在这一生态回路中，政治的发展推动社会发展，同时，社会的发展又作用于政治发展，从而推动了社会各个方面的变革和超常发展。当代政治与社会关系的往复正向作用，是二者之间关系生态回路的最好注解。③“社会—自然生态”是生态政治的第三个生态层次。随着全球工业化进程的不断加快以及人类社会的物质化程度的提高，生态阈值屡屡被突破，造成环境污染与生态破坏，生态系统内在的协调被人类行为无情打乱，给人类生存带来了前所未有的严重生态危机。改善自然生态，为人类创造美好的生存环境成为各国政治家和政府的重要任务。未来政治的重要使命之一，将是重塑地球生态。政府将面对如何解决生态环境问题及经济社会发展的多方压力。因此，政府将重新思考和安排社会要素，把更多的时间、精力和资金份额用于环境保护和生态维护及恢复，改善人类赖以生存的自然环境，促进政治、经济、社会的发展与人类生存环境的改善。

在这个意义上说，未来的政治就是给予自然和人同样多的关注，以维护生态平衡的政治，维护生态环境与人类发展平衡的政治，形成政治发展、经济发展、社会发展与自然发展相统一的生态政治，政治生态化应运而生。

“生态化”是用人和自然协调发展的理念去思考和认识经济、社会、文化以及政治等问题，是生态学原理向人类的全部活动范围的渗透，根据社会和自然的内在的循环规律，处理人和自然的关系，以期达到人与经济、社会和环境的帕累托最优。政治是人类的政治，人类生存发展一刻也离不开与自然环境的协调发展，因此政治的发展与人类、自然存在着必然的内在联系。所谓“政治生态化”是把生态环境问题提到政治问题的高度，将政治与生态环境的发展一体化，把政治与生态有机辩证统一，促进政治与生态环境持续、稳定、和谐的发展。环境问题不仅仅是区域问题，从政治角度看，生态问题影响政治区域的结构、功能和政治区域之间的相互作用，影响区域居民的生活质量和对政治的满意度，从而制约政治区域系统的运行以及政府高层决策者的政治举措。从宏观角度看，政治生态化是正确解决政治与环境的关系问题，把环境问题纳入政府决策系统。在国际政治协调和政治教育等过程中，使政治过程与生态环境发展有机协调起来，政治与环境的内在关系成为政治生态化研究的核心内容。

政治生态化遵循生态学基本的原则和原理，奉行公平性、持续性、协调性，坚持生态系统的自我调节、循环再生、生态平衡等基本原则。在人类社会从工业文明向生态文明转变的过程中，生态理念融入政治体系，成为传统政治发展的历史转折点，构成与生态文明时代相适应的新型政治生态观，以推动世界政治、经济、生态环境间的协调发展，崇尚物质节俭、精神层面丰富的生态文明，使人类战胜生态危机，走“人类中心主义”的阴影，实现“生态中心主义”的转变，从而步入生态文明时代。

生态政治化和政治生态化是既有区别又相互关联的两个问题。两者的区别是生态与政治的结合程度以及对生态问题的认识的差别。生态政治化呈现的是一个过程，是生态政治发展的过程，即生态与政治相结合的过程，这个过程中对生态的政治关注不断增强，当达到生态与政治的辩证统一，融合度达到一定程度时，就实现了政治生态化。两者的内在联系在于生态政治化是政治生态化形成的前提和基础，而政治生态化是生态政治发展的必然趋势和结果。

政治生态化使得生态理念融入政治体系，各国政府的执政党不断完善环境政策，并将绿色税收逐步纳入环境政策体系之中，成为环境经济政策的重要组成部分，政治生态化对绿色税收建设起到了推动作用。

2.5 制度动因：环境政策缺失

随着经济的发展，环境问题越来越成为各个国家关心的问题，各国政府对环境保护和环境污染防治政策手段的探索不断深入，对各种环境政策手段的认识和应用在不同的历史阶段呈现出不同的特色。

2.5.1 政府管制的界域和低效

早期西方国家环境保护和污染防治主要采取政府管制，即命令-控制手段。政府管制是政府通过制定法律制度，对环境质量标准通过法律法规的形式进行约束和规定，通过污染限制、禁止（禁令）和规定排放许可（许可证）等法律规定对企业环境污染及其防治进行管理，称为环境污染控制的政府管制，从而控制企业的污染物排放过程，或将污染物排放总量控制在一定水平（浓度），或者把企业污染物排放控制在一定的地区或者时间内，将污染物排放控制在政府所要达到的环境目标范畴之内。这种环境政策手段的具体表现形式是政府对市场私人主体污染排放的直接干预以及对环境资源的直接管辖。早期西方国家实施的环境政策基本上都是采取这种办法，是各个国家管理环境问题中最常见的管理手段。例如，美国早期为了管理环境问题采取的《清洁空气法》和《清洁水法》等。

传统手段的“命令-控制”作为政府的直接管制方式，主要是针对市场失灵领域进行政府干预，是政府与市场有机配合，从而改善市场竞争状态，满足消费者的需求，降低交易成本，促进技术革新，维护市场有序运行。

西方发达国家早期之所以采用这种环境管理手段，其原因是它具有一定优势。①“命令-控制”手段作为政府采取的一种强制手段，具有很高的权威性，社会影响力大，容易被社会各个阶层接受。②制度规定规范、透明，市场主体及相关部门在行为之前均了解其环境影响行为的法律责任，企业能够根据要求形成企业生产经营过程的环境控制制度，政府对市场主体进行管理时根据具体规定对号入座进行管理，对于管理方和被管理方均可依法行事，方便易行。③“命令-控制”手段对污染物的排放标准、测量方式等技术性指标规定明确，有较强的操作性，其结果能够通过测量对其进行评定。

然而，政府管制作为一种手段也有诸多弊端。①效率较低。由于政府对企业生产排放污染的过程进行直接管制，是从宏观角度考虑，一般不会从微观角度考虑企业的生产技术和经济效益，对企业生产中有污染的行为采取严格的法律禁止手段，未考虑市场机制在企业经营过程中的自动调节作用，妨碍了企业按照市场规则自我调整，使得资源配置效率不高。②污染控制效果不稳定。从短期看，“命令-控制”手段可以使得某些个别企业排污量减少，但并不意味着整个社会的污染控制就能够达到预期目标。究其原因是市场机制与政府管制未能协调，使得个别市场主体在短期内减少生产量，污染控制效果还可以，但是企业缴纳罚金后仍然具有良好的经济效益，在市场机制作用下，企业还会加大产品的生产，增加对环境的污染程度。③技术革新激励功能不明显。在“命令-控制”机制下，企业在生产中如果能够达到规定的排污量标准，就不会进一步加强污染控制和污染净化处理技术的研发和推广使用，尽量减少外部成本内部化，因此，不利于企业改进生产技术。④政府管制公正的非必然性。公众对环境保护和污染控制的政府管制寄予公平性的期望，而政府管制的公平性需要一个前提条件，即政府在环境保护及污染控制时基于公共利益的无私调控。但是，这是一个美好的愿望，现实中的政府并不一定总是那么高尚，政府机构谋求内部私利而非公共利益，即所谓的“内在效应”。这种“内在效应”在任何时候都有可能存在，少数政府官员的腐败行为更时有发生。政府管制出现的有悖于公共利益最大化的“内在效应”，也可称为“看不见的脚”。原本依赖政府“看得见的手”解决环境问题，但是政府“看得见的手”被“看不见的脚”踩住，有可能导致“政府失灵”，影响政府干预下的资源配置的优化。⑤信息不对称，政府执法信息成本高。一方面，由于有效的政府管制依赖于完全的环境信息和完善的政府规制，但是在政府管制过程中，难以解决的问题是由于市场个体对信息屏蔽，政府获取每个企业排污量的完整信息需要较大人力和物力投入，导致政府获取企业环境污染控制的信息成本很高。另一方面，也存在政府控制环境污染的内部管理成本扩大的倾向。政府就其本性而言，有一种天然的扩张倾向，特别是这种内在扩张性与社会对公共产品日益增长的需求契合的情况下，内在的欲望和外在的需要相互促进，极易导致政府管制职能扩展和强化及其机构和人员的增长，即西方经济学界称为“公共活动递增的瓦格纳定律”。由此而造成环境保护和污染控制预算规模不断扩大，“命令-控制”手段需要支付较为昂贵的成本。

长期以来环境治理政府管制手段的低效，使西方国家重新审视政府管制在环境治理的有效界域，重新思考政府干预的局限性，从而考虑将市场机制引入环境治理，建立生态环境治理方面市场与计划控制有机结合，克服政府失灵。

2.5.2 经济手段的类型和局限性

从环境保护和环境治理的实践看，各国在环境保护和污染治理方面采用的经济手段多种多样，一般包括排污许可、排污交易、排污收费、押金-返还机制等。

2.5.2.1 排污许可及排污权交易

排污许可和排污权交易是相关的两个措施，是由政府确定污染物的排放总量，并发放排污许可证，建立一个排污权的市场，再由市场供求去决定排污权交易价格，以调节一个区域污染物排放总量，必要时还可以通过发放或收购许可证调节供给，从而控制排污许可证的交易价格，是政府通过排污权市场将排污许可证商品化，是政府一项重要的环境经济政策。目前欧美各国排污许可和排污交易制度运用比较广泛，相关制度也比较完备。

排污许可和排污交易是美国最常用的市场化环境规制机制之一。使用这类规制机制的主要项目包括：美国国家环境保护局排污交易计划、铅排放交易计划、水质许可证交易计划以及旨在控制酸雨的二氧化硫排放交易计划。1974 年，美国国家环境保护局将可交易排污许可运用于改善地区空气质量的项目中，并进行了试验，该交易许可适用于空气污染排放控制，并将通过的《清洁空气法》作为指导性文件。1982 年，美国推行铅排放交易制度，对提炼商生产出来的汽油规定了含铅量标准，若企业生产的汽油含铅量低于规定标准，政府给予厂商铅排放信用。1985 年，美国国家环保局颁布了允许提炼商存储铅排放信用的举措，厂商也充分利用了这一制度。铅排放交易计划在实现其环境目标上取得了显著的成效，当铅排放削减获得阶段性的成功后，美国国家环保局于 1987 年末终止了这一制度。在运用可交易排污许可机制控制水污染方面，美国的经验尚比较欠缺。由于非点源污染，特别是农业径流和城市生活污水是导致美国水污染问题的主要原因，因此，科罗拉多州于 1984 年实施了一个点源与非点源交易的控制项目，以减少当地的磷排放。该项目允许公共污水处理厂对非点源污染控制进行资助，获得资助的条件是降低非点源污水的污染程度，并使其达到饮用水标准。1990 年美国通过了《清洁空气法修正案》，该法案的核心内容是建立控制二氧化硫排放可交易许可机制。在该机制实施的前几年，排污许可交易水平比较低，然而随着时间的推移，交易额与日俱增。一个充满活力的二氧化硫排放许可交易市场已经形成，每年有 10 亿美元左右的交易额发生，与"命令-控制"型规制机制相比，可交易排污许可节省了大量成本。

欧洲国家利用排污收费机制来规制环境的做法非常普遍。然而，有关可交易排污许可的实践却不多见。从 20 世纪 90 年代开始，欧洲国家对利用可交易排污许可机制来规制环境的兴趣日增，欧盟委员会在整个欧盟国家大型污染排放者之间建立交易体系结构，以便促使可交易排污许可机制在欧洲国家得到更普遍的实施。1990 年 7 月，欧洲委员会启动了欧洲气候变化计划，该计划建议在欧盟国家内进行排污许可交易。为此，部分欧洲国家开始尝试试行可交易排污许可机制。其中，荷兰是欧洲第一个建立专门的绿色税收制度的国家，其建立的绿色税收制度系统地评价了绿色税收的效果，同时也建立了排污权力机构，对排污量进行监测并对减污量交易实施监督。英国最早针对包装物实施可交易排污许可机制，并实施较为复杂的碳排放交易许可计划，将排放总量的控制、气候变化税以及减排协议相互协调，构建了碳排放交易许可系统，形成了对气候变化征税协议与排污交易计划之间有限制的交换方式机制，对污染排放方面一些难以平衡的关系进行了有效探索。欧盟地区污染排放交易中具有特色的政策是"绿色证明"（green certification）交易，即在国家层面建立政令或法律，允许能源企业在电力生产中利用一定比例的可再生或非石油能源，对能源使用比例有节余的企业，会获得"绿色证明"，并允许"绿色证明"进入流通领域，将其出售给那些难以履行其义务的部门。

2.5.2.2 排污收费制

排污收费与排污许可及交易不同，政府只确定污染物排放的价格，污染物排放的总量由市场决定。政府通过价格，引导企业从关心微观经济利益的角度，自动调节排污行为，从而实现控制排污总量。

排污收费在欧洲运用较为广泛。目前，德国、法国、丹麦、荷兰和挪威等大多数欧洲国家，都实施了针对市政固体废物的收费（或征税）制度，以削减固体废物。另外，排污收费的费用被应用于水质管理领域，几乎所有欧洲国家都实施了污水排放收费机制。欧盟国家对厂商和居民个人污水排放的收费依据有所不同，厂商根据实际测量的排放量收费，以利于激励减排。针对居民的污水排放，欧洲国家都实施了依据用水量征收排污费的办法，将排污费和水费合并征收。从总体上说，欧洲国家实施的税费机制设计得比较细腻，这些排污收费规定非常注重市场化规制机制与其他机制的配合，使得减污的效果比较明显。

2.5.2.3 押金-返还机制

“押金-返还”机制是指消费者或下游企业在消费交易时预先支付高于价格一定数量的押金，消费后按规定归还标的物后获得押金返还的一种政策机制。“押金-返还”机制在一定程度上构成了对消费者的行为约束，利用押金这一市场经济杠杆刺激消费者将废旧产品返回给厂商或指定的机构，避免随意丢弃产生的环境污染，能够以最有效的方法减少垃圾处理费用，降低环境治理成本。

目前，德国、法国、瑞典、挪威、丹麦和荷兰许多欧盟国家都对金属容器、塑料容器和玻璃瓶等实施了押金-返还机制。瑞典和挪威对报废车辆也实施了押金-返还机制。例如，瑞典政府于 1976 年规定，对新车购买者需征收 250 克朗的押金，若车主在汽车报废时能够将报废汽车送至指定的废车处理场，可以获得 300 克朗的押金返还。挪威自 1978 年也开始实施针对废旧汽车的押金-返还机制。押金-返还机制使得挪威废旧汽车的回收率高达 90%以上，收取的押金也主要用于退还押金，其余划归国家预算，用于废旧汽车的收集、运输和粉碎以及重复再利用等方面的财政补贴。美国在州一级地方政府对饮料容器实施押金-返还机制，目前有 11 个州通过了容器押金法案，押金-返还机制在美国的运用被称为“瓶子法案”，在大多数州都是针对所有类型的容器，包括玻璃、塑料、铝质和铁质容器征收。该法案规定，消费者在购买商品时支付一定的押金，在消费者将空的容器归还给指定的容器回收中心时可以将押金赎回。美国实施押金—返回机制一年后，容器的回收率大幅度提高，废弃物丢弃的现象减少，节省了废弃物处理成本，并促进了容器的再利用。另外，美国有 11 个州还对铅酸电池实行强制性押金-返还机制，消费者用旧电池换新电池可以获得一定的折扣。

2.5.2.4 生态补偿

生态补偿是以保护生态环境、可持续利用生态系统服务为目的，采用政府和市场手段相结合的方式，调节生态保护利益相关者之间利益关系的制度安排。生态补偿实质是成本补偿。一般情况下，生态补偿包括 4 个方面的内容：生态系统自身保护成本、生态系统破坏治理成本、环境资源外部性成本内部化、环境投入或放弃发展机会的损失的经济补偿。

早在 20 世纪 20 年代，爱尔兰就采取分期分批方式对私有林进行补助，这是生态补偿的较早实践。目前，美国以及欧盟等发达国家大都建立了包括公共补偿、限额交易市场、慈善补偿和产品生态认证在内的形式多样、内容完整的生态补偿框架体系，部分国家还将生态补偿财政政策与诸如优惠贷款等金融政策结合，如英国、法国对国有林场采取政府拨款或优惠贷款措施促进国有林场的发展，而且国有林收入不上缴而用于发展林业，增强其自然生态屏障和调节功能。发展中国家在生态补偿也有所建树，如巴西法律规定，在亚马孙河流域范围内，任何土地使用者必须对其拥有的土地保持森林覆盖率在 80%以上，以有利于国土范围内的生态平衡和生态效益，提高土地的利用效率。

国际上，流域生态服务市场起源于流域管理和规划。最有代表性的流域生态补偿项目是拉丁美洲各国，如哥斯达黎加、哥伦比亚、厄瓜多尔、墨西哥等国家开展的跨流域生态补偿服务支付项目。该类项目一般由世界银行发起，以流域内水环境服务功能改善为项目的主要生态补偿方向，通过增加流域内的森林覆盖率，改善水质和水文条件。

尽管上述经济手段在控制污染、保护环境方面具有不可忽视的作用，但也必须认识到，世界上并没有完美无缺的制度，环境经济手段在不断创新和应用中，同样呈现出很多局限和障碍。①环境资源难以定价使经济手段缺乏运行的基础。经济手段在环境资源领域发挥作用，需要环境资源与一般产品一样，通过价格进行成本核算和补偿，但是到目前为止，没有一种令人满意的成熟的环境资源定价技术，解决环境价值计量问题，环境资源的经济价值难以通过市场价格进行评估，更无法解决跨代际的环境资源经济评价问题。经济手段在运用时缺乏“价格支点”，便难以通过价格发挥有效的调节作用。②经济手段的环境治理成效具有不确定性。政府管制尽管缺乏效率且欠灵活，但实施效果却相对容易评价，而且容易操作，可控性强。经济手段的调控作用大小往往依赖于市场主体的反映，对于市场而言，经济手段何时会发挥作用、对哪些领域发挥作用、作用程度如何、范围是否广泛等都不十分明确，因此，经济手段的时滞导致经济手段的低效或无效。③经济手段无法解决环境污染的跨界问题。

2.5.3 绿色税收的比较优势

为了实现可持续发展这一战略目标，需要多种环境政策相互配合，发挥合力。环境政策是一个国家保护环境的大政方针，涉及一个国家的环境立法、环境保护的管理、监督和环境治理等各个方面，影响一个国家经济发展理念、发展方式和生态环境的整体状况。

从大类进行划分，环境政策可以分为三类：基于生态伦理的环境教育政策、基于政府命令与控制的规制手段与基于市场的经济激励手段。由于环保宣传教育手段只能从伦理和道德方面对人们进行约束，是一种软约束，政府制定环境政策体系时通常不予考虑。经济手段和规制手段都有各自运行的条件和作用的领域及局限性。其中税收政策作为经济手段的一种，起着不可代替的重要作用。

绿色税收是政府环境政策的主要工具之一，与环境政策的行政手段、经济手段和法律工具相比，绿色税收特有的优势在于市场主体的自我抉择机制，由市场主体权衡纳税成本和削减污染成本的大小，自行决定是选择纳税还是选择削减污染。通过比较，污染费用最高或较高的污染者通常会选择缴纳污染税，而对于那些削减污染费用低的污染者则会选择治理污染，通过税收的引导，利用市场机制调节各经济主体的决策和行为。

2.5.3.1 调节的灵活性

征收绿色税收直接关系到企业自身的经营成本及效益，企业会主动调整自己的污染排放或提升排污技术以达到某一标准。而在污染权交易制度中，企业只是把污染权交易出去，总体上并没有对污染排放进行有效的削减。而绿色税收制度则能够化被动为主动，效果自然比排污权交易制度要好。税收给予了排污企业充分的自主发挥空间，在纳税、交纳污染费用之间做适当的选择，既能保护环境，又能促进企业发展，而且能够改善市场机制对环境破坏行为无法控制的局面。

2.5.3.2 制度的公平性

从公平性的角度看，生产者污染排放对环境产生的负影响应该由生产者自身承担，而不是分摊到社会的整体中去。这对于其他纳税人来说是公平的。绿色税收对同一行业、同类污染行为（产品）制定相同的税收政策，为全体纳税人构建了一个公平竞争的基础。

2.5.3.3 激励的有效性

绿色税收制度制定出来后，绿色税收成为企业经营成本的组成部分，直接关系着企业自身的效益，企业会根据排污收益和绿色税收成本进行比较，主动调整自己的污染排放或提升排污技术以达到某一标准。由于税收给予了排污企业充分的自主发挥空间，在纳税、交纳污染费用之间做适当的选择，降低绿色税收成本，微观主体经济效率提高。从政府角度看，开征绿色税收，可以大大减轻政府的工作量以及成本，税务部门只需要制定科学的税率，对污染者征收绿色税收，就能够达到环境保护的目的。从生态保护看，由于绿色税收杠杆的干预，使得私人厂商与政府都能从不同角度关注环境保护，从而提高绿色税收的生态效率。从技术更新角度看，征收绿色税收，对污染企业所产生的污染征收相应的税款，税收成本增加，因此，绿色税收实际上可以刺激鼓励污染企业技术升级改造，降低污染以达到保护环境的目的。在绿色税收的刺激下，污染企业就会主动地想尽办法把自己的污染排放降低到标准水平之下，降低污染和纳税数额。为了达到这个目的，企业会不断增加环境保护研究支出，推进企业技术的改进和升级，采取新的更为有效的控制污染方法，降低污染和税收成本，从而实现通过绿色税收引导市场主体的生态化。

2.5.3.4 透明性和统一性

绿色税收与行政手段相比，可以有效防止“寻租”行为发生。征收排污费、排污权交易容易滋生非法“寻租”行为。部分政府官员可能会借助这两种方式来谋求个人利益，企业也有可能主动贿赂相关政府官员来达到某种目的，这就破坏了社会风气、行政廉洁以及公平。而税收的透明性、规范性和统一性，对于所有企业都适用，大大压缩了企业和政府官员之间的周旋变化的空间。

按照税收功能衡量，税收可以分为收入型税收和生态型税收。税收的基本功能是财政功能，可称之为收入型税收。收入型税收的思想来源可追溯到亚当·斯密，他认为税收是为国家这个机器的运行提供经费的手段，税收的目的是为国家提供稳定的财政收入。“庇古税”的贡献是通过外部效应内部化实现保护生态环境，将税收手段渗透到环境保护领域，可称之为生态型税收。在国家财政收支约束的前提下，税收的财政职能仍然是其基本职能。同时，也必须认识到，经济高速增长带来的日益严重的环境问题，必须考虑环境资源对人类活动的约束，适度发挥税收的生态功能，构建包括环境税在内的税制体系，优化税制结构，促进税收在保护环境、控制污染等方面发挥应有作用，实现建设和谐税收的税制改革的目标。

第3章

绿色税收效应分析

政府征税对经济的宏观影响通过市场供求关系实现。其途径主要有两个：改变市场主体的实际收入和改变征税产品相对价格，产生税收收入效应和替代效应。绿色税收同样具有收入效应和替代效应。一方面，征收绿色税收会提高消费清洁产品消费者的相对收入，产生收入效应。另一方面，征收绿色税收会改变征税对象的相对价格，人们会选择清洁的、有利于保护环境的消费或活动来代替原有的消费或活动，产生替代效应，包括资源替代、生产替代、消费替代。绿色税收的作用机理同普通税收的作用机理是相同的，其独特之处在于国家从宏观角度取得“双重红利”效应。基于保护环境角度出发征收的绿色税收会产生生态效益。另外，由于绿色税收这一“税收楔子”作用，征收绿色税收对产业结构的影响，有利于促进环保产业发展和传统产业升级换代，并通过价格机制，影响私人主体的报酬率，引导市场主体从微观角度考量，各市场主体将寻求替代，从而通过投资、生产、消费等途径影响经济，构建有利于保护环境的经济环境，产生经济效益。在绿色税收制度建设时，遵循“税收收入中性”理念，通过降低所得税和社会保障税，保证税收的总体均衡，随着产业结构的调整和环保产业的发展，容纳了相当数量的就业人员，从而促进了社会稳定，产生社会效益。

3.1 绿色税收效应一般原理

3.1.1 税收的收入效应和替代效应

政府征税对经济的宏观影响通过市场供求关系实现。其途径主要有两个：改变市场主体的实际收入和改变征税产品相对价格，产生税收收入效应和替代效应。

从纳税人角度看，政府征税会使自己可支配的收入减少，或使自己消费的商品的相对价格上升，纳税人因此要改变自己的行为，形成了税收的收入效应和替代效应。

税收的收入效应是指由于政府征税，包括商品劳务税、所得税、财产税以及资源税等，征税后部分国民收入从纳税人手中转移到政府手中，使得纳税人可以自由支配的收入或所得减少，从而改变纳税人之间相对的收入情况，产生税收的收入效应。税收的收入效应本身具有中性的特点，不会对经济产生不良影响，也不会造成经济的无效率，它只是将资源从纳税人的手中转移到政府的手中。但是，由于对每个纳税人所征收的税款多寡不同，使得纳税人所拥有的相对财富发生了变化。但由于税收分配所形成的收入效应会使纳税人对劳动、储蓄和投资等做出进一步反应，这些微观领域发生的变化，会对经济效率产生影响。

税收的替代效应是指当政府征税，包括商品劳务税、所得税、财产税以及资源税等，影响相对价格或相对效益时，人们就会选择另一种消费或活动来代替原有的消费或活动。例如，对某种商品课税提高了其价格，消费者因此削减对原有商品选择的偏好，而选择无税或轻税的商品；又如个人所得税累进税率提高，会使劳动者工作的边际效益下降，劳动者就会选择休闲代替部分工作时间。由于税收的替代效应影响人们对消费或行为选择的偏好，导致经济的低效或无效。

一般而言，政府征税时的收入效应和替代效应间或发挥作用，两种效益界限很难划分。税收的收入效应和替代效应是在经济领域的微观层面发生作用，税收的这两种效应构成了微观经济主体的总效应，税收对微观经济主体在生产、消费、投资、储蓄以及劳动力供给等方面的影响往往体现为这两种效应。

3.1.2 绿色税收的收入效应和替代效应

通过对环境污染行为或产品征收绿色税收，一方面，会影响产生污染的产品的相对价格，从而使得非环保产品的价格相对于其他产品来说价格上升，从而影响需求。另一方面，绿色税收会提高消费清洁产品的消费者的相对收入。价格在税收作用下提高，导致部分消费者实际收入下降，进而需求也会下降，绿色税收产生收入效应。对于污染企业而言，绿色税收的征收，会降低企业的可支配收入，进而影响其产品预算线，实现对污染行为的调节。

绿色税收的征收会改变征税对象的相对价格，即征税对象的相对价格会增加。人们就会选择另一种更为清洁的、有利于保护环境的消费或活动来代替原有的消费或活动，削减对原有对环境产生不利影响商品选择的偏好，而选择无税或轻税的清洁商品。由于绿色税收的替代效应会影响纳税人消费行为的自由选择，不具有税收中性的特点。绿色税收产生的替代效应包括以下 3 个方面的内容：

（1）资源的替代。绿色税收的征税对象一般是不可再生资源、污染物或生产产生污染物。课税会提高企业生产的成本，企业为实现利益最大化，会寻找替代资源进行生产，从而改变生产者生产的资源投入。

（2）生产的替代。绿色税收会改变企业高能耗、高污染产品的生产，提高产品的价格。若不考虑相应产品需求无弹性的可能性，对于生产者来说，企业生产者的利润率会下降。从而绿色税收会影响企业生产的结构，由生产高污染、高能耗的产品转而生产利润率高的清洁、环保产品。

（3）消费的替代。是指绿色税收对消费者选择商品的影响。它表现为政府对个别商品，如含磷洗衣粉、不易分解的塑料制品课征绿色税收，引起此类商品的相对价格上涨，从而导致消费者在选购商品时，减少课税商品的购买量，增加非税商品的购买量。

3.1.3 绿色税收影响经济发展的机理

绿色税收是促进绿色经济发展的途径之一。税收对经济发展具有调节作用。绿色税收对经济的调节主要有两个方面：①绿色税收作为税制体系中的新成员，在财政功能上对其他税种具有“替代”作用，使得政府根据经济发展需要，在不影响政府财政收支平衡的基础上，适当降低扭曲性较强的税种，如降低所得税（特别是公司所得税），刺激经济发展，拉动 GDP 总量上升；②征收绿色税收能够有效地促进新型能源产业的发展，拉动产业结构升级，同时，促进新能源消费需求。

总体而言，绿色税收主要通过 3 个渠道来影响经济绿色化发展，如图 3-1 所示。

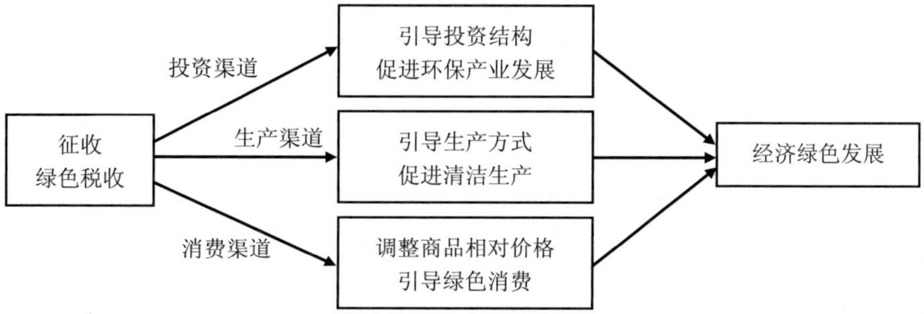

图 3-1　绿色税收对经济增长的影响

市场无法对有关资源进行配置，或者是当资源配置不合理、不能够充分使用资源的情况，就称作市场失灵。理论上完美的市场是各种不同的资源在不同时间、不同领域进行充分有效的配置。市场能够正常运行应该具备非常复杂的条件，在这些条件中有两个是必需条件：①市场中必须具有所有稀缺资源，同时价格的制定由供求关系决定；②人类的相关行为不具有非常明显的外部性，没有很多的公共产品。环境外部性对资源配置的影响非常大。

3.1.4　绿色税收作用机理

经济的可持续发展是在追求经济增长的同时，能够保持生态环境平衡。但生态环境恶化是一个世界性问题，生态环境问题产生的原因是环境污染的负外部性，即理性的生产者总是追求利润的最大化，理性的消费者总是谋求效用最大化，而不关心或漠视环境问题，这是“市场失灵”的主要体现。国家应通过税收制度生态化来矫正这种负外部效应，治理环境污染和保持生态平衡，实现资源的合理配置，促进经济可持续发展。

从经济意义上讲，绿色税收的作用机理同普通税收的作用机理是相同的，其独特之处在于绿色税收对环境的治理作用以及降低其他税种扭曲，同时增加政府财政收入，国家从宏观角度取得“双重红利”效应；而市场主体由于绿色税收这一“税收楔子”作用，通过价格机制，影响私人主体的报酬率，各市场主体将寻求替代。资源的开发者由于开采成本提高，将合理开发资源；生产者由于投入品（尤其是能源）价格提高，将降低能源消耗，提高能源利用率；消费者将降低高污染消费，从而实现节能减排的目的。绿色税收的作用机理见图 3-2。

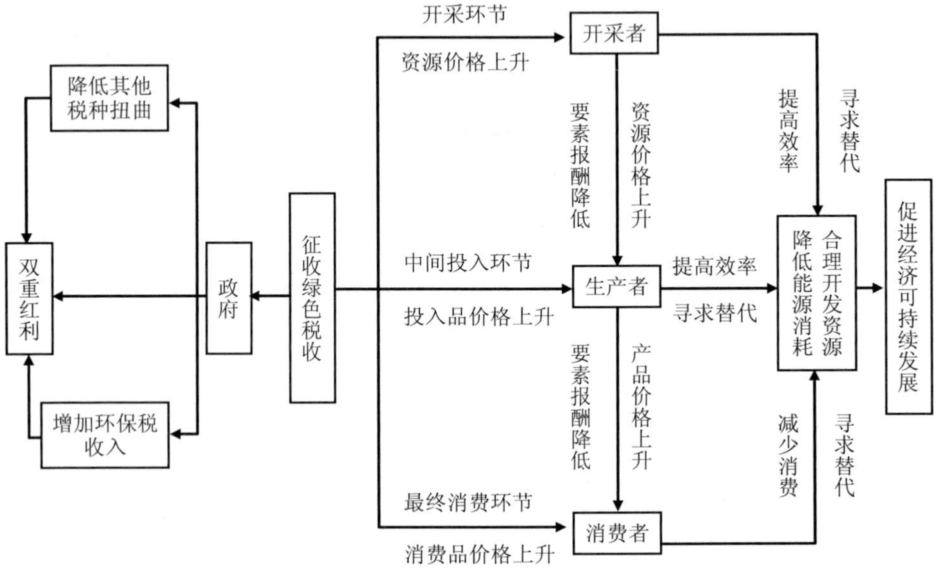

图 3-2　绿色税收的作用机理

从图 3-2 可以看出，政府征收绿色税后，对各个经济主体的影响有以下 4 个方面：

（1）对生产者的影响，导致生产者剩余减少。减少的这部分是生产者对政府税收的贡献。

（2）对消费者的影响，征税导致消费者剩余减少。减少的这部分是消费者对政府绿色税收的贡献。

（3）征税对政府的影响。通过征税，政府获得了税收，税收以其固有的职能可以为保护生态环境提供强有力的资金来源和财力保证，与此同时，降低了其他税种的扭曲，取得“双重红利”效应。

（4）征税对环境资源的影响。通过合理设计征税以及征税量，使得环境对外部不经济内部化，有污染的产出减少，污染造成的损失也随之减少；而环境的外部经济享受税收给予的优惠，使其收益叠加，从而取得良好的环境收益。

如前所述，环境资源的公共性和环境污染的负外部性导致“市场失灵”，使边际私人成本和边际社会成本之间产生差异，开征绿色税收就是使用税收方法迫使企业实现外部成本内部化，把污染者污染环境或浪费资源的成本税收化，利用税收矫正经济的外部性问题，从而达到节约资源、保护生态环境的目的，并使税收能够补偿企业对环境的损害。由于征税，这种损害实际上是由企业以付税的方式支付，因此，企业的决策就需要考虑以税收负担形式体现污染成本，实现外部成本内部化，提高企业节能减排的积极性。

3.2 绿色税收的经济效应

在分析了税收对经济增长的影响及绿色税收作用机理的基础上，下面分别从投资、产业、价格和消费等角度分析绿色税收对经济绿色化过程的影响。

3.2.1 绿色税收对投资的影响

3.2.1.1 税收对投资影响的一般分析

投资是推进经济发展的原动力。一般而言，经济增长过程中资本的增加主要依赖于投资。从投资主体看，可分私人投资和政府投资。马斯格雷夫和罗斯托的经济发展阶段论指出：在经济发展不同阶段，投资主体及其作用各有特色。在经济发展初期，私人投资规模较小，政府投资在总投资中占较高的比重，政府投资的领域大都是为未来经济发展提供基础支撑作用的基础设施，包括电信、运输、供水、环境卫生等基础设施，同时对各类基础产业发展初期提供资金保障。在经济发展中期，政府投资仍是主体，但在总投资中所占的比重下降，私人投资逐渐成为投资的主要来源，政府财政投资成为私人投资的补充。经济发展的成熟阶段，政府投资的重点从基础设施转向不断增加的公共产品投资，包括科学教育、文化、卫生、环境保护等方面支出，私人投资逐渐成为经济投资中的中流砥柱。

税收对投资的影响主要通过投资边际收入征税，使得投资的边际收入下降，从而抑制投资，另外，给予某些领域投资优惠，产生“节税”效应，降低投资成本，鼓励投资。因此，旨在提高投资成本的税收政策，将抑制投资的增长；旨在使投资成本下降的税收优惠，将刺激投资的增长。

3.2.1.2 绿色税收对投资的影响

对于政府投资，征收绿色税收后，生产者和消费者不可能因为征收绿色税收而停止需要纳税的污染品的生产和消费。在一定时期内，必然会形成绿色税收，增加的绿色税收收入通过专款专用，加大环保产业、绿色产品技术研发和推广使用，政府通过增加环境保护产业的投资，将发挥强大的示范引导作用。在绿色税收的政策引导下，一方面有利于环境保护的新的投资环境逐渐形成并得到稳固，私人资本将不断向环保产业渗透，与政府投资相互促进，节能环保产业竞争力不断增强，最终实现产业结构的优化和升级，实现经济发展方式的转变。另一方面，增加的绿色税收收入，可以为降低其他税种税收负担提供空间，通过减少劳动、资本和储蓄税收，提高经济效益和福利，从而增加投资量，优化投资结构，减少税收扭曲。

绿色税收对私人投资的影响比较复杂。税收成本费用的增加会通过价格传导机制导致价格上涨，企业利润下跌，对企业竞争力带来负面影响，从而抑制新的投资。这种影响对于传统行业和传统行业聚居区尤为显著。下面通过乔根森的投资模型分析税收对投资的影响。

乔根森的投资模型指出：在特定的阶段，私人或企业将持续投资，直到最后一个单位资本的边际收益率等于其资本的边际使用成本（也称机会成本），包括利息、折旧等。在乔根森的投资模型中，企业投资扩大到资本的边际收益率等于拥有这些资本的机会成本为止，用公式表示为：

$$PR = P(I + D)\text{，}\quad R = I + D$$

式中：P——资本品价格；

I——市场利率；

D——实物资本的年折旧率；

R——税前投资收益率。

税收影响投资决策与水平的机制是影响资本成本和资本的边际收益率。一般来说，直接影响资本成本的税种是公司所得税。如果政府对企业征收公司所得税，就会从两个方面对私人或企业的投资决策产生影响：一方面，对投资收益征税，如果税率为 t，则税后的投资收益率下降到 R（$1-t$），企业的实际投资收益率下降，将抑制企业扩大投资。另一方面，投资资本成本项目可以作为扣除项目在所得税前扣除，企业所得税的税基减少，产生了“节税”，减少了企业所得税额，降低了投资成本，从而鼓励企业扩大投资。显然，这两个方面对投资收益率的影响是反向的。因此，政府征收所得税后，应具体分析两个因素对投资的影响程度。如果税率不变，则影响投资较为明显的因素是税前扣除的资本折旧，允许扣除的多，则会促进投资，反之将减少投资量。也就是说，任何使资本成本下降的税收优惠都会收到促进投资的效果。但是，由于政府会根据经济发展形势、国家宏观调控目标以及财政收支等因素，适时地调整税收政策，这使得税收对投资的影响比较复杂。

公司所得税的征收使得私人或企业的实际投资收益率下降，因此税收对投资产生了替代效应和收入效应。税收对投资的替代效应是指征税使私人实际投资收益率下降，降低了私人投资积极性，使得私人投资数量下降，取而代之的是其他行为，如消费、储蓄等，即以储蓄替代投资，以休闲替代生产；收入效应是指随着投资收益率的下降，私人投资所取得的收入减少，为了保持收入水平或取得更多的收入，私人将增加个人投资数量，从而使得社会投资总量增加。

为了更直观地说明问题，假定个人收入分为消费和投资两个部分，个人在消费和投资之间进行选择，具体情况见图 3-3。

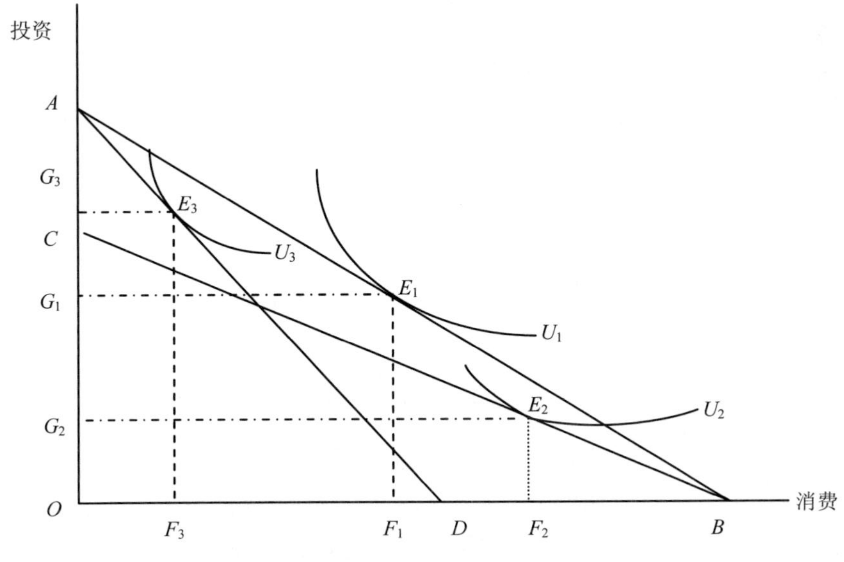

图 3-3 税收对投资的影响

如图 3-3 所示，AB 线为投资者在政府征税前的预算线，预算线上的各点表示投资者的消费和投资组合。曲线 U_1、U_2 和 U_3 为无差异曲线。政府征收绿色税收之前，AB 线与无差异曲线 U_1 相切于 E_1 点，均衡点的消费和投资组合为（F_1，G_1），在 E_1 点的消费和投资组合对投资者的效用最大。如果政府开征绿色税收，私人投资收益率下降，引起投资者的消费和投资的相对价格变化，投资者就会做出理性的选择，即减少投资，增加消费，从而使预算线 AB 向内旋至 BC，与无差异曲线 U_2 相交于 E_2，产生新的均衡点 E_2，在新均衡点的消费和投资的组合为（F_2，G_2），对投资者的效用最大。而在新的投资均衡点上的投资量 G_2 小于征税前的均衡投资量 G_1，取而代之的是消费量增加，因此，发生绿色税收对私人投资的替代效应，即消费替代了投资。

税收对投资的收入效应是对个人征税后，投资者为了获得更多的收益而增加投资，如图 3-3 所示，由于征收绿色税收，使得预算线从 AB 线向内旋转至 AD 处，并与新的无差异曲线 U_3 相切于 E_3，产生新的均衡点 E_3，在新均衡点消费和投资组合为（F_3，G_3），此时投资者的效用最大。在新的均衡点上，均衡消费量小于征税前的均衡消费量，而税后的均衡投资量却大于征税前的均衡消费量，表明征税后个人投资增加了，税收对投资产生了收入效应。

影响私人投资率的因素还有资本折旧率。从投资的资本折旧率看，税收制度规定税收折旧率与实际资本折旧率大都存在差距。其原因是确定每一个资本品的折旧率的税收征管成本太高，所以，税法上规定的折旧率常常低于实际需要的折旧率。另外，税收上规定的折旧按照历史成本基础确定，在通货膨胀期间，资本成本增加，而以历史成本为基础确定的折旧费不足以重新购置损耗的资本，如果税收制度规定资本折旧率高于实际折旧率，税收对投资具有较强的激励作用，从而刺激私人投资；如果前者低于后者，则税收抑制私人投资，导致私人投资量下降。因此，税收制度规定的资本折旧率与实际折旧率的关系直接影响私人投资收益率，影响了私人投资的积极性和投资数量。

从以上分析可以看出，税收对私人投资收益率的影响主要体现在两个方面：征收公司所得税导致实际投资收益率下降；税收制度规定折旧率与实际折旧率的差异会增加或降低投资收益而影响实际投资收益率。税收规定的折旧小于实际折旧，可以使实际投资收益率下降；但是，如果税收规定了诸如加速折旧、现值刺激、折旧指数化以及提供超过正常折旧扣除等，也可以使投资收益率增加。因此，投资的税收资本折旧可以有效地调节私人投资数量和增长速度。

当然，绿色税收对私人投资的影响并不是单向负面影响。绿色税收制度建设将着力于促进环保产业、产品及其消费，因此，绿色税收通过市场微观主体生产经营行为引导，调整生产经营战略，更青睐于环保产品的投资，从而有利于节能环保产业的发展。精心设计的绿色税收制度能够增加环保投资水平，优化投资结构。

3.2.2 绿色税收对生产的影响

在市场经济条件下，企业作为理性的经济人，追求利润最大化是其主要目的，根据要素边际成本等于要素边际收益的原则进行决策，要素的价格对企业生产行为产生一定影响，包括绿色税收在内的税收成本是影响要素价格的一个重要因素，因此税收对生产者的行为产生影响。如二氧化硫税的课征，对生产者产生较强的刺激信号，即只要二氧化硫排放量增加，税负就会增加，从而促使生产者采取措施，企业可能通过采取污染控制措施，如安装脱硫装置减少二氧化硫的排放量。此外，企业还可能会降低产量，将其生产量降低到社会所要求的最优产量，从而减少二氧化硫排放量。

绿色税收对消费者价格和生产者价格均具有强烈影响，因而对生产行为和消费行为产生影响，即绿色税收对生产和消费具有税收效应——收入效应和替代效应。

3.2.2.1 绿色税收对生产者选择的收入效应

税收的生产收入效应是指由于政府征收绿色税收而减少了企业可支配生产要素，从而使企业生产能力下降，利润率和生产水平也下降，如图 3-4 所示。

如图 3-4 所示，假定厂商只生产两种商品 X 和 Y，TT'线为企业生产可能性曲线。厂商按照均衡点 C_1 点对应的组合生产 OX_1 数量的 X 商品和 OY_1 数量的 Y 商品，此时厂商的收益最大化。假设 X、Y 都属于对环境有害的产品，因此政府需要对该企业的生产进行限制而征收环境税。假定政府对厂商征税不会对商品价格产生影响，绿色税收使得企业收入减少，生产可能性曲线向内移动到 T_1T_1'，新的生产可能曲线 T_1T_1'与其所能达到的最高无差异曲线 I_2 相交于 C_2 点。企业按照新的均衡点 C_2 点对应的组合生产 OX_2 数量的 X 商品和 OY_2 数量的 Y 商品，此时厂商的收益最大化。而新的均衡点下厂商的利益减少，即厂商可支配的要素减少而相应地减少了产出，产生了收入效应。由此可以看出，政府征税使得厂商减少了对环境有害产品 X 和 Y 的生产，达到保护环境的目的。

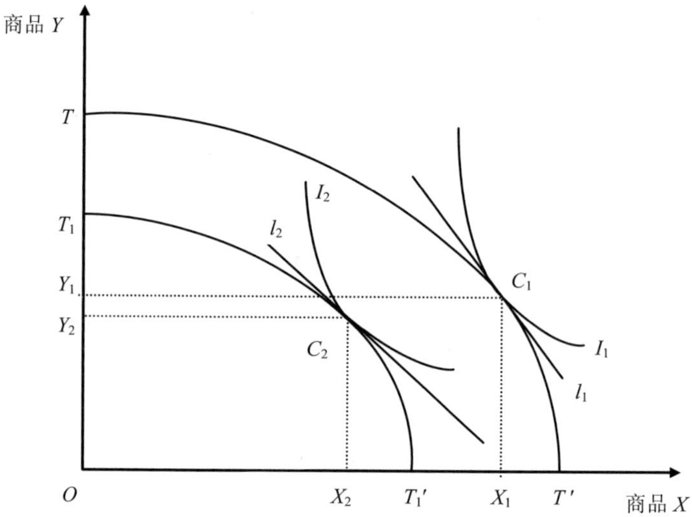

图 3-4 税收对生产者选择的收入效应

3.2.2.2 绿色税收对生产者选择的替代效应

绿色税收的替代效应是指政府征收环境税改变了经济活动的机会成本，使得厂商放弃这种经济活动而从事其他的经济活动的效应。税收的生产替代效应，主要是由于政府课征选择性的商品税而引起的对企业产品结构的影响。

由于政府对个别商品课税以后，该课税商品成本和价格发生不利于企业的变化，导致尝试减少或放弃被课税商品的生产，转而增加无税或低税商品的生产，或以无税或低税的商品的生产替代课税商品的生产，从而规避税收，增加利润。由此可以看出，税收导致的生产替代效应主要是由于政府对特定的、选择性的商品进行征税而引起的，体现为政府对厂商产品结构的影响。图 3-5 说明了生产的替代效应。

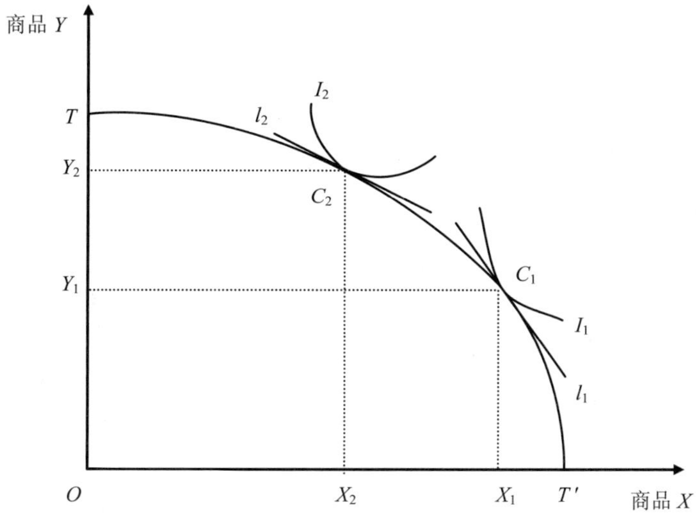

图 3-5 税收对生产者选择的替代效应

如图 3-5 所示，假定生产者拥有的生产要素不变，生产者只生产 X 和 Y 两种商品，X 商品所耗用的原材料是不利于环境保护的商品，或 X 商品本身为非环境友好型商品，即 X 商品为限制类商品，Y 商品所需原材料为可再生资源，或者其生产消费过程对环境污染较轻，即 Y 商品属于鼓励类商品。TT'表示生产两种商品的可能性曲线，TT'上的点表示企业在生产要素既定情况下可能生产出的商品 X 和 Y 的各种组合。TT'上任何一点的斜率表示生产一种商品相对于另一种商品的边际替代率。I_1 和 I_2 为消费者的无差异曲线。

在政府未征税前，生产可能性曲线 TT'线与消费者无差异曲线 I_1 相切于点 C_1，企业在 C_1 点上的最优生产组合为 OX_1 和 OY_1，此时，企业生产出的 X 商品和 Y 商品可以获得最大利润。生产可能性曲线 TT'线与消费者无差异曲线在 C_1 点的公切线是 l_1，其斜率表示商品 X 和商品 Y 在政府征税前的边际替代率。

假定政府对非环境友好型商品 X 征税，对环境友好型商品 Y 不征税，此时，如果消费者消费商品 X 实际支付的价格提高，而生产者的实际价格要下降，从而使 X 商品和 Y 商品的边际成本比率同时提高。生产可能性曲线 TT'与消费者无差异曲线 I_2 相切于点 C_2，形成新的均衡点，企业在新的均衡点 C_2 点产量为最优生产组合，企业将按照该产出组合进行生产，生产出数量为 OX_2 的 X 商品和数量为 OY_2 的 Y 商品，企业可以获得最大利润。

通过上述分析可以看出，政府对非环境友好型商品 X 征税，而对环境友好型商品 Y 不征税，其结果是生产者减少了 X 商品的生产，取而代之的是增加了 Y 商品的生产，也就是说，其以 Y 商品替代了部分 X 商品的生产，以实现企业利益最大化的目标，也实现了政府保护环境、促进经济可持续发展的宏观目标，达到了企业微观经营目标与政府宏观调控目标一致。

3.2.3 绿色税收对消费的影响

3.2.3.1 税收对市场价格的影响

税收对市场价格的影响是通过对厂商生产价格和对消费者价格两方面影响来实现的。在政府没有征税的情况下，厂商在市场上销售商品的价格与消费者实际支付的价格是相等的。即厂商生产价格等于消费者价格，由于政府征税，使得厂商的生产价格与消费者价格分离。通过公式表示如下：

$$P_m = P_c + T$$

式中：P_c——生产者价格；

P_m——消费者价格；

T——从价税的税率。

从公式中可以看出，政府所征收的税收是由消费者负担的，而生产者并不负担，消费者价格与生产者价格不一致，差额为税收。税收对市场价格的影响见图 3-6。

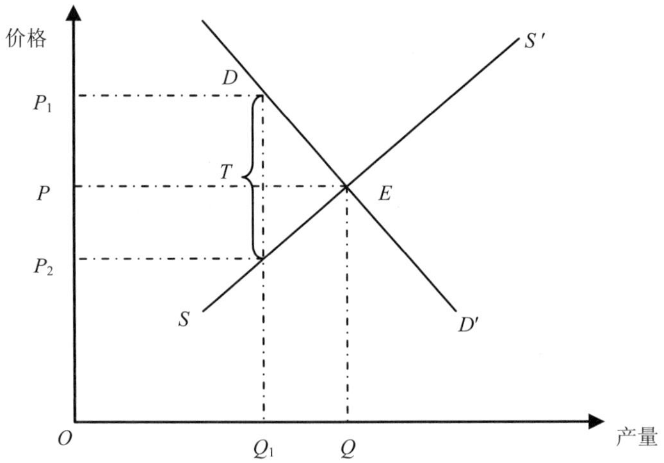

图 3-6 税收对市场价格的影响

在图 3-6 中，DD'表示消费者的需求曲线，SS'表示生产供给曲线。在政府征税以前，市场均衡点在 E 点，此时的均衡产量为 Q，均衡价格为 P，消费者和生产者按照均衡价格 P 进行交换。而在政府征收绿色税收后，消费者需要支付的价格由 P 点上升到 P_1 点，生产者面临的市场价格下降，由 P 点下降到 P_2 点，P_1 与 P_2 之间的差额为政府征税的金额。由于生产者的价格发生变动，生产者将根据新的价格 P_2 进行生产，减少产品的供给量，与此同时，由于消费者价格上升，消费者也要减少并调整其需求，从而造成需求量的减少。原有的市场均衡被打破并形成一个新的均衡点，新的均衡产量为 Q_1，均衡价格为 P_1。在新的均衡条件下，Q_1 小于 Q，P_1 大于 P。由此可以看出，绿色税收犹如在市场配置资源的过程中打进了一个"楔子"，它使得消费者愿意支付的价格和生产者希望得到的价格之间产生了差异。正确运用税收对市场价格的改变原理，可以实现政府保护环境的调控目的，纠正诸如环境污染、资源浪费等市场缺陷，从而提高资源配置的"帕累托"效率。

如前所述，税收对消费者价格和生产者价格均具有强烈影响，因而对生产行为和消费行为产生影响。即税收对生产和消费具有税收效应，即收入效应和替代效应。

对消费者来说，课征绿色税收会使货物价格上涨。例如，对电厂课征二氧化硫税会使电价上升，这样就使需求下降，消费者就会选择替代品。绿色税收对消费的影响体现在替代效应和收入效应两个方面。

3.2.3.2 绿色税收对消费者选择的替代效应

绿色税收对消费者选择的替代效应是指税收对消费者选择商品的影响。在政府根据资源利用和环境保护要求，选择非环境友好型商品征税以后，引起市场上非环境友好型的商品相对价格上升，从而使消费者在购买商品时，减少对非环境友好型商品的购买量，增加未征税商品的购买量，消费者行为变动，从而产生了非环境友好型商品替代环境友好型商品的效应，即绿色税收对消费的替代效应。我们通过均衡分析方法来分析绿色税收对消费的替代效应，如图 3-7 所示。

如图 3-7 所示，AB 线为消费者在政府征税前的消费预算线，预算线上的各点表示在收入商品价格不变的情况下，消费者可以购买到的商品组合。曲线 I_1 和 I_2 为消费者的无差异曲线，表示消费者对商品不同购买量组合的满足程度。消费者对同一条无差异曲线上的各点代表的商品组合有相同的偏好和满足程度，不同的无差异曲线反映了消费者不同的满足程度,即 I_1 和 I_2 两条曲线上消费者的满足程度不同，而且无差异曲线距离原点越远，表示各点上的商品组合给消费者带来的满足程度越大，也就是说 I_1 曲线给消费者带来的满足程度要大于 I_2 曲线。

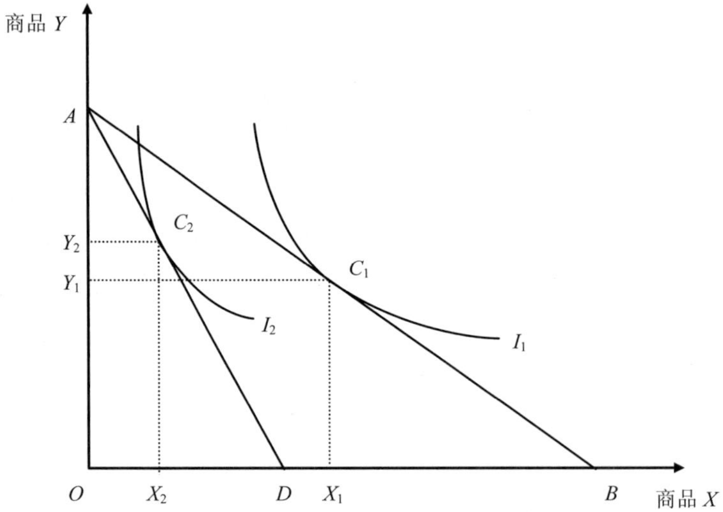

图 3-7　税收的消费替代效应

征税前无差异曲线 I_1 与消费者预算线 AB 相交于均衡点 C_1，C_1 是征税前的消费者均衡点，在 C_1 点上对商品 X、Y 的消费组合（X_1，Y_1）效用最大，满足程度也最高。假若政府对非环境友好型商品 X 征税，引起商品 X 和 Y 的相对价格变化，消费者为提高消费效用水平，就会做出理性的选择，即减少对非环境友好型商品 X 的消费，增加对商品 Y 的消费，从而影响消费者的预算支出，预算线 AB 内旋至 AD，与无差异曲线 I_2 相交于新均衡点 C_2，产生新的均衡点 C_2，在新均衡点的消费组合（X_2，Y_2）对消费者的效用最大。此时 $X_1>X_2$，发生替代效应，即环境友好型商品替代了部分的商品，即非环境友好型商品 X 的消费量减少。绿色税收对消费的替代效应的大小，取决于不同商品的边际税率，边际税率差异越大，替代效应则愈强烈。在绿色税收制度建设过程中，通过确定合理征收范围及确定差别税率，实现环保型产品替代高污染产品，达到调节消费者的消费行为，实现经济的可持续发展目标。

3.2.3.3　绿色税收对消费者选择的收入效应

税收对消费者选择的收入效应是指政府征收绿色税收以后，会导致消费者实际可支配的收入下降，消费水平下降，使其减少商品的购买量。税收对消费者选择的收入效应见图 3-8。

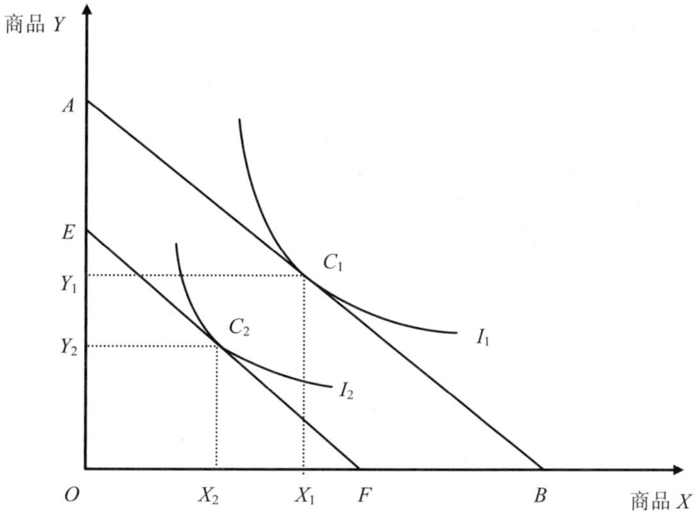

图 3-8　税收的消费收入效应

如图 3-8 所示，*AB* 线为征税前家庭消费预算线，*EF* 线为征税后的家庭消费预算线，I_1、I_2 为无差异曲线。在政府征收绿色税收前，消费者在既定收入约束下，能购买到最大的商品数量为（X_1，Y_1），市场均衡点为 C_1。如果政府对消费者个体征收个人所得税，将会减少纳税人可支配收入，降低纳税人消费水平，家庭消费预算线 *AB* 平行向下移动至 *EF*，与无差异曲线 I_2 相切于 C_2，产生新均衡点 C_2。由于商品 *X*、*Y* 相对价格没有改变，纳税人的消费偏好也没有改变，但是消费者可支配的收入下降导致消费数量与税前相比出现下降。

通过上述分析可以看出，在促进经济可持续发展过程中，绿色税收的收入效应和替代效应在生产、消费两个领域的目标和结果相同。从对消费的影响看，无论是收入效应还是替代效应，最终都会使消费水平下降。而且，由于对商品课税，尤其是对环境有害的商品和环境友好型商品的差别税收政策，使得环境有害商品价格因课税而上升的幅度大，因而对消费影响较大。从对生产的影响看，税收效应有利于生产企业纳税人调整产品结构，减少资源开采与消耗，促进资源循环利用，缓解环境承载压力。

欧盟绿色税收体系中重要的税种是能源税，其税收收入占欧盟成员国环境税的

70%以上。能源税对欧盟汽油的生产销售影响充分证明了绿色税收通过价格对生产和销售的影响。欧盟对汽油实行差别税率，引起能源价格发生变化，通过价格传导机制使得环境友好型产品——无铅汽油的市场占有率迅速增加。例如，瑞典自 1991 年对燃料油实行差别消费税以后，清洁柴油的销售量从 1992 年的 1%上升到 85%，含铅汽油和无铅汽油的差别税率使含铅汽油已经从瑞典市场上消失。1990 年生物燃料在区域供暖体系中的比重为 25%，到 1995 年，增长到 42%，增长了 17 个百分点。目前，生物燃料、泥炭等提供了瑞典区域供暖体系中能源供应的 50%以上。①表 3-1 为可再生能源消费在全部能源消费中所占的比重。由此可见，欧盟成员国对能源产品实现生态化差别税率后，对能源消费产生了较大的影响。

表 3-1　可再生能源消费在全部能源消费中所占的比重　　单位：%

国家	2006 年	2007 年	2008 年	2020 年
欧盟（27 国）	8.9	9.7	10.3	20
比利时	2.7	3	3.3	13
保加利亚	9.3	9.1	9.4	16
捷克	6.4	7.3	7.1	13
丹麦	16.8	18.1	18.8	30
德国	7	9.1	9.1	18
爱沙尼亚	16.1	17.1	19.1	25
爱尔兰	3	3.4	3.8	16
希腊	7.1	8.1	8	18
西班牙	9.1	9.6	10.7	20
法国	9.6	10.2	11	23
意大利	5.3	5.2	6.8	17
塞浦路斯	2.5	3.1	3.1	13
立陶宛	31.3	29.7	29.9	40
拉脱维亚	13.7	13.2	15.3	23
卢森堡	0.9	2	2.1	11
匈牙利	5.1	6	6.6	13
马耳他	0.1	0.2	0.2	10
荷兰	2.5	3	3.2	14
奥地利	23.8	26.6	28.5	34

① Bengt Johansson，Swedish Environmental Protection Agency，*Economic Instruments in Practice 1：Carbon Tax in Sweden*，2000.

国家	2006 年	2007 年	2008 年	2020 年
波兰	7.4	7.4	7.9	15
葡萄牙	20.5	22.2	23.2	31
罗马尼亚	17.5	18.7	20.4	24
斯洛文尼亚	15.5	15.6	15.1	25
斯洛伐克	6.2	7.4	8.4	14
芬兰	29.2	28.9	30.5	38
瑞典	42.7	43.2	43.4	49
英国	1.5	1.7	2.2	15

资料来源：欧盟统计局网站，Eurostathttp：//epp.eurostat.ec.europa.eu/。

3.3 绿色税收的生态效应

环境保护主义者认为，要想解决环境污染问题，就必须消除产生污染的一切因素。但是，如果让经济不产生污染是不可能的。根据能量守恒原则，企业在发展过程中所需要的能源消耗一定会产生废物。但是，如果环境的除污能力大于社会排污数量，那么污染问题会通过生态系统的消化、吸纳和循环等途径被解决。因此，社会生产和污染存在一个最优结合，当社会生产量达到最优除污水平，就能满足社会生态系统自我调节的要求。所以，经济性是解决环境问题的内部原因，在环境资源产权的基础上，对其环境资源进行合理利用和定价，使企业的生产和发展考虑环境成本，通过成本约束，形成污染排放和环境容纳最优组合。

绿色税收的生态效应首先反映在征收绿色税收可以改善环境，即绿色税收的“双重红利”的第一层红利。其次，绿色税收的征收对产业结构的影响，有利于促进环保产业发展和传统产业升级换代，并通过价格机制，引导消费结构，构建有利于保护环境的经济社会环境。

3.3.1 绿色税收的环境保护效应

绿色税收的产生与发展是税制改革适应环境保护的需要而发生的。从理论分析和现实情况看，绿色税收具有“双重红利”功效。

“双重红利”由 Pearce 正式提出。但是对于“双重红利”的定义，学术界并没有标准的统一看法。一般认为，“双重红利”是指环境税的征收产生两方面红利：一是环境红利，即环境税的征收有助于环境改善，这是第一重红利，这是理论界没有争议的看法。二是非环境红利，即环境税的开征可以减轻其他税种对市场的扭曲，优化产业结构，促进传统产业转型，增加环保产业的竞争力，提高经济效率，形成产业红利。具体来说，当环境税收入用于减少劳动税收时，可以使劳动成本降低，厂商劳动需求增加，并且随着环保产业的发展，新兴的环保产业的就业容量增加，进而促使就业增加，获得就业红利，这是第二重红利（非环境红利）。尽管对绿色税收的第一层红利没有争议，但是对于第二重红利的含义，学术界观点各不相同。

为了分析绿色税收的环境红利，我们设置一个坐标系，反映绿色税收的环境收益和税收损失。如图 3-9 所示，横坐标轴代表环境边际税率，纵坐标轴代表社会边际效应。*AB* 线代表税收最优的点对应的环境收益和税收效率损失曲线上的最优关系，在 *AB* 线之前的区域，随着环境税税率的提高，税率损失曲线逐渐下降，与此同时，对应环境效益上升。这说明环境红利随着绿色税收税率的提高而增强。所以为了获得双重红利的增加，绿色税收需要保持一定水平的税率。通过征收绿色税收，可以促进企业节约使用能源，优化能源结构，降低污染排放，改善生态环境，实现绿色税收的环境红利。

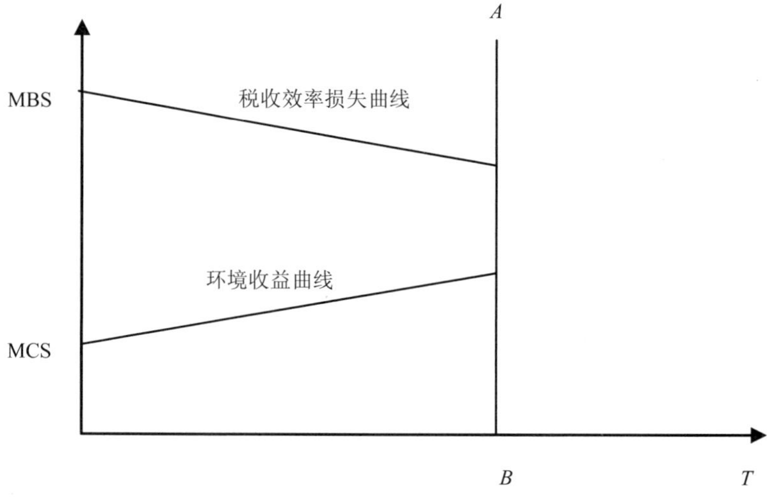

图 3-9　绿色税收的环境红利

欧盟从 20 世纪 90 年代开始推行环境税制度改革，至今绿色税收制度较为完备。

从推行环境税以来，欧盟环境税取得“双重红利”中的环境红利。具体见表 3-2。

表 3-2　欧盟绿色税收“环境红利”效应实践效果　单位：%

项目	从时间段分析		从区域角度分析	
	短期（<10 年）	长期（>10 年）	北欧国家	欧洲国家平均变化
二氧化碳排放量下降程度	6.02	13.08	11.03	9.40
就业变化	0.44	0.97	1.07	0.71
企业投资变化	−0.42	0.48	0.03	0.14

资料来源：Patuelli R，Nijkamp P，Pels E，“Environmental tax reform and the double dividend：A meta-analytical performance assessment”，*Ecological Economics*，2005，No.55，pp.564-583.

从表 3-2 可知，欧盟推行环境税以来，环境质量提高，环境保护方面的财政支出下降，二氧化碳的排放量下降，尤其从长期看，下降的幅度更大，由此可以看出，环境税的“环境红利”非常明显。

绿色税收在微观领域对生产、消费以及投资产生影响，直接结果是从各个方面促进环境保护。绿色税收使污染者将环境污染的成本纳入生产或消费过程中，通过价格杠杆影响商品的生产和使用。污染者一方面采用清洁能源替代传统能源，使得污染物排放量明显降低；另一方面，加大科技投入力度，改进技术，采用清洁生产方式减少排污，为减少污染物排放提供了技术支撑。欧盟各国在绿色税收制度建设过程中，不可再生能源使用量不断下降，取而代之的是可再生能源以及清洁能源。如瑞典石油的消耗量不断降低，可再生能源得以不断增长，可再生能源所占的份额从 1994 年的 22%增长到 2005 年的 28%，瑞典的电力生产基本实现无油化，国家电力来源几乎是水力发电和核能各占一半。生物能源的利用率翻番，已超过欧盟规定的 50%的标准，达到 56%，成为世界工业化国家使用生物能源比例最高的国家之一。在区域供热体系中，由于碳税导致的重油和生物燃料的价格差异，追求成本最小化使得区域供热部门对生物燃料的应用大为增加，瑞典生物燃料供暖的使用比重大大提高，从最初的 25%提高到了 42%。如果加上泥炭燃料等，瑞典区域供热体系中能源供应的 50%以上来自生物能源和泥炭，其中征收碳税的作用是主要因素。

环保产业的发展，使得工业排放量大幅度降低。例如，从 20 世纪 90 年代初开始，欧盟许多国家如荷兰、挪威、德国、瑞典等除了针对 CO_2 征收环境税以外，还

对 SO_x（硫氧化物）和 NO_x（氮氧化物）征收环境税，硫税以及氮氧化物征税后，对降低污染物的排放起到了良好的效果。以绿色税收对减排影响效果看，各国排放税所产生的生态效应是多元化的，在不同地区实施的环境政策出现了不同的结果，这是由各国的特定条件造成的。总体上看，二氧化碳排放量的变化非常明显，这充分验证了绿色税收是改善环境质量的有效手段，并取得了良好的环境效应。具体情况见表 3-3。

表 3-3　部分欧盟国家绿色税收的环境功能和生态效应

手段	环境功能	环境效果	刺激效果
硫税（瑞典）	财政性绿色税，增加低硫燃料份额，采用治硫措施	减少硫排放 6 000 t，相当于总量的 6%；平均减少油中硫含量的 40%；1/4 纳税人减少硫排放平均达到 70%	平均削减成本为 10 瑞典克朗，低于税率 40 瑞典克朗，具有强大刺激作用
CO_2 税（瑞典）	减少 CO_2 排放	实施时间较短，难以评估；可能变换燃料、增强电热联产的竞争力	未知
CO_2 税（挪威）	减少 CO_2 排放	1991—1993 年 CO_2 排放增长的趋势使其减少 3%～4%	供热油价格上升 15%，石油价格上升 10%；其余未知
国内航空税（瑞典）	减少国内航空排放	未知，可能很小	未知
废物收费（丹麦）	废物产量减少，再利用增加	建筑再利用率从 12%增加至 82%，1985—1993 年，提高再利用率 20%～30%	税率是处置费用的两倍，提高焚烧费用 70%；其余未知
含铅汽油差别税率（瑞典）	提高刺激性收费，减少含铅汽油份额	1988—1993 年铅排放减少 80%	税率差超过了脱铅汽油的额外生产成本
柴油差别税率（瑞典）	增加低污染柴油份额	柴油机车硫排放减少 75%，在城市为 95%；减少了颗粒物、烟尘、NO_2、HC 和 PAC，量未知	税率差别超过了一、二级油的额外生产成本
有毒废物（德国）	减少有毒废物量	1991—1993 年减少有毒废物产量的 20%～45%	税率使填埋成本增加了 5%～15%，1993 年税率翻倍，使得上述成本高到原成本的 10%～30%；其余未知

手段	环境功能	环境效果	刺激效果
NO_2 收费（瑞典）	减少 NO_2 排放	1992 年 9 000 t NO_2 减排的主要原因（35%）	收费率 40 瑞典克朗，超过平均治理成本 20 克朗
化肥收费（瑞典）	减少化肥使用需求	1980—1992 年氮肥减少 25%，磷肥减少 65%，其中收费是一个原因	未知
水污染收费（法国）	刺激厂内污染处理	有限	收费率明显低于治理费用
水污染收费（德国）	在许可证制度中鼓励进行污水处理；收回成本型收费：使用者收费	预先告知，促使污水处理能力建设	未实施税率与边际处理费用差的计划
水污染收费（荷兰）	资助污水处理厂	BOD 指标家庭降至 5%，工业降至 400 万 t	平均收费略低于平均治理费用
家庭废物收费（荷兰）	促进污水处理费用在用户的合理分摊；收回成本型收费：指定收费	在按袋付费村，家庭废物减少 10%～20%	未知
电池收费（瑞典）	收回收集，处置和信息费	铅电池回收率达到 95%；汞、镉电池份额降低	收费使得铅电池回收具有可行性
飞机噪声收费（荷兰）	资助机场周围隔声和开发项目	机场周围建筑物实施隔声	很低

资料来源：欧洲环境局：《环境税的实施和效果》，北京：中国环境科学出版社，2000 年版。

从生产角度看，绿色税收的生态效应主要是对产业结构的生态化影响。一方面，绿色税收的征收，使得传统产业进行转型升级，促进传统产业进行生态化改造；另一方面，促进了环保产业的发展。产业结构的生态化调整，从根本上节约能耗，减少污染排放，保护生态环境。下面我们将分析绿色税收对传统产业和环保产业的影响，进一步阐释绿色税收的生态效应。

3.3.2 绿色税收对传统产业的影响

传统产业是一个历史概念，虽然没有明确的定义，公认的传统产业是指劳动力密集型的、以制造加工为主的行业。一般而言，传统产业是以传统技术进行生产和服务的产业，是在工业化过程中起支柱与基础作用的产业，包括传统农业、制造业和传统服务业。传统产业为人类带来了丰富的物质产品，但是，从生态环境角度看，传统产业中大量的高能耗、高污染、高排放的“三高”企业运行给环境带来了过多的压力，物质财富的增加伴随着外部性成本的推迟核算。绿色税收的征收，使得传统产业的负外部性通过税收形式得以矫正，这不可避免地对传统产业投资和竞争力造成冲击。

绿色税收对污染行为或污染产品征税，会使能源密集型和环境污染型的传统企业税收成本上升，利润下降，投资者投资收益减少，并改变投资和消费的相对价格，投资相对于消费变得昂贵，投资者将选择用消费替代投资，出现替代效应，对传统产业投资总量必然也会减少。这种替代效应如图 3-10 所示。

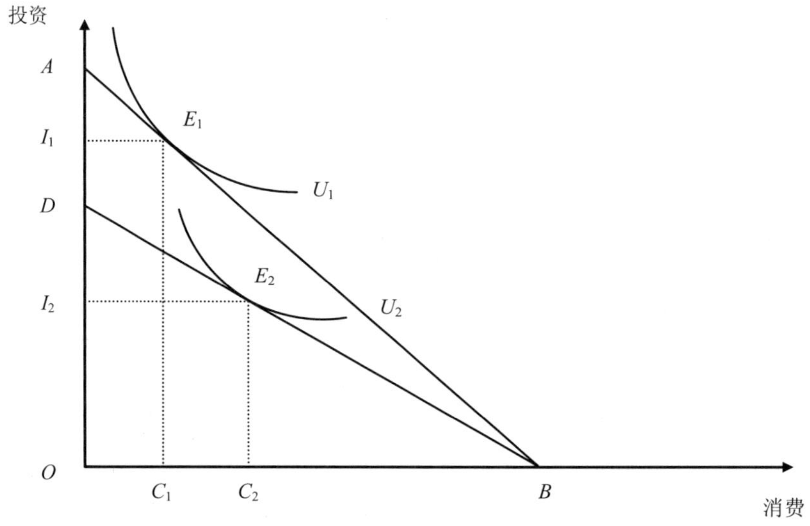

图 3-10　绿色税收对传统产业投资的替代效应

市场上有一定量的资金，可以从事投资和消费两种活动，在征收绿色税收前，生产可能性曲线为 AB，代表着所有可能的投资与消费的组合情况，无差异曲线为 U_1，代表最高福利水平。AB 与 U_1 相切于 E_1，形成政府征收绿色税收前投资与消费的均衡点。在税前均衡点下，投资量与消费量组合为（I_1，C_1），在该点上，投资和消费满足效用最大化，形成无绿色税收条件下的最佳组合。而在征收绿色税收后，投资的相对价格提高，消费作为一种商品单位价格相对下降，生产可能曲线从

AB 变为 *BD*，出于效用最大化考虑，投资者将增加消费量，减少投资量，由此使得投资与消费的均衡点变为 E_2，税后均衡点的投资量与消费量组合为（I_2，C_2），投资减少量为（I_1-I_2）。在投资量减少的作用下，传统产业中的“三高”行业逐渐失去往日的竞争力，取而代之的是节能环保产业的崛起，绿色税收对传统产业产生了替代效应，这也正是征收绿色税收的目的所在。

绿色税收对传统产业投资还会产生一定的收入效应。政府对传统的“三高”产业征收绿色税收后，提高了传统产业的投资成本，降低了投资者资金的实际价值，在资本市场规模不变的情况下，能够进行新的投资规模缩小，传统产业新增的投资总量缩减。而对于产业内现存投资者来说，税后净收益也因为税收成本增加而减少，投资者的收入水平下降，回笼资金减少，由此引起传统产业现存投资额的缩减。由此可以看出，绿色税收对传统产业投资的增量和存量均有抑制作用，绿色税收的收入效应显著。

3.3.3 绿色税收对环保产业的影响

关于节能环保产业的界定在国际上和学术界均没有统一的标准。我国《“十二五”节能环保产业发展规划》对节能环保产业的定义是：“为节约能源资源、发展循环经济、保护生态环境提供物质基础和技术保障的产业，主要包括节能产业、资源循环利用产业和环保装备产业，涉及节能环保技术与装备、节能产品和服务等。发展绿色经济需要大力发展节能环保产业。”作为新兴产业，节能环保产业属于需要扶持的产业，需要政府通过各种引导性手段，营造有利于节能环保产业发展的投资环境，构建节能环保产品价值引导机制以及成熟的市场需求。主要原因是市场经济中的高污染企业，一般情况下不会从社会责任或环境保护角度自觉主动地减少污染物排放，更不会主动承担污染治理义务，作为市场主体，追求自身利益最大化是生产的核心问题。而环保产业基于保护环境、节约能源等有利于环境的角度，一方面，加大环保科研投入，调整产品结构，加强污染排放治理，使得部分外部化成本内化于企业成本，环保产业为此承担了社会责任，私人成本高于传统产业；另一方面，节能环保产业尚未形成成熟的市场需求，难以形成支撑节能环保产业发展的竞争性价格和资金来源。绿色税收的征收，为传统产业和环保产业发展构建了公平的成本补偿和价格形成机制。

绿色税收的征收，将对污染企业负外部性和节能环保企业正外部性实行抑制或激励的有所区别的税收政策，从需求和供给两方面促进节能环保产业的发展。

从供给角度看，对污染企业的排污行为和生产污染产品纳入绿色税收调节范畴，对其征收环境税，将提高高耗能、高污染企业的税收成本，从而促使“三高”企业在绿色税收的调节下，借助节能环保产品和服务调整经营战略和经营产品结构，以达到降低税负、减少税收成本的目的。另外，绿色税收收入的增加，为国家提供了对节能环保产业及企业的补贴资金的来源，并且节能环保产业还将在优惠政策环境中形成相对价格优势和竞争优势。如此优厚的获利条件将在很大程度上刺激节能环保企业扩大生产，增加供给。

从需求角度看，如果节能环保产品的使用价值能够替代传统非环保产品，通过科学设计绿色税收制度，保证节能环保产品减少的税额可以与因节能环保技术开发形成的成本抵消，从而使得节能环保产业与传统产品具有同等的价格水平，节能环保产品的需求就将扩大，市场需求逐步成熟，提高节能环保产业利润，为节能环保产业提供技术改进、提升服务和扩大生产的资金保障。

绿色税收对市场供给与需求产生双重影响，将带来节能环保产品的价格与产量的双重提高。如图 3-11 所示，绿色税收征收后，节能环保产品价格上升，但上升幅度小于非环保产品，即节能环保产品的相对价格下降，因此，节能环保产品的需求曲线由 D_1 移到 D_2，供给曲线由 S_1 扩大到 S_2，市场供需均衡点从 E_1 移动到 E_2，产量从 Q_1 提高到 Q_2，价格也跟着从 P_1 提高到 P_2。

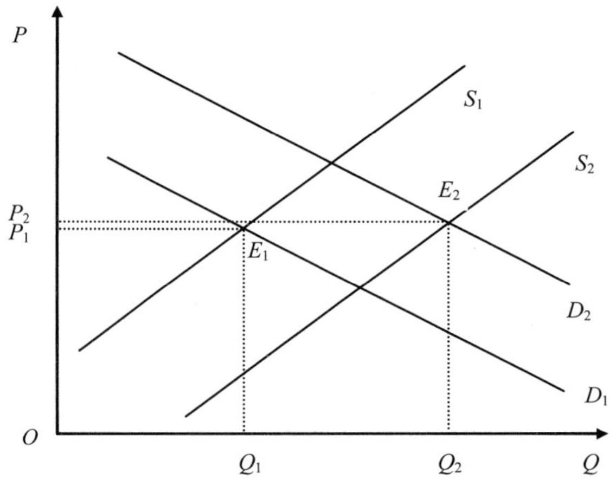

图 3-11　绿色税收对环保产业的影响

在市场机制条件下，需求是供给的导向，哪里有需求，哪里有超额利润，资本就会流向哪里。征收绿色税收后，节能环保产业边际成本降低，在利益驱使下，部分资金将青睐于节能环保产业，扩大产业规模，该新兴产业的行业竞争力大为提高，最终提升企业自主创新能力，形成市场规范、结构合理、富有竞争力的成熟行业。

从绿色税收制度较为健全的欧盟各国实际情况看，欧盟推行绿色税收后，环保产业成为欧盟经济的新增长点。欧盟从 20 世纪 70 年代中期开始的环境税改革，对环保产业、环保产品以及环保技术的研发和推广给予税收优惠政策，使得这些领域的投资收益率增加。另外，政府财政支出在污染控制方面的投入大幅增加，污染控制技术与装备也有了长足的进步，欧盟环保工业体系基本形成。70 年代后期，环保产业的发展进入快速发展阶段，欧盟国家的环保产业由主要为控制污染服务转变为建立清洁、舒适、优美环境提供物质和技术保障的新阶段，防止环境污染的新技术不断推陈出新，环保新产品层出不穷，新技术由污染控制技术向保护自然生态环境和自然资源领域拓展。80 年代欧盟的环保产业主要是在污水处理、大气污染控制和治理、固体废物处理处置、噪声控制等方面取得良好进展，而且欧盟的核环保设施、环保汽车、二氧化碳替代技术等均领先于世界水平。90 年代以来，欧盟国家将水污染防治技术的重点延伸到水污染防治和水资源的循环利用，包括工业循环用水、城市污水再利用、高浓度有机废水处理以及废水资源化等方面。在全球经济"可持续发展"战略的推动下，欧盟各国也迅速掀起了绿色革命浪潮，推广新能源和环保技术，新能源产业、环保产业及环保服务市场迅速成长，环保产业在国民经济中所占的份额逐年上升，清洁生产以及环保产品生产方兴未艾，逐步成为支柱产业。欧盟新能源、环保产品、节能产品生产所占份额的增加，绿色税收制度起到了助推作用。

3.4 绿色税收的社会效应

经济发展固然是一个国家经济社会发展的物质基础，但是经济稳定却有赖于社会稳定，社会稳定的基础是就业稳定。由于各种原因的相互影响和制约，任何国家都会存在一定的失业人员，没有哪个国家的失业率为零。但是，较低的就业率会增加社会不稳定因素，政府在制定宏观经济政策时，需要分析在当前的社会环境下，纳税者是否有能力承担环境税。绿色税收形成的税收负担转移应有利于社会稳定。这是顺利推行绿色税收的社会条件，直接关系到社会环境的稳定。

环境税对就业率的影响是双方面的，一方面，环境税会增加劳动者的经济负担，劳动者为了保证原有的收入水平，不得不延长工作时间，从而扩大劳动力市场的供给。若劳动力市场的需求不能与供给保持同步增长，将会增加新的失业人员，失业率增加。另一方面，政府通过征收绿色税收，税收收入有所增加，为环保投资筹措了一定资金，促进环保产业发展，如前所述，环保产业的发展会为更多的人提供就业机会，有利于降低失业率。

由于各国在绿色税收制度建设时，遵循了税收收入中性理念，各国纷纷降低所得税和社会保障税，保证税收的总体均衡，随着产业结构的调整和环保产业的发展，容纳了相当数量的就业人员。

下面以环境税比较普遍而且完备的欧盟为例，分析绿色税收的“就业红利”。20 世纪 80 年代，欧盟税收负担的着力点主要落在劳动者身上，偏高的劳动税和资本税妨碍了资本投资的热情以及劳动的积极性，降低劳动税、增加就业成为税收制度改革的目标。

20 世纪 80 年代末开始，许多发达国家经济滞胀，各国面临高失业率的困扰，同时工业化发展过程中的环境恶化也成为公众日益关注的社会问题。与此同时，劳动力税收负担偏高。为此，在 90 年代推出的税制改革措施中，降低劳动税以增加就业成为税制改革目标之一，并推行环境税改革，将绿色税收作为保护环境、增加就业的一个途径，许多经济学家普遍认同该观点。因此，从 90 年代开始，以欧盟各国为代表的发达国家纷纷进行了税收制度生态化改革，通过征收绿色税收和税收负担的转移刺激环保产业投资，希望找到新的经济增长点，提供更多的就业岗位。例如，德国把生态税收与增加就业结合起来，1999 年 4 月，德国颁布《实施绿色税收改革法》，该改革的指导思想是“降低阻碍德国经济发展的居高不下的工资附加费用，有效地降低劳动力成本、促进就业”。与此同时，德国政府还将绿色税收收入用于补贴养老保险金的支出，鼓励企业将节省的资金用于投资以增加就业机会。从欧盟推行绿色税收制度以来，仅再生能源行业的就业人数在 2020 年就可以达到 280 万人，是 2005 年的 1 倍。

在受到失业与环境恶化困扰的情况下，欧盟各国在生态税制改革中，普遍采取“课征生态税，降低劳动税”的税收总收入中性策略，以新增的绿色税收收入来弥补减少的劳动税收入，实现改善环境、降低失业率的“双重效益”。德国宏观经济模型计算显示，德国实施生态税改革的 5 年内，生态税收改革通过直接以及间接作用的影响，总共创造 25 万个就业机会，对缓解德国的就业压力有一定的作用，促进了德国社会的稳定。具体情况见表 3-4。

表 3-4 生态税对就业的影响　　单位：%

项目	平均变化	欧洲	其他国家	短期	长期
就业	0.44	0.71	0.31	0.44	0.97

资料来源：根据 Bosquet 在 2000 年和 2001 年收集的研究文献和数据整理。

从表 3-4 可以看出，绿色税收对刺激投资、节能减排以及就业的影响是积极的。欧盟各国把从绿色税收中取得的收入作为降低和劳动力相关的税收的补偿，由此带来实际工资的提高和劳动力供给的增加，对于欧洲的高失业率，这被认为是正当的，一个更好的环境质量和更高水平的就业量相伴而生。绿色税收的征收使得就业率平均提高了 0.44%，欧洲国家就业率提高了 0.71%，其他国家提高了 0.31%。短期内就业提高 0.44%，从长期看，绿色税收的双赢效益发挥作用，由于征收绿色税收而引起的投资萎靡将会消失，而经济发展在一个新的理念下实现可持续发展，环保产业带动其他产业的发展，就业率持续走高。

欧盟的绿色税收收入大都专款专用，用于促进产业结构转型，促使高投入、高污染、低产出的污染型产业向低投入、低污染、高产出的清洁型产业转变，大力发展循环经济，促进低碳产业发展，开辟社会劳动就业的新领域。这种绿色税收收入的用途，有利于改善失业状况，优化就业渠道。部分欧盟国家绿色税收收入的用途见表 3-5。

表 3-5 部分欧盟国家绿色税收收入的用途

国家	用　途
英国	减轻雇主所负担的社会保险费
瑞典	降低所得税，减轻雇主社会保险费
丹麦	降低所得税，减轻雇主社会保险费
芬兰	降低所得税税收负担
荷兰	减轻雇主社会保险费
意大利	减轻雇主社会保险费
比利时	用于社会安全支出

欧盟大多数国家的绿色税收对就业有正面影响，当然，绿色税收对就业的影响也可能会出现负效应，少数国家还出现了失业增加的情况，因此，税收制度生态化改革要综合考虑政策目标的选择，环境目标优先还是经济目标优先。当劳动力市场富有弹性时，将绿色税收收入用来降低企业负担的社会保险费，将推动经济向劳动密集型转变，促进低技能劳工就业的效果更为明显，对就业产生的正面效果最大。若将绿色税收收入用来降低所得税及企业利润税，会增加投资，带动产业发展，对就业产生全面的正效应。

第 4 章

绿色税收的博弈与风险

开征绿色税收是税收制度的结构性调整，必然伴随着税收负担分配格局的变化，形成包括中央政府、地方政府、企业、公众、环保部门、税务部门、财政部门等在内的多方利益主体博弈。博弈各方对绿色税收表现出不同的利益偏好，从而使得多方利益主体为实现自身的目标，采取不同的行动策略。一个有效率且可行的绿色税收制度安排，应合理确定博弈各方的税收负担，综合考虑各方博弈主体财权、财力等权限，制定激励与约束相容、责任与义务匹配的绿色税收政策，使得博弈参与各方达成共识，提高绿色税收政策的政治接受度。

4.1 绿色税收制度建设的紧迫性

我国素有地大物博的美誉，但是，各种自然资源的人均占有量远远低于世界平均水平，而近年经济增长和人口规模扩大加大了对自然资源的需求。由于技术水平制约、资源产权制度不完善，资源无价和低价使用等错误市场信号，使得资源利用效率不尽如人意，环境污染日益严重，严重制约了经济发展和人类生活质量的提高。推进绿色税收制度，发挥其特有的优势，合理、高效利用资源，保护环境已迫在眉睫。

4.1.1 森林保护不利，森林资源锐减

森林资源是林地及其所生长的森林有机体总称，主要以林木资源为主体。森林资源为人类生产和生活提供多种宝贵的木材、原材料及多种食品，而且是天然的空气调节器，能够保持水土、调节气候、减少或防止自然灾害、净化空气，繁育着多种多样的生物物种，保存着世界上珍稀的野生动物，是陆地上最大、最理想的物种基地和基因库，是陆地生命的摇篮，是人类的“绿色屏障”。令人遗憾的是，宝贵的森林资源由于人类活动，全球森林资源锐减。在历史上，森林曾经占陆地面积的1/9 以上。自从大规模的农业开垦，温带地区的森林植被遭到明显破坏，森林资源已减少 50%左右。2005 年全球森林面积为 39.52 亿 hm^2，占陆地面积（不含内陆水域）的 30.3%，人均森林面积为 0.62 hm^2，人均占有森林蓄积量为 71.8 m^3，单位面积蓄积量 110 m^3/hm^2。[①]

我国曾经是一个森林资源丰富的国家之一。在史前社会，我国森林覆盖率高达64%，到了清代，覆盖率下降到 30%，新中国成立初期，全国森林覆盖率下降到12.5%。[②]联合国环境规划署报告称，目前我国拥有森林面积 1.34 亿 hm^2，总蓄积量为 101 亿 m^3，居世界第五位；森林覆盖率仅为 13.92%，低于世界平均水平 14 个百分点，居世界第 104 位；人均森林面积为 0.11 hm^2，是世界平均水平的 11.7%；人均森林蓄积量为 8.6 m^3，是世界人均水平的 1/7。[③]从以上数据来看，我国森林资源非常贫瘠，属于世界上缺林少绿、生态脆弱的森林资源贫乏的国家之一。

4.1.2 水资源短缺，水污染严重

水是维系生命与健康的基本需求，地球有 71%的面积为水所覆盖，但超过 97%分布于海洋，是无法饮用的咸水，剩余的部分一部分是无法供人类利用的高山冰川、永冻地带的冰雪以及两极的冰盖，只有 2.5%的淡水资源能够供人类、动物和植物使用。

1972 年联合国人类环境会议提示，不久的将来，水资源危机将成为能源危机之后人类面临的又一个严重生态危机。1977 年联合国水事会议向世界提出水危机

① 联合国粮农组织（FAO）发布的《2005 年全球森林资源评估报告》。

② 天然林保护的对策研究课题组：《中国森林的变迁及其影响》，载《林业经济》2002 年第 1 期。

③ 中国森林资源网，http：//3gbuilder.mobc.cn/zgslzyw/index.action。

的问题。1995 年世界银行调查报告指出：世界上 80 个国家正面临着水危机，占世界人口的 40%。1992 年联合国环境与发展大会在里约热内卢召开，会议通过了《21 世纪议程》，再次指出，水是维持地球一切生命不可缺少的资源，而且是影响一切经济问题的关键问题所在。2012 年世界水资源报告指出：日益增长的食品需求、全球温室效应以及城镇化给全球供水造成越来越大的压力；到 2050 年，由于世界食品需求将增加 70%，从而使得农业用水需求至少增加 19%。据联合国预测，到 2025 年，全球将有 2/3 的人口可能面临中度至重度水资源紧张问题。从目前水资源总量及利用情况看，由水资源问题带来的洪涝灾害、干旱缺水、水生态环境恶化是最为突出的问题，水资源短缺问题将成为制约经济和社会发展的瓶颈。

我国水资源面临两大主要问题：①水资源总量短缺，利用效率低。2014 年全国水资源总量为 27 266.9 亿 m^3，人均可利用水资源量仅为 900 m^3，人均淡水资源占有量在世界上名列 110 位，仅为世界平均水平的 1/4，是世界上人均水资源贫乏的国家之一。②水污染严重。《2014 中国环境状况公报》公布的数据显示，污水排放总量从 2001 年的 432.9 亿 t 增加到 2014 年的 716.18 亿 t，主要污染物排放量有所下降，但排放总量仍然较大，具体数据见表 4-1。

表 4-1　2001—2014 年全国废水和主要污染物排放量

年度	废水排放量/亿 t			化学需氧量排放量/万 t			氨氮排放量/万 t		
	工业	生活	合计	工业	生活	合计	工业	生活	合计
2001	202.6	230.3	432.9	606.5	796.3	1 403.8	41.3	83.9	125.2
2002	206.1	232.3	439.5	583.0	782.9	1 366.9	42.1	86.7	128.8
2003	212.4	246.6	460.0	511.9	821.7	1 333.6	40.4	89.3	129.7
2004	228.1	261.3	482.4	509.7	829.5	1 339.2	42.2	90.8	133.0
2005	243.1	281.4	523.5	553.8	859.4	1 413.2	52.5	96.3	149.8
2006	240.2	296.6	536.8	541.5	886.7	1 428.7	42.5	98.8	141.3
2007	246.6	310.2	556.8	518.1	870.8	1 381.8	33.1	98.3	132.3
2008	241.9	330.1	572	456.6	863.1	1 320.7	29.7	96.3	127
2009	233.4	353.8	589.2	439.7	836.8	1 276.5	26.3	95.3	122.6
2010	236.5	379.8	616.3	433.8	803.3	1 238.1	26.3	95.3	120.3
2011	—	—	652.1	355.5	938.2	2 499.9	28.2	146.6	260.4
2012	—	—	683.6	338.5	912.7	2 423.7	26.4	143.7	253.6
2013	209.8	485.1	695.4	319.5	889.8	2 352.7	24.6	141.4	245.7
2014	—	—	716.18	—	2 294.59	—	—	—	238.5

注：表中“—”是由于各年统计口径不一致形成缺省数据。

数据来源：2005—2014 年中国环境状况公报。

与此同时，地下水资源状况也令人担忧，地下水污染较为严重。2013 年环境公报数据显示，我国地下水环境质量的监测点总数为 4 778 个，其中水质在良好以上的仅占 36.3%，较差和极差的占 59.6%。具体情况如图 4-1 所示。

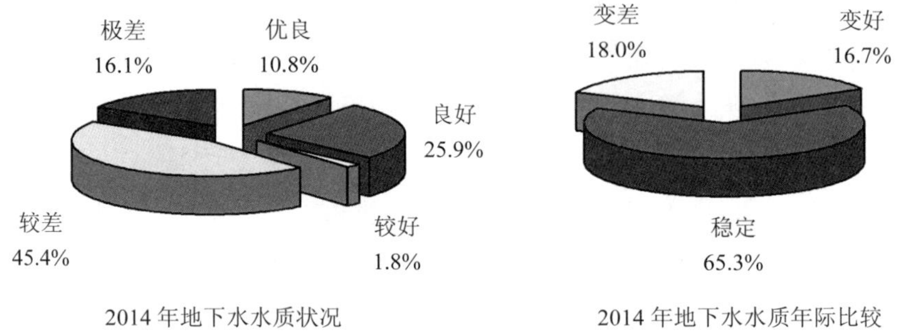

图 4-1　2014 年地下水监测点水质状况及年际比较

从经济发展和水资源利用情况看，我国水资源状况形势严峻，洪涝灾害、干旱缺水、水污染严重是我国水资源面临的主要问题，水资源短缺问题成为制约我国经济发展和社会发展的重要因素。

4.1.3　超标排放废气，大气污染严重

按照国际标准化组织（ISO）的定义，空气污染是指某些物质存在的数量、时间足够对人类及其他动植物造成不利影响，这些空气污染物往往是由于人类活动或自然过程形成后进入大气中，达到足够的浓度，持续足够的时间，危害人类健康和福利，破坏环境的现象。一般而言，大气污染源主要是工业生产排放到大气中的污染物，除此之外，生活炉灶、采暖锅炉、交通运输、火灾及其他特殊污染等渠道，都会产生大量的空气污染物，主要污染气体包括二氧化硫、二氧化碳、氮氧化物以及有机化合物等。

随着工业化和城镇化的发展，各种废气排放量日益增多，空气污染较严重。近几年，随着华北地区出现的大量雾霾天气，引发了社会对大气污染的广泛关注。表 4-2 和表 4-3 反映了进入 21 世纪后我国废气污染物的排放量情况。

表 4-2 2001—2010 年全国废气中主要污染物排放量 单位：万 t

年度	二氧化硫排放量			烟尘排放量			工业粉尘排放量
	工业	生活	合计	工业	生活	合计	
2001	1 566.6	381.2	1 947.8	841.2	217.9	1 059.1	990.6
2002	1 562.0	364.6	1 926.6	803.2	208.5	1 012.7	941.0
2003	1 791.4	366.3	2 158.7	846.2	202.5	1 048.7	1 021.0
2004	1 891.4	363.5	2 254.9	886.5	208.5	1 095.0	903.8
2005	2 168.4	381.0	2 549.3	948.5	233.6	1 182.5	911.2
2006	2 234.8	354.0	2 588.8	864.5	224.3	1 088.8	808.4
2007	2 140.0	328.1	2 468.1	771.1	215.5	986.6	698.7
2008	1 991.3	329.9	2 321.2	670.7	230.9	901.6	584.9
2009	1 866.1	348.3	2 214.4	603.9	243.3	847.2	523.6
2010	1 863.4	320.7	2 185.1	603.2	225.9	829.1	448.7

数据来源：2001—2010 年中国环境状况公报。

从表 4-2 可以看出，2001—2010 年，废气中二氧化硫排放总量逐年增加，其中，主要排放源来自工业排放，而且工业二氧化硫排放量由 2001 年的 1 566.6 万 t 增加到 2010 年的 1 863.4 万 t；生活排放量在逐年下降。烟尘排放总量小，幅度下降，工业粉尘排放下降幅度较大。

2011 年以后，废气污染物排放量统计的污染物口径有所改变，具体排放情况见表 4-3。

表 4-3 2011—2014 年全国废气中主要污染物排放量 单位：万 t

年度	二氧化硫排放量				氮氧化物排放量				
	排放总量	工业源	生活源	集中式	排放总量	工业源	生活源	机动车	集中式
2011	2 217.9	2 016.5	201.1	0.3	2 404.3	1 729.5	37.0	637.5	0.3
2012	2 117.6	1 911.7	205.6	0.3	2 337.8	1 658.1	39.3	640.0	0.4
2013	2 043.9	1 835.2	208.5	0.2	2 227.3	1 545.7	40.7	640.5	0.4
2014	1 974.4	1 740.3	233.9	0.2	2 078.0	1 404.8	45.1	627.8	0.3

从表 4-3 可以看出，2011—2014 年，全国二氧化硫排放总量呈逐年下降态势，其中主要排放源——工业源的二氧化硫逐年下降，而生活源的二氧化硫呈现小幅度增长，氮氧化物排放总量也在逐年下降。

从上述数据可以看出，废气中主要污染物的排放量虽然出现下降趋势，但排放总量仍然较大，全国城市环境空气质量不容乐观。2014 年开展空气质量新标准监测的地级及以上城市 161 个，只有 16 个城市空气质量达标（好于国家二级标准），占监测城市的 9.9%，其余的 145 个城市空气质量超标，占监测城市的 90.1%。从各指标来看，SO_2 年均浓度达标城市占比最高，达标城市占比为 89.2%，$PM_{2.5}$ 年均浓度范围达标城市比例最低，只有 12.2%，各项监测指标达标城市比例见图 4-2。

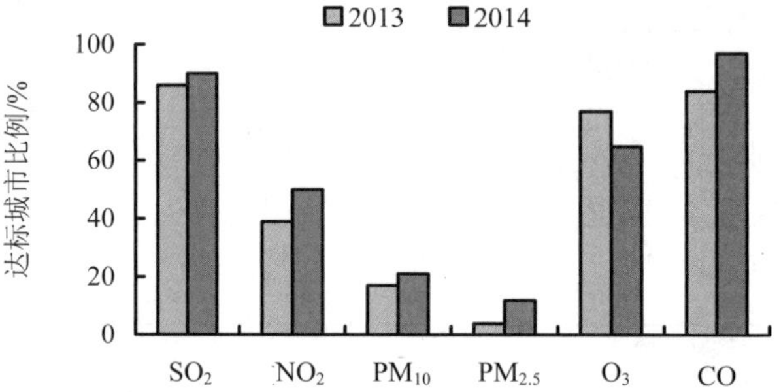

图 4-2　2014 年新标准第一阶段监测实施城市平均浓度和达标城市比例年际比较

由于二氧化硫和氮氧化物排放量的迅速增加，雨水的酸度越来越大。有“空中死神”之称的酸雨在全球范围内不断蔓延。我国酸雨范围不断扩大，酸雨频率提高。2014 年，在全国 470 个监测降水的城市（区、县）中，酸雨频率均值为 17.4%。出现酸雨的城市比例为 44.3%，酸雨频率在 25%以上的城市比例为 26.6%，酸雨频率在 75%以上的城市比例为 9.1%。2010—2014 年出现酸雨及酸雨的程度具体情况见表 4-4。

表 4-4　2010—2014 年全国出现酸雨城市的比例及酸雨程度　　单位：%

年份	出现酸雨城市比例	轻酸雨城市比例	重酸雨城市比例
2010	50.4	21.6	8.5
2011	48.5	19.2	6.4
2012	46.1	18.7	5.4
2013	43.4	15.4	2.5
2014	44.3	26.6	9.1

数据来源：2010—2014 年中国环境状况公报。

从表 4-4 可以看出，我国出现酸雨的比例在逐年下降，但出现重酸雨的城市的比重仍然很高，而且分布区域也很广。2014 年，全国酸雨分布区域集中在长江沿线及中下游以南，主要包括江西、福建、湖南、重庆的大部分地区，以及长三角、珠三角和四川东南部地区，酸雨区面积约占国土面积的 10.6%。

4.1.4　水土流失严重，土地资源日趋紧张

我国水土流失日益严重，全国水土流失面积约为 356 万 km^2，占国土面积 36.1%。水土流失造成每年流失的土壤总量达 45 亿 t，损失的耕地达 5 000 多万亩，平均每年减少 100 万亩。有 1/4 以上的国土荒漠化，草原出现严重的退化、沙漠化、盐渍化趋势。部分重要湿地退化，使得生物的生存环境受到影响，物种濒危程度加剧，生物多样性减少的趋势短时间内难以扭转，目前野生高等植物濒危数量约占 20%，遗传资源不断丧失。

由于污染排放量大，环境污染严重，超过了生态系统吐故纳新、自我修复的能力，人类活动对自然环境的冲击突破了生态阈值，导致自然灾害发生的频率增多。

环境污染和环境退化实质是由于人类活动未能尊重生态环境的运行规律，过分“以人类为中心”，人类经济活动索取资源的速度超过资源本身及其替代品的再生速度，向自然环境排放的污染物超过了环境自净能力。环境污染可以看作是人类从事经济活动所需付出的成本和代价。从经济现象看，私人经济活动要实现资源配置的净收益达到最大值，符合“帕累托最优”标准的要求，即在付出环境成本或代价时，追求尽可能大的收益。或者在取得一定收益时，付出环境成本或代价尽可能的小。从经济学的角度讲，这样的环境污染和环境退化仅仅是一种经济现象，而这种经济现象之所以演化为经济社会问题，主要是因为人类付出环境代价以后，社会资源配置却偏离“帕累托最优”状态的现象，环境污染并未实现资源配置的净收益达到最大值，未能实现边际社会收益等于边际社会成本。对于以“理性”为主要特征的市场经济而言，出现这样的问题的原因是制度失灵，环境保护制度设计未能嵌入到市场机制发挥作用，制度失灵主要包括市场失灵和政府失灵两种。

如前所述，由于环境问题存在明显的负外部性，通过绿色税收体系的建设，以税收的方式消除私人边际成本与社会边际成本的差异，使得环境的外部成本内化与生产过程，以税收的形式内化环境的外部成本，是解决环境保护问题的一种重要且

有效的途径。

4.2 绿色税收博弈关系

税收是公民为文明社会而支付的成本，从经济学角度看，是公众依照宪法精神享受国家提供的公共服务所必须支付的价格，政府运行源于税收，公共福利源于税收。税收制度的结构性调整带来的税收负担重新分配必然伴随着利益的冲突性，这种冲突是普遍存在的。绿色税收制度建设将遵循税收收入中性原则，这必将会推动税收制度结构的调整和税收负担分配格局的变化。绿色税收制度的设计实施过程中同样会牵涉相关利益主体，从而不可避免地产生博弈。

在市场经济条件下，各个利益主体的博弈行为建立在“个体理性行为”基础之上，理性的博弈参与主体将围绕各自利益最大化制定相应的策略。但是，“个体理性”不意味着“社会理性”，各方博弈参与人发生个体利益冲突，理性的博弈参与主体将围绕各自利益最大化制定相应的策略，为此，以市场机制为基础的博弈将以保证个体利益最大化为出发点，未必能实现“公共利益”以及“环境利益”最大化。

作为一个关系到整个国家经济发展、社会公平和生态安全的经济政策，绿色税收制度的设计必然要考虑公平和效率原则，考虑经济、社会、环境协调发展，兼顾眼前利益和长远利益，重视各博弈主体之间的利益平衡问题。换句话说，一个有效率且具可行性的绿色税收制度安排，必须是建立在环境税博弈参与各方达成共识，经过博弈后各个博弈主体大多数能够接受的均衡局面的基础上，才可能使不同利益主体在环境税上的财权、事权上权衡得到合理划分，合理确定涉税各方的税收负担，综合考虑环保部门和税务部门的征管权限，兼顾中央政府和地方政府的财力等诸多因素，制定激励与约束相容、责任与义务匹配的绿色税收政策，有效地疏导各方意愿，提高绿色税收政策的政治接受度，为我国税收制度绿色化改革奠定基础。

4.2.1 绿色税收博弈主体及其偏好

制度是人们在长时期互动过程中形成的，是参与者重复博弈的“合作解”。税收博弈是税收相关各方基于税收这一经济利益而发生的相互作用过程中的一系列决策与决策均衡问题。在博弈论中，政府制定的税收政策是否有效，关键在于其能否让博弈各方受益，是否会实现帕累托改进的“纳什均衡”。

如前所述，税收是各级政府正常运行的主要经费，公共产品及公共福利源自税收，公民权利的保障也源自税收，为此，形成了围绕税收利益为核心，追求各个利益主体利益的均衡。一般而言，税收博弈主体包括国家、各级政府、社会及个人。国家、各级政府（中央与地方政府）、征收管理部门和纳税人作为对弈的“局中人”，在税收博弈过程中，所处的位置不同、角色不同，其行为特征及偏好存在较大差异。政府在博弈过程中负责制定规则，行使征收权，国家征税的目的是满足社会成员获得公共产品的需要，国家凭借政治公权征税。国家在制定绿色税收规则时，以追求各方都能接受的税收公正为目标，但不排除国家适应经济宏观调控或社会矛盾调和等统筹考虑，会以牺牲某些行业或者局部地区或眼前利益为代价。从政府内部涉税的各个部门看，包括税务部门、财政部门等，它们要依法执行国家制定的规则，保证税收制度能够有效实施。从税收征纳的视角考察，税收博弈所追求的税收公平的程度，取决于政府制度的效力和管理张力以及纳税人理性的税收遵从，即纳税理性以纳税人照章纳税为基本取向。但是，在现实生活中，纳税人作为纳税法律主体，基于利益驱动，其行为介于遵从和不遵从之间，遵从或不遵从取决于风险与收益抉择，因此，并不排除纳税人以预期利益最大化目标引领下的轻度越轨行为。当然，这种轻度越轨是以其可承受风险为底线。因此，税收管理既没有绝对的公平也没有纯粹的遵从，因而征纳博弈不可避免。

绿色税收制度的推进会涉及多个利益主体，从所涉及的层面看，包括政府部门、征收部门和社会公众。在政府部门层面，包括政府内部中央政府、地方政府。从征收部门看，包括环保、税务、财政等相关部门。从社会公众层面看，不仅包括生产者、消费者，还涉及广大的民众。绿色税收之所以包括广大公民，原因是环境是民众生存最基本的需求。各方主体之间利益冲突的均衡对绿色税收政策的实施具有重大影响。绿色税收制度的建立实施可以看作绿色税收涉及各方主体之间关于税收利益的确定、分配、转嫁、归宿等的博弈。

由于中央政府、地方政府、企业、公众、环保部门、税务部门、财政部门等多方利益主体在内的博弈各方对绿色税收表现出不同的利益偏好，从而使得多方利益主体为实现自身的目标函数，采取了不同的行动策略，展开绿色税收博弈活动。

4.2.2 中央与地方的博弈及均衡

政府作为环境保护和资源保护的主体，是保护环境、发展经济和增加社会福祉等宏观领域的“导航手”。政府推行绿色税收制度，实质上是一种利益协调和相互制衡机制的安排，目的是促使政府、征收管理机构和民众的利益通过改进或妥协后，取得总体效益最大化的结果，增加全社会的总福祉。也就是说，绿色税收涉及的政府纵向利益主体是中央政府和地方政府。从利益偏好看，中央政府以经济发展、环境质量改善、社会和谐稳定为目标函数；地方政府以本地区经济发展、环境治理的资金投入、环境质量监控、地方政府本级财政的收支状况、辖区的社会和谐等区域利益为目标函数。

中央政府追求全局利益最大化，追求国家整体经济发展、整个社会和谐进步和环境治理的最优。为此，中央政府的博弈策略是从宏观角度调控经济、社会和环境的协调可持续发展，转变经济发展方式，培育绿色税收的税源并对其进行合理划分，确定税收管辖范围以及中央与地方共享税收比例，合理划分中央、地方政府在绿色税收的权利和义务，明确支出责任。确定政府部门内部相关利益主体之间的绿色税收的权利和义务，并采取措施提高政策的执行力，对下级政府的非法获益行为进行限制等，在保障地方政府追求合法利益的同时，保障中央政策目标在地方政府辖区内得到有效落实，引导地方政府注重本辖区实得财力以及环境治理投入，优化资金结构，促进地方经济、社会和环境发展。

中央政府与地方政府在绿色税收征收过程中的博弈，其核心问题是环境保护责任的划分和绿色税收收入财权的分割问题。总体而言，环境保护既是中央政府的责任，也是地方政府的责任。但是，在现实中，不同层级政府在协调发展经济与环境保护方面的效率存在较大差异。各级政府在环境管理中各自应扮演何种角色，中央政府和地方政府的环境保护责任应如何分配，绿色税收的收入如何划分等，成为绿色税收制度建设过程中中央政府和地方政府博弈时需要权衡的问题。与中央政府相比，地方政府更接近民众，更了解管辖内公民的需求和行为偏好，对区域内资源分布、利用和配置也更为有效。而环境问题也具有一定的地区性，因此，地方政府辖区内环境保护工作，应由地方政府负主要责任。但是，由于我国区域经济发展不均衡，东部地区随着经济的高速发展，环境压力日益增大，同时，居民对高质量环境需求的增加，其环境规制水平也在不断提高，为此，地区间环境规制的差别导致区际产业转移，尤其是高能耗、高排放的污染类“夕阳产业”会转移到欠发达地区，中西部地区成为污染产业的避难所，个别地方政府将发展经济、招商引资当作为政大事，不排除其采取其他手段来降低绿色税收对企业所带来的经济损失的可能，违背绿色税收的初衷。另外，环境问题更具有全局性，它不仅需要各级地方政府的配合，更需要中央政府解决跨区域的环境问题，解决环境污染的跨境问题，因此，中央政府应负担环境保护和污染治理的全局性问题，解决国际环境争端问题。从上述分析可以看出，环境保护和污染治理是中央政府和地方政府的共同责任，将绿色税收收入交之于地方，有可能产生新的不公平，也会降低绿色税收的效率，并出现绿色税收框架下新的“公地悲剧”。鉴于此，中央政府与地方政府在绿色税收实施过程中应采取“合作博弈”，强调地方政府对区域环境监督、污染处理的法律责任。将全局性的环境污染预防、治理和生态补偿赋予中央政府承担，通过科学界定各级政府的环境保护的支出责任，确定绿色税收收入的划分。

4.2.3 政府与征管部门的博弈

绿色税收涉及的政府内部横向利益主体是税务机关和财政部门等。在既定的绿色税收政策的法律体系下，税务机关依法贯彻落实绿色税收政策，实现政府推行绿色税收的政策目标。税务部门的目标函数是绿色税收收入的实现、征管效率的高低、纳税人的遵从度等，财政部门则要考虑平衡不同财政需求，促进财政政策目标的实现。税务机关等绿色税收执行者的行为选择需要权衡其效用，做出有利于目标函数实现的决定。

由于财政部门实施博弈的过程滞后，需要绿色税收征收完成后，交由财政机关按照政府预算安排方可实现，为了研究问题的需要，我们暂不考虑财政部门的博弈策略，而仅仅选择政府和税务机关两个博弈主体进行分析。假定政府和税务机关都是理性的经济人，实现自身效用最大化是其行为选择的前提。

分析假设：政府的绿色税收政策得到贯彻落实，对税收政策执行主体的行为的监督检查的概率是确定的，税务机关和政府的行动（结果）分别用下列符号表示：

R——税务机关依法履约、依法治税获得政府的激励报酬；

r——税务机关获得的绿色税收政策贯彻落实活动的额外收益；

L——税务机关需要付出的运行成本；

Q——政府检查成功的概率；

μ——税务机关不作为或不完全作为的偷懒行为取得的额外收益；

C——税务机关违背契约的不作为或不完全作为承担的执法风险；

M——政府监督检查的概率。

我们可以通过博弈树来反映政府与税务机关的博弈情况，本书采用支付矩阵的图示来加以说明，具体情况见图 4-3。

税务机关

政府	状态	努力	不努力
	监 督	$R+r-L$	$R-L-CQ$
	不监督	$R+r-L$	$R-L+\mu$

图 4-3　政府部门内部博弈支付矩阵

从图 4-3 可以看出，政府和企业博弈双方的策略集合表现为以下情形：

假设政府的行动集合为监督和不监督两个博弈策略，税务机关的行动集合为努力和不努力两个单纯的策略选择。在政府监督检查一定时，税务机关选择努力和不努力实现税收政策的效用分别是 $R+r-L$ 和 $R-L-CQ$。当政府不进行监督检查时，税务机关选择努力和不努力实现税收政策的效用则分别是 $R+r-L$ 和 $R-L+\mu$。

在政府执法检查概率一定的情况下，税务机关的最优选择为依法治税，这时税务机关努力工作的效用应不小于偷懒时的效率，据此我们得到如下关系式：

$$M(R+r-L)+(1-M)(R+r-L)\geqslant M(R-L-CQ)+(1-M)(R-L+\mu)$$

由上式整理得出：$M\geqslant(\mu-r)/(CQ+\mu)$

这样，只要政府监督检查的概率满足以上条件时，税务机关在博弈中就会选择遵从绿色税收政策，努力实现政府的政策目标。否则税务机关就会偷懒，扭曲政策的既定目标，从而侵害了政府的利益。

在政策执行过程中，以上博弈是在不断重复中的，所以这是一个无限重复的动态博弈过程。因此，除了上述的影响因素外，其博弈结果还受到如政府监督检查的成本和违法行为对税务机关的声誉造成的损失等因素的影响。

从上述等式中可以看出，在短期内税务机关努力的概率和执行政策所得到的激励报酬、执行政策所获得的额外收益和不作为所得到的额外收益是密切相关的。由此可以通过提高执行政策所得到的激励报酬、提高执行政策所获得的额外收益和降低不作为所得到的额外收益等手段来促使税务机关贯彻执行政府的税收政策。

在长期的重复博弈过程中，违法行为对税务机关的声誉造成的损失对博弈结果的影响是巨大的。因为在长期重复博弈中，信誉风险成本的存在直接增加了税收机关偷懒行为的成本损失。只要税收机关有足够的耐心，其行为选择会更倾向于努力实现政策目标，税收机关的依法行政将成为每一个博弈阶段的均衡结果。

通过以上分析，可以得出结论：对于税务机关的偷懒行为，政府应当执行严厉的监督与惩罚措施，加大税务机关违规行为的风险成本，从而使税务机关依法治税成为每一个博弈阶段的均衡结果。

4.2.4 政府与企业的博弈

绿色税收制度的建立，必然打破原有的税收负担分布格局，产生企业与政府之间由于绿色税收征纳的博弈关系。

在绿色税收的制度引导下，企业的价值取向决定企业内部的生产绩效与绿色税收成本的博弈，取决于政府绿色税收征收强度对纳税不遵从带来的税收冲击，企业在绿色税收形成的绿色税收成本与绿色税收违章风险的权衡，取决于企业对绿色税收风险的大小及风险承受程度。

在完全竞争经济条件下，假定每一个企业都是“理性的”，政府和企业作为博弈双方的信息是对称的、完美的，因此，该博弈也是一个完全博弈。当政府在制定相应的具有绿色税收性质的相关政策之后，绿色税收无疑对企业产生了税收冲击，成为企业的外生成本，企业必然要针对绿色税收成本占自身生产成本的比重做出博弈决策：遵守还是不遵守、纳税还是不纳税，并执行其相应的对策。而政府也会根据企业对绿色税收的不遵从程度做出博弈决策：惩罚还是不惩罚。若以 T 表示绿色税收，以 R 表示企业收益，奖励费用为 M，税务违章罚款为 F，以 E 表示偷税，T_1 是企业偷税对企业追加的税款和罚金，政府与企业的博弈情况如图 4-4 所示。

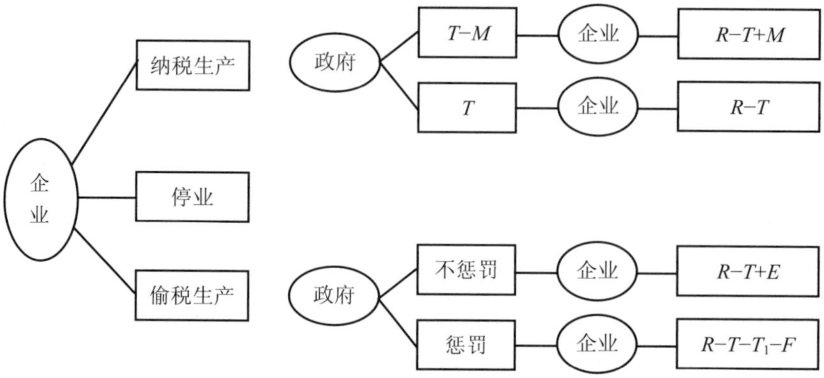

图 4-4　政府与企业博弈支付矩阵

在政府与企业完全博弈中，企业对政府实施绿色税收的博弈策略选择大体有 3 种：纳税生产、停业、偷税生产。

若政府征收的绿色税收 T 远远小于企业收益 R，则企业一般会理性地选择“纳税生产”。若政府绿色税收为 T，企业税后收益为 $R-T$，若政府给予企业奖励 M，则政府收益减少，收益为 $T-M$，而企业成本减少，税后收益为 $R-T+M$。如果政府征收的绿色税收 T 比重较高，企业绿色税收成本过重，企业则采取两种行动策略：停产或在逃避绿色税收状态下生产，停产则博弈结束。若企业逃避绿色税收，政府采取的行动策略有两种：惩罚或不惩罚。政府采取不惩罚博弈策略，则企业获得的收益为 $R-T+E$，若纳税额与逃避纳税金额相等，则企业收益全部归企业所有。若政府采取惩罚策略，则企业获得的净收益为 $R-T-T_1-F$。但在完全博弈论下，企业和政府之间的信息是对称的，企业必然受到处罚，企业的损失要大于纳税生产下的企业收益 $R-T+M$，企业最终的最优策略是纳税生产。

政府对企业污染环境的行为有制定环境政策、进行监管的权力和责任，可以采取规制和检查等手段加以监管；同时，政府在环境税收规制过程中还不得不考虑企业的实际承受力，政策的制定不能限制企业的发展，削弱其核心竞争力，从而影响整个经济的发展速度。因此，政府的策略是：确定合理的环境税收负担，明确科学的税种、课税对象、税基、税率以及有效率的税收征、管、查方式和法律责任等。对企业而言，在没有政府监管的状态下，为追求自身利益最大化，企业将选择牺牲环境而不会主动增加环保投资，以谋求降低生产成本，在市场竞争中占据有利位置。在政府有监管并实施环境税制的情况下，企业的策略是：减少自身既得利益的“损失”或经济行为的成本，谋求个体成本最低、损失最小、利益最大。因此，纳税人更加关注绿色税收的征收对其税收成本的影响，关注如何降低税收负担、增加企业利润，以企业财务收益最大化为目标函数。

消费者和公众更为关注绿色税收对其生活质量及生活成本的影响，关注的是绿色税收对其税负的高低和可支配收入的影响，关注洁净的环境以及环境改善对自身健康的影响等。

4.3 绿色税收风险分析

《中华人民共和国环境保护税法》（以下简称《环境保护税法》）已于 2016 年 12 月 25 日第十二届全国人大常务委员会第二十五次会议通过，2018 年 1 月 1 日起施行。这昭示着我国环境税即将进入征收阶段，以环境税为主的税收制度生态化改革步伐加快。为了顺利推进税收制度生态化改革，保证环境税的开征能够达到预期的目标，眼前必须充分分析环境税征收管理面临的挑战，并事先给出预案和应对措施，选择切实可行的方案，以保证取得预期的成效。

4.3.1 经济风险

在传统的经济增长方式下，私人厂商的生产成本只反映企业内部物化成本，未考虑环境外部成本，造成企业成本补偿不足。开征环境税后，环境产品作为生产要素，内化于企业生产过程，成为生产成本组成部分，产品成本增加，价格上涨，消费者工资报酬下降，从而使我国消费者的实际购买力降低，抑制消费需求增长。社会消费需求不足和产品生产成本提高，生产企业利润下降，企业投资积极性下降。我国出口产品的最大优势在于产品劳动力和环境资源成本低，出口产品价格便宜，具有价格优势而具有竞争力。征收环境税对投资、消费和出口都有不利影响，从而影响经济发展。从欧盟经验看，在每吨碳征收 5 美元和 10 美元条件下，征税后第一年 GDP 分别下降 0.4%和 0.9%。作为发展中国家，我国在进行税收制度生态化改革时要权衡经济发展与环境治理的关系，贯彻“人与自然和谐发展”，在环境阈值的约束下，发展经济，避免以环境资源为代价换取短期经济繁荣。在经济新常态下，经济发展要换挡稳步前行，保持适当的经济增长速度，减缓能源和资源的过度消耗，减少污染物排放，使得税收制度生态化改革与经济转型有机结合，减缓环境税对经济带来的冲击。

4.3.2 制度风险

根据财税〔2011〕110号文件规定，我国“营改增”力争在“十二五”期间将改革逐步推广到全国范围，随着“营改增”落下帷幕，地方税体系建设凸显紧迫。我国地方税源与地方经济增长密切相关，地方税收收入与GDP之间存在高度相关性，对地方政绩考核，GDP增长是重要的指标，因此，地方政府具有天然的追求GDP增长的动力。所以，环境税在现实中有可能被地方政府作为区域间税收竞争手段，即地方政府不惜以环境换取经济增长，以获得资本与劳动力等流动性要素，刺激地方GDP增长，削弱了环境税固有的功能，并形成“超额负担”。从财税的角度看，实现环境与地区经济协调发展，要构建科学的、合理的地方税体系，使地方财力与经济发展、环境建设、人力资本、资源配置、社会发展等多重变量相联系，缓解地方财力与GDP水平高度相关的现状，避免或减少地方税收竞争，并赋予地方一定的税收管理权和税收收益权，保证环境税能够在全国各地得以落实，避免过度的税收竞争，使得地方政府环境保护的财力与事权相匹配。

4.3.3 通货膨胀风险

有资料表明，我国1 t煤燃烧会释放2.6 t二氧化碳和8.5 kg二氧化硫。开征环境税后真正带来税负变化的是对二氧化碳征收的环境税。因此，按照拟定税率可使每吨煤额外增加26元的税收负担，若煤价以每吨700元计算，煤炭价格将提升3.71%，按煤炭成本占电价的40%计算，则电价提升1.5%（这里暂不考虑煤炭和电的管制问题），按照我国新的消费者物价指数（CPI）构成可知，对二氧化碳征收的环境税最终可能使CPI大致提升0.035个百分点。若将资源税改革、环境税改革两者结合起来，即在资源税改革的基础上再征收环境税，将使煤炭的税负明显增加。假设资源税按照5%的比例税率，煤价以每吨700元计，则资源税改革使煤炭价格上升35元，加上碳税26元，两者使煤价因税负增加而提高61元，即煤炭价格的8.71%。同样地，按照上述方法，可使CPI大致提升0.07个百分点。应对因改革而带来的物价上升使居民消费福利下降的影响，可通过财政转移性支出，如价格补贴或社会保障措施等方式加以弥补，加强低收入人群抵御通货膨胀冲击的能力。

4.4 绿色税收博弈关系的协调

建设面向未来的、可持续发展的绿色税收体系是一项艰巨的、系统的工程，这一过程中必须把握好以下几个原则。

4.4.1 保护环境资源与经济增长的关系

欧盟税收制度生态化改革本意是保护环境，但为了不影响工业巨头的利益以及本地区产品的国际竞争力，欧盟各国在对税收制度进行生态改革的同时，对企业纳税人或特定行业增加了税收减免和返还优惠。和环保目标相比，欧盟各国将经济竞争力看成是第一位，不愿因为环境保护而牺牲了经济上的利益，欧盟税收制度生态化改革的经验及政策抉择给我国的启示值得我们去深刻思考。

我国作为发展中国家，保护环境必须处理好长远利益和眼前利益的关系，要循序渐进地发展生态经济，做到保护环境与发展经济相协调，既不以牺牲生态环境为代价刺激经济的短期增长，也不以牺牲经济增长为代价求得生态平衡。第一，发展经济不能以环境为代价。尽管开征生态税会增加企业的成本，但经济发展与环境发生冲突时，要优先考虑环境。第二，生态税收要适度地顾及对经济的负面影响。因此要求生态税立法者科学地设置纳税主体、课税客体、税基以及税率，科学设立环境税的税收优惠政策，保证整体税收负担的科学性，并合理分配不同纳税人以及不同经营行为的税负，发挥税收保护环境的导向作用。

4.4.2 总体税负不变与税负合理转移的关系

进行税收制度生态化改革，不能过分地提升国家总体税负水平，要注意保持纳税人的总体税负基本不变，税收制度生态化改革保持“收入中性”，以不抑制经济发展为基础，不能不切实际地期望作为发展中国家的我国与发达国家齐步走，过早过快地迈入收入型生态税制。近期税收制度生态化改革应以调控为主，聚财为辅。

可行的途径是“调结构”，即通过调整优化税制结构、“绿化”税收政策等措施，促进我国环境与经济协调发展。同时，还需制定一些必要的过渡性政策，进一步化解少数产品和行业因税负上升所带来的不利影响。生态税制建设要注意保持宏观税负基本不变，调整不同微观经济主体现有的税负水平。

4.4.3 环境税税负与环境污染控制的关系

环境税的征税对象应当是对生态环境造成污染破坏的行为或产品，税率将根据市场主体对环境污染的程度，将其外部成本内部化，通过合理设置税率，将外部成本内化到市场价格之中，贯彻“谁污染，谁缴税”的原则。

按照“污染者付费”原则确定纳税主体以后，最为关键的问题是确定税率。税率是税收制度的核心要素，它反映了课税的深度，确定生态税制的税率，需遵循税负与污染排放相适应的原则，对污染治理、防治项目实行零税率，对轻度污染的商品与行为实行普通的税率，对污染严重的物品和行为课以重税，使环境税的税率调整与环境污染水平以及环境治理费用有机结合。在开征生态税的初期，税率应适中偏低，以提高税收制度生态化改革的公众接受度，并随着环境污染及保护环境等多方面因素，建立税率调节机制。

第 5 章

绿色税收的原则

尽管绿色税收的开征会产生利益各方的博弈，政府对绿色税收相关法律法规的决策需要考虑各方的利益均衡问题。但是，绿色税收作为税收体系中的组成部分，其制度建设需要遵循税收制度建设应共同遵循的原则，更要斟酌绿色税收制度运行特有的内在规律，方可保证绿色税收制度的政治层面的可接受性、征管层面的可操作性，以最优的绿色税收制度选择达到预想的目标，因此，绿色税收的基本原则是绿色税收制度建设的关键问题。

税收原则是政府在税制建设及税收政策运用应遵循的基本准则。从我国漫长的发展历史追溯，税收原则的思想萌芽于先秦时期提出的平均税法的朴素思想，根据当时社会经济状况，将土地划分为不同等级，分别设计不同税负分别征税。春秋时期的政治家管仲则更明确提出“相地而衰征”的税收原则，按照土地的肥沃程度来确定税负的轻重。

西方国家关于税收原则的研究和运用要比我国深入。在 16 世纪的重商主义时期就已提出了比较明确的税收原则，具有代表性的是重商主义后期的英国经济学家威廉·配第（William Petty）提出的税收三原则：“公平、便利、节省”。威廉·配第的税收三原则对税收原则具有深远的影响。之后，亚当·斯密系统、明确地提出了税收四原则，即“税收公平原则、税收确实原则、税收便利原则、税收节省原则”。此后，税收原则的研究不断得到补充和发展，其中影响最大的是阿道夫·瓦格纳提出的“税收四方面九原则”，即财政原则（包括充分原则和弹性原则）；国民经济原则（包括税源的选择原则和税种的选择原则）；社会公正原则（包括普遍原则和公平原则）；税务行政原则（包括确实原则、便利原则、最少征收费原则即节省原则）。瓦格纳的税收九原则是对税收原则的全面总结，是税收的集大成者。在现代西方财政学中，通常又把税收原则归结为“公平、效率、稳定经济”三原则。

关于税收原则的提法还有许多，但影响最大的当属上述3个代表人物提出的税收原则。他们所提出的3种税收原则理论，代表和反映了3个不同时期对税收的认识，基本展示了税收原则理论发展和完善的脉络。

建设资源节约型和环境友好型社会是我国国民经济与社会发展中长期规划。它为建设我国绿色税收体系指明了方向：立足于我国现实国情，构建具有中国特色的绿色税收体系，节约自然资源、保护生态环境，以促使我国经济健康、快速地发展。具有中国特色的绿色税收体系要着力促进资源节约和环境保护，支持建设节约型社会和发展绿色经济，从统筹资源、环境和社会经济协调发展的高度出发，制定和实施有利于资源合理开发和环境保护的税收政策，减少污染，强化社会节约意识，鼓励资源循环利用。

从我国环境资源现状和可持续发展战略要求看，我国绿色税收在以下两个方面应发挥作用：①鼓励那些保护环境、节约资源的经济活动健康发展；②限制那些损害环境、浪费资源的经济活动，以尽可能小的资源消耗和环境代价取得最大的经济产出，实现经济、环境和社会效益相统一。根据上述各项税收原则的内容，结合目前经济、社会、环境协调发展的需要，我国税收制度绿色化改革应基于税收理论和实践的发展，从社会、经济、环境、财政、管理等方面要求，绿色税收制度建设应遵循“法定、公平和效率”三原则。

5.1 绿色税收的法定原则

所谓税收法定原则，是指税收法律关系主体的权利和义务必须由法律进行规定，如果没有相应法律作前提，国家则不能征税，公民也没有纳税的义务。这是现代法治主义在课税、征税上的体现。它要求税法的规定应当确定和明确。税收法定原则使经济生活具有法的稳定性，同时也使经济生活具有法的可预见性，以充分保障公民的财产权益。

党的十八届三中全会审议通过的《中共中央关于全面深化改革若干重大问题的

决定》中提出了落实“税收法定原则”。这是我国在党的文件中首次明确提出税收原则中最为根本的原则。税收法定原则贯穿于税收的各个环节，包括税收立法、执法和司法在内的税收活动，均应遵循税收法定原则。

5.1.1 税收法定原则的发展历程

税收法定原则是税法中一项十分重要的基本原则。古希腊是西方文明的发祥地，是现代法治的精神摇篮。早在古希腊时期，就有“法治”和“人治”的争论。古代西方伟大的思想家亚里士多德认为，“人治”中的“人”，即使是聪明智慧的，也会因其有感情而产生不公道，致使政治败坏，而通过法律进行的治理可避免这种缺陷[①]。而法律进行统治是最好的统治，法律是没有感情的智慧，能够规避人的感情因素带来的不公平，具有“人治”所做不到的公正、公平的特点。人的所有活动都是为了“善”，也就是全体公民的公共利益，因为追求“善”而追求公平和平等，因为追求公平和平等，所以主张法治。由此可以看出，关于“人治”和“法治”的争论，主要表现在尊重法律与尊重智慧的争论，是法律统治与智慧统治之间的相互关系及优劣良莠的比较。在西方，随着经济社会的发展，法治思想意识占据上风，并通过法典及其他媒体影响着后世。

税收法治原则肇始于英国，现已为当今各国所公认，其基本精神在各国宪法或税法中都有体现。在欧洲中世纪时期的英国，当时封建社会实行“国王自理生计”的财政原则，国家的税收主权掌握在君主手里，征税权是君权的组成部分，税收的课征和减免，均以君主的命令为依据，同时，王室及其政府支出的费用由国王负担。由于英国王室支出增加和战争经费的增长，来源于王室地产的收入、王室的法庭收入、贡金等国王收入难以维持支出的需要，出现财政拮据，为了缓解财政上的紧张局面，国王开辟财源，采取诸如借款、出卖官职、征税等手段来增加自己的收入，议会与国王之间的矛盾逐渐产生。这种矛盾主要体现为封建贵族和新兴资产阶级与国王争夺课税权的斗争。1215 年，在双方的斗争中，国王被迫签署了《大宪章》。该《大宪章》对国王征税问题做出了明确的限制，规定“若非依据朕国一般评议会统一，在朕的王国中不课征一切楯金或援助金”。这正是“无论何种负担均须得到

① [古希腊]亚里士多德：《政治学》（吴涛彭译），上海：商务印书馆，1981 年版，第 163～172 页。

被课征者的同意”，由此可窥视到税收法律主义的萌芽。[①]1225 年，《大宪章》重新修订，在重新修订的《大宪章》中补充了御前大会议有权批准赋税的条款，明确了批税权的归属。1628 年的《权利请愿书》进一步呼吁臣民“非经国会同意，得有不被强迫缴纳任何赋税、特种地产税、捐献及其他各种非法捐税之自由”，而国王“非经国会法案共表同意，不宜强迫任何人征收或缴付任何贡金、货款、强迫献金、租税或类似负担”，税收法定原则进一步强化。1689 年的《权利法案》更加明确规定：“非经国会同意不得征税”，至此，近代意义上的税收法定原则确立。

1775 年，北美独立战争爆发，起因是北美殖民地不堪忍受大不列颠王国的种种重税。在战争中，打出了“不出代议士，不纳税”的口号。1776 年的美国《独立宣言》，宣布成为自由独立的合众国的同时，历数了英国殖民者在北美吞食当地民脂民膏、强迫征税，造成北美的萧条。1787 年，美国出台的《美利坚合众国宪法》规定了国会在征税等方面的权力，强调“征税法案应由众议院提出”。1789 年，法国大革命后，制定了《人权宣言》，强调“征税法案应由自己或其代表，决定税收有无必要而自由认定……”由此可见，税收法定原则是伴随着资产阶级革命胜利的步伐不断得以确立和完善的。在英国《大宪章》和《权利法案》、美国《独立宣言》和《美利坚合众国宪法》、法国卢梭的《人权宣言》的引领下，欧洲和全世界逐渐形成 “无代表，则无课税”的税法基本原则。其基本理念是凡是课税事项须通过宪法程序将其制定为法律，作为课税的依据，法律均应由国民全体所推出的代表制定，确保课税权力归属国民全体，合于法律规定的课税要件时才能课税，否则，不能课税。

5.1.2 绿色税收法定原则的内容

税收法定原则作为宪法的原则，贯穿税收立法和执法的全部领域，其具体内容包括税收要件法定原则和税务合法性原则。税收制度的建立和税收政策的运用，应以法律为依据。法定原则的内容包括实体要素法定和程序规范、法定两个方面，税收实体要素法定要求征收内容明确、确定，即征税内容法定，也就是说税收法律要件法定；税收程序规范，法定要求税收立法程序、执法程序以及司法程序都要遵循

① [日]金子宏：《日本税法原理》（刘多田等译），北京：中国财政经济出版社，1989 年版，第 48～49 页。

法定原则。因此，绿色税收法定原则应包括以下内容：

（1）绿色税收要件法定。税收法定要件法定原则是指有关税收制度构成要件，包括绿色税收的各个税种的纳税人、征税对象、税率、纳税环节、纳税地点等必须以法律形式加以规定，并且关于绿色税收制度要素的规定必须尽量明确、确定，便于纳税人和执法机关遵照执行。

（2）绿色税种法定。即国家对其开征的任何税种必须由法律予以规定，一个税种必定与一个税收实体法规定对应。没有该税种法律规定，征税主体没有征税权力，纳税主体不负缴纳义务。税种法定是发生税收关系的法律前提，是税收法定原则的首要内容。绿色税收是一个集合概念，它涉及生产经营和社会生活等各个领域，是针对有关环境保护激励和环境污染惩戒的各个税种的总称。绿色税收制度构建过程中，应根据国家经济社会环境协调可持续发展需要，按照法定程序，选择合适时机，循序渐进地设置有关绿色化税种，绿色税收的各个税种必须法定，方可在现实中得以贯彻执行。

（3）绿色税收制度要素法定。税收要素法定是解决国家征税权与公民财产权之间的冲突应遵循的原则。在国家征税权与公民财产权的冲突中，国家凭借政治力量处于优势地位。如果不对国家该权力予以必要法律约束和限制，势必会造成对公民财产权的侵害。为此，在各个民主法治进程中，各民主国家都通过国家或相关国家权力机构制定相应法律对国家税收的法律要件予以规制。税法构成要件是纳税义务成立的要件，也就是说，课税要件的满足是纳税义务成立的法律效果的法律要件。绿色税收构成要件法定是国家有效征收绿色税收必备的条件。只有在绿色税收构成要素法定的情况下，国家才可以征收绿色税收，绿色税收才具有“可税性”。与其他税种相同，绿色税收的各个税种征税要素的变动都应按照相关的法律规定进行。绿色税收制度要素包括环境税的纳税主体、征税对象、税率、纳税环节、纳税期限、纳税地点、税收减免税等税收法律责任等内容。这些税收要件必须由法律明确加以规定。绿色税收要素是绿色税收法律关系得以具体化的客观标准，是其得以全面开展的法律依据，是绿色税收法定原则的核心内容。

在绿色税收构成要件法定原则下，要求课税要素具有确定性，即绿色税收制度要素要明确，这一原则是从要件法定主义繁衍而来的。课税要件法定就必须要求课税要件明确。在绿色税收法律法规中，凡是有关绿色税收的构成要素和征税程序的规定，必须尽量明确而不出现歧义，避免行政机关的越权行为。

5.2 绿色税收的公平原则

公平是人类发展过程中追求的永恒理想。从某种意义上说，历史的前进、社会的进步就是一个人类向往公平、追求公平的动态过程。税收公平是公平范畴中的重要组成部分。税收作为重要的经济杠杆，在调控宏观经济运行、促进国民收入分配与再分配方面发挥重要作用，与社会经济生活各领域密切相关，并对经济运行、社会发展和政治稳定产生巨大影响。从整个社会系统看，税收公平与否，直接影响市场的经济公平和社会公平，进而对社会的整体公平乃至社会稳定产生重要影响。

从税收领域看，税收公平是保证税收制度正常运转的必要条件。国内外的税收史实证明，很多社会矛盾、社会动荡乃至政权更迭，都缘起于极不公平的“苛税”政策。

经济、社会、环境的可持续发展的核心就是公平原则。税收公平原则是税收最高原则之一，因此，公平原则也是我国税收制度绿色化改革的首要原则。

5.2.1 税收公平原则的理论渊源

税收公平原则最早其实是一种财税思想。从理论溯源来看，英国古典政治经济学威廉•配第在其税收三原则中第一次提出了“公平原则”，并将其作为税收的首要原则。继威廉•配第之后，德国新官房学派的代表人物尤斯第在其六项税收原则中提出了“平等课税原则”。萨缪尔森提出了“公平合理”原则，认为政府既要考虑利益原则，又要考虑牺牲和再分配的原则，应注意横向和纵向公平；马斯格雷夫对亚当•斯密以来所有的税收原则进行了总结，并提出了六项原则，其中第一项便是税负分配应是公平的。

税收公平原则是税制建设必须遵循的首要原则，这已经成为人类的共识。但如何衡量公平，不同的时期、不同的学术流派的标准各异。其中，“税收利益交换说”和“税收支付能力说”是具有代表性的两个衡量标准。

“税收利益交换说”认为税收制度安排之所以必要，之所以不受欢迎，却普遍为人们所接受，是因为国家的存在能够保护公民的生命财产安全，能够为公民提供公共服务，能够维持社会的正常运转，弥补私人产品“空缺”，形成社会发展不可缺少的两部分“公共产品”和“私人产品”。而国家提供的公共产品和公共服务与商品交换的规则是相同的，需求者要获得商品的使用价值，就必须支付供给者等价的货币。同理，公民享受国家提供的公共产品，就必须支付相应的成本，其成本的表现形式是缴纳相应的税收。所以人们将这种取得公共服务的活动喻之为“交换说”。交换俗称买卖，交换使买卖双方的社会福利增加，因此“交换说”也称“利益说”。自 17 世纪以来，随着民本主义的契约思想和民生主义的交换意识深入人心，“税收交换说”日渐流行起来，主要代表人物有霍布斯、洛克、斯密、李嘉图和蒲鲁东等。

霍布斯是英国著名的唯物主义哲学家，他认为，人们之所以向国家交税，无非是以税收换取和平安定的环境，获得和平产生的社会福利。霍布斯的赋税思想蕴含着“税收交换说”的理念。为此，他提出每个税收负担者所缴纳的税收应该遵循“等价”原则，即应与他从国家公共服务中接受的利益成比例，倡导赋税平等论的思想。

亚当·斯密的看法同霍布斯的认识一致，认为国家与纳税人之间的税收关系是一种与私人产品交换性质相同的交换关系。在这一交换过程中，国家应该承担三项义务：保护社会不受其他社会的侵犯；尽可能保护社会每个成员不受其他成员的侵犯和压迫；建设和维持某些公共事业和公共设施，提供一定量的公共产品，维持国家和社会的运转。要实现这些国家职能，提供公民满意的公共产品，就必须要有成本投入，人们要获得公共服务，就必须向国家交纳一定的税收。斯密认为交换讲究等价、公平。同时，斯密认为，只有个人具有购买能力才能实现交换，所以他坚持税收的制度安排要以纳税能力为前提的平等原则。“一国国民，都须在可能范围内，按照各自能力的比例，即按照各自在国家保护下享得的收入的比例，缴纳国赋，维持政府……所谓赋税的平等或不平等，就看对于这种原则是尊重还是忽视。”亚当·斯密关于平等的原则包含 3 个方面的含义：①反对按身份定税以及富者轻税平民重税，主张所有公民应平等纳税，反对贵族免税特权；②税收应在地租、利润和工资上均衡地分担，不应仅由其中一种收入负担，这样是不公平的；③实行比例税率，对自然形成的社会财富按比例税率征收，税收不要干预社会财富的分配，此点具有税收中性的含义。

李嘉图是英国资产阶级政治经济学杰出代表和集大成者，李嘉图对政治经济学的主要贡献是他的劳动价值学说。他坚持商品价值取决于劳动时间，认为劳动是创造价值的唯一源泉。根据他的劳动价值理论，李嘉图认为税收来自劳动产品的价值，他将税收归纳为来源于资本和收入两个方面。“赋税是一个国家的土地和劳动的产品中由政府支配的部分；它最后总是由该国的资本或是由该国的收入支付的。”如果税收的征收使得人们增加生产或减少消费，那么税收来源于收入；如果人们没有增加生产或减少消费，则税收来源于资本。在阐述税收原则时，李嘉图提出了税收公平原则，认为社会一切收入都应征税，税制建设应根据个人的财力来确定其税收负担；政府税收只要负担合理，至于落在哪项收入上面是无关紧要的。为了公平地征收税收，李嘉图认为应建立以工资税、利润税和农产品税组成的税收制度。

“税收交换说”的贡献在于突破了传统劳动价值理论的学说。认为人类劳动不管它是生产性的还是非生产性的，无论是私人产品还是公共产品，都具有二重性。公共产品同样被区分为抽象劳动和具体劳动。抽象劳动创造了公共服务产品的价值，具体劳动产生了公共服务产品的使用价值。所以，公共服务产品同非公共服务产品一样具有价值和使用价值，能够作为商品进行生产和交换，从而使得作为人类劳动的公共产品的价值有了衡量的尺度。

“税收支付能力说”也称“能力说”，即根据纳税人的纳税能力，判定其税负的轻重。纳税能力大者应多纳税，纳税能力小者应少纳税，无纳税能力者则不纳税。“税收支付说”是迄今公认的比较合理也易于实行的标准。但是如何测度各个纳税人的纳税能力则是一个难题。西方经济学界关于对纳税能力的测度，主要存在着主观说和客观说两种观点。客观说主张以纳税人拥有财富的多少作为测度其纳税能力的标准。由于财富的表现方式大多体现为收入、财产和支出，因此，纳税人的纳税能力的测度，具体分为收入、财产和支出 3 种尺度。主观说主张以纳税人因纳税而感受的牺牲程度大小作为测定其纳税能力的尺度。纳税人对纳税后感到的牺牲程度是一个主观感受，是一个抽象的事物，往往很难把握。主观说认为，对纳税人而言，纳税是经济上的牺牲，其享受与满足程度会因纳税而发生变化。从这个意义上讲，纳税能力是纳税人主观的忍耐和承担能力。因此，主观说提出以纳税人纳税前后从其财富得到的满足的差量为准衡量纳税能力，如果国家课征税款，能使每一个纳税人所感受的牺牲程度相同，国家课税的数额就与各个纳税主体的纳税能力相符，税收就公平，否则就不公平。从以上分析可以看出，主观说的观点是以唯心论作为推断的基础，缺乏客观的科学依据。

5.2.2 现代税收公平原则的内涵

传统意义上的税收公平原则起源于英国古典经济学家亚当·斯密，随着社会的进步和经济发展，国家不断面临着新的问题，从最初的“守夜者”到凯恩斯的“全面干预”的变化。税收职能也从最初的筹措财政经费，到调节经济、调节分配的变化过程，在这一变化过程中，税收从单纯的财政职能，延伸到参与经济以至于政治，税收问题不仅仅是财政问题、经济问题，更是政治问题。

5.2.2.1 税收负担公平

税收活动是国家凭借政治权力依据法律法规对公民财产或所得进行无偿分配，是对私有财产的一种“侵犯”，是对社会产品的分配和再分配。从本质上看，税收关系就是一种分配关系，税收公平属于分配公平的范畴。税收公平原则即是国家税收法制建设和征税对各个利益主体利益平衡和均衡的过程，包括纳税人税负与纳税能力的均衡，不同纳税人之间的均衡以及纳税人与国家之间利益的均衡。即国家征税应使各个纳税人的税负与其负担能力相适应，使纳税人之间的负担水平保持平衡，使纳税人税收负担与国家财政需要保持合适的比例。税收公平包括横向公平和纵向公平两个方面。前者是指经济能力或纳税能力相同的人应当缴纳数额相同的税收，亦即对待经济条件相同的人应该以同等的课税标准；后者是指经济能力或者纳税能力不同的人应当缴纳数额不同的税收，亦即对待经济条件不同的人应以不同的课税标准。税收公平所规范的对象是国家与纳税人，规范的内容是税收负担，基本要求是保持税收负担的平等分配或与其经济负担能力相适应，税收公平原则要求税收必须普遍征税，平等课征和量能课税，税收公平经历了一个从绝对公平到相对公平、从社会公平到经济公平的发展过程。

5.2.2.2 税收的社会公平

社会公平体现社会各成员之间一种平等的社会关系，包括生存公平、产权公平和发展公平。追求社会的公平与公正是建立和谐社会的一个基本目标和核心价值，也是人类向往的目标。

税收公平，首先是作为社会公平问题而受到国家和社会各个阶层的重视。税收是对私有财产的“侵犯”，是政府向纳税人的无偿分配，从利益的角度看，国家征税必然会减少纳税人利益，因此，在征税过程中，客观上存在利益的对立和抵触，纳税人对征税是否公平、合理，自然就分外关注。“不患寡而患不均”，作为社会公平的税收公平历来是影响政权稳固的重要因素之一。

税收的社会公平经历了从绝对公平向相对公平的变化。最早是指税额的绝对公平，即要求每个纳税人都应缴纳相同数额的税款。亚当·斯密所指的公平即是传统意义上的绝对公平，他认为，应建立实行比例税率的税收制度，每个纳税人都应按同一比例纳税。对不同收入水平的纳税人，其缴纳的税收绝对额虽不同，但其适用税率是相同的，每个纳税人的税负是相同的。亚当·斯密针对当时资本主义发展初期作为封建残余的贵族阶层享有免税特权的社会现象及表现出来的税收不公，强调税收应对所有国民一视同仁，不应有免税特权的存在。从理论上说，绝对公平，无论是税额的绝对公平，还是税负的绝对公平，都要求普遍征税。为此，到了瓦格纳时代，在其提出的社会公正原则中，首先提出普遍纳税原则，不应存在享有免税的特权阶层。同时，瓦格纳将公平的标准从亚当·斯密的绝对公平发展到相对公平。国家征税不仅仅要使每个纳税人税负相同，更要考虑纳税人的纳税能力，量能负担。纳税能力大的应多纳税，纳税能力小的则少纳税。因此，瓦格纳推崇累进税制。在当今社会，税收相对公平又分为“横向公平”和“纵向公平”，实行量能负担。国家在征税时不应以形式上实现依法征税，满足财政需要为目的，应分别按照其经济负担能力（赋税负担能力）为依据，使同样经济状况的人负担同等的赋税，不同经济状况的人负担不同等的赋税。所谓“等者等之，不等者不等之”，实现税收负担在全体纳税人之间的公平分配，根据纳税人实质纳税能力确定其税收负担的额度。纳税能力相同的人应负担相同的税，即横向公平，纳税能力不同的人，税负则不同，即纵向公平，纳税能力强的多负担税负，反之，纳税能力弱的少负担税负，无纳税能力的低收入者免税，其精髓在于它不仅要求法律形式平等的实现，且更加强调实质平等的贯彻。

税收的社会公平是备受公众关注的问题，社会公平内涵的不断发展变化，是人类文明进步的一种反映。人类社会从尊卑贵贱、等级分明的社会发展到提倡人人平等、追求和谐的文明社会，公民的平等权得以确立和强化，要求在税收待遇上也要取消免税特权，人人平等。

5.2.2.3 税收的经济公平

经济公平在经济学的意义是有关经济活动的制度、权利和结果等方面是平等和合理的，经济公平是市场经济的内在要求，强调的是要素投入和要素收益相对称，它是在平等竞争的条件下由等价交换来实现的。

税收属于分配范畴，税收分配的经济公平是指税收分配应促进经济要素公平，具体包括两个方面的内容：一方面，要求税收保持中性，即对所有从事经营的纳税人相同情况同等对待，创造一个公平竞争的税收环境，国家征税的界限应以社会所付出的代价为限，尽可能不给纳税人及社会带来其他的额外损失或负担，政府课税不扭曲市场机制的正常运行，避免税收对市场经济正常运行的干扰，不影响私人部门原有的资源配置状况。特别是不能使税收超越市场机制而成为资源配置的决定因素，有效地发挥税收的调节作用，使市场机制和税收机制达到最优结合。另一方面，对于客观上存在不公平的因素，如资源禀赋差异等，需要通过差别征税实施调节，以创造大体同等或者说大体公平的客观的竞争环境。这两个方面，相当于社会公平中的横向公平和纵向公平。税收的经济公平的目的是通过税收制度的有效调节，建立起经济利益主体之间平等的竞争环境和竞争条件，通过有效途径将税收负担在各个社会成员之间进行合理分配，避免不同社会成员对税收负担感受出现不正常的沉重或较轻的感觉，税收负担的分配应与社会成员的纳税能力基本吻合，实行量能赋税。

5.2.3 绿色税收公平原则

5.2.3.1 绿色税收公平的内涵

绿色税收属于目的税，其起点是资源利用的无效或低效，环境恶化，其终点是保护环境，合理有效利用资源，税收作用的基点是环境资源的“外部性”，与收益多少没有明显的关系，因此，绿色税收的公平不会像货物和劳务税、所得税、财产税那样，体现“量能负担”，[①]即根据纳税人的经济负担能力课税，而是“量益课税”，即保证纳税人对生态环境利益的公平分享和对环境保护及环境治理的共同责任。为了实现生态环境利益分享的公平性和对环境保护及环境污染治理的共同责任，构建公平的生态环境分享机制，实现经济、社会和环境的和谐、可持续发展，绿色税收公平的内涵除包括税收公平的传统内容以外，更体现为现代意义的环境领域的公平。

① 陈少英：《生态税法》，北京：北京大学出版社，2008 年版，第 143 页。

环境资源具有生产要素属性，如提供生产经营场所，提供人类经济活动的矿产品、水等生产资料，同时也属于人类生产需要之外的价值范畴，如良好环境有益于人类身心健康，美化的自然环境可以愉悦身心、提高生活质量。环境属于公有资源产品，基于环境基础之上的环境利益具有稀缺性，从而决定环境利益的分享，无论是在自然状态，还是在私有产权，抑或在公有产权状态下，环境利益的分享都是充满冲突的。

以私有产权为基础的环境利益分享，无论是在自然状态还是在管制状态下，都可能存在非常不公平的问题。在自然状态下，每一个社会主体似乎对环境利益具有同等权利，但是，环境利益的分享未能在穷人与富人之间公平分配，其原因主要是生态环境利益的享受需要以其相应的财力为支撑。①生态环境利益作为典型的公共产品，产权的不确定性往往诱发了公共资源悲剧的加剧。其原因是在利益最大化的驱动下，每个社会个体都以自身利益最大化作为追求目标，造成生态环境资源的跨代剥夺，形成了生态环境利益的代际分配不公；另外，由于富人以其殷实的资本将生态环境利益纳入自己私人利益最大化的创造过程中，形成同代人之间富人对穷人分享环境利益的剥夺，造成代内分配不公。②虽然环境权已确认为人类应有的权利范畴，与其他商品同样具有价值和使用价值，现有的法律和司法判例对环境资源提供法律保护，但是环境利益鉴定的复杂性和多变性，使得寻求环境利益分享的正义伴有高昂的成本，所以富人以其拥有的财富可以寻求环境利益最大化，穷人却无力支付寻求环境利益的成本，针对侵蚀自身环境利益的行为，穷人往往无计可施。可见环境利益分享是何等的物质化，以财富为基础的环境利益分享是何等缺乏正义。而代际之间的环境利益分配，因为下代人的缺位，不公现象更为严重。显然，在私有产权的自然状态下，环境利益所享有的固有的公有属性，加之人们地位和财力与环境利益的享有成正比的现实，使得环境利益享有的不公平达到了极致。

在管制状态下，环境利益分享不公得以被有限矫正，管制弱化了富人对穷人环境利益的剥夺，穷人的生态环境利益在一定程度上得到了保护。但是，无论是自然状态还是管制状态，财力占有状况与环境利益享有密切相关，加之环境利益所具有的公有资源产品特性，富人和穷人之间环境利益分配不公便成为必然。

公有产权背景下的环境利益分享呈现为另外一种态势，即无论是自然状态还是管制状态，在公有产权背景下，富人都较穷人更能享有环境利益。其一，在自然状态下，环境利益在表面上看是各个社会成员均可以公平享有的免费资源，但是由于环境利益分享需要自身财力支持，为此，富人和穷人无法公平享有环境利益。同时，环境利益分享导致某一区域可分享的环境利益枯竭，出现地方性“公地悲剧”，对于穷人的影响是巨大的，甚至会威胁穷人最基本的生存权。因为富人面对地方性“公地悲剧”，有足够的财力进行替代性选择，可以通过迁徙的方式追求符合自身需求的环境利益；而穷人由于财力所限，地方性环境利益通常是穷人无可奈何的、唯一可分享的环境利益，他们无法根据自身愿望选择环境利益。这意味着，就管制状态而言，富人和穷人无法公平分享环境利益的现象就更加明显了，因为管制往往伴有守约成本，而这项成本对于穷人而言，具有较大的环境利益分享边际效应。相反对于富人而言，因为管制成本对其不具有很大的边际效应，管制对其分享环境利益的影响不大。

5.2.3.2 绿色税收公平的价值取向

绿色税收追求的是生态环境利益分享的公平。如果将公平放在“代”的视阈中进行审视，绿色税收的公平可分为代内公平和代际公平。

（1）代内公平。有限资源的代内分配，就是在本代人之间对有限资源究竟以何种比例的分配才能体现本代人公平地分享环境利益。绿色税收追求的代内公平就是在公平税负条件下，同一时代人公平地分享环境利益。代内公平体现了绿色税收公平原则的空间性维度。

绿色税收公平原则体现为横向公平和纵向公平两个方面。纵向公平即对资源禀赋不同的纳税人征收不同的绿色税收，即绿色税收的纵向公平是对从环境资源所得利益不同者应负担不同的税收，达到同代人公平分享生态环境利益的目标。环境资源具有地域分布的差别性，不同地区经济发展水平高低不同，两者叠加在一起，使得经济欠发达地区为维持生计和短期的经济利益，“靠山吃山，靠水吃水”，进行掠夺性开发利用自然资源，而富裕地区凭借资金优势，为追求更大的利润和自身私欲，贪婪而奢靡地滥用资源，导致生态环境危机。经济发达地区维持或增加资源和环境消耗抵消环境成本，却要求欠发达地区为保护生态环境而牺牲自己的发展权利，这显然有悖公平。从社会个体看，贫困阶层往往分担过多的环境负担，与富人相比，穷人并不是经济增长的最大受益者。同时，在经济发展过程中出现的社会贫富差距的加大影响了社会的稳定性和持续性。绿色税收制度的设立及其不断完善，就是基于消除由此产生的不平等。绿色税收的纵向公平，一方面要求不同地区，按照“谁污染谁负担，谁破坏谁负担”的原则，公平地分担环境治理成本，同时，由政府通过财政转移支付等方式对贫困地区予以资助，协调区域间环境资源的补偿能力。横向公平是对资源禀赋相同的纳税人征收数额相同的绿色税收，即根据生态环境标准，对从环境资源分享的利益相同的纳税人负担相同税收。绿色税收制度的横向公平包括两个层面：①保障处于同一代的公民公平地享受资源利益；②保障人类和其他生命形式公平地享受环境资源利益。绿色税收的设立针对同等纳税人在相同情况下应征收同等税收，人类有权享受环境利益，也有义务保护环境资源，使其他生命形式享受同等环境利益，该义务就是对享受环境利益支付对价，该对价的表现形式就是绿色税收，同时绿色税收收入作为环境保护专项资金，维持环境系统的正常运转，保证其他生命形式同等地享受环境利益。

由于绿色税收本身使得环境利益分享者需要支付税收成本，表面上看似乎很公平，但是，由于社会成员现实占用财富的差异，造成了新的不公平。其原因是环境资源分为生活必需的环境资源和非生活必需的环境资源。一般而言，对生活必需资源的分配应遵循公平原则，不应使任何人因绿色税收的征收而缺乏生活必需的资源（如饮用水），使其生存陷入艰难的境地；而对非生活必需环境资源的分配应按照市场机制，根据市场原则，通过市场调节和价格机制来分配。但是，如何界定所谓的生活必需资源与非生活必需资源并没有一个可以操作的技术标准，在富人看来是非生活必需资源，对于穷人而言可能就是生活必需资源。按照统一标准征收绿色税收，通过提高绿色税收税率，使绿色税收负担高得足够对环境产生实际影响时，必将对农产品、食品、燃料和其他商品及劳务的成本产生影响，并对家庭产生再分配的结果。由于农产品、食品等消费支出占穷人支出的大部分，因此，绿色税收的分配是累退的，会产生新的不公平。相比较而言，富人的支出中，食品、农产品消费支出所占的比重较小，而消费更多的环境利益，造成了新的更多的污染。富人支付的绿色税收占其总收入的比重要低于穷人支付的比例，富人支付的绿色税收占其分享的环境利益的比例低于穷人支付的比例，因此，按照同样条件按照统一比例征收绿色税收，税款绝大部分由穷人负担，将会导致贫富差距进一步拉大。

（2）代际公平。环境资源的外部性在代际之间的表现就是代际的外部性。在环境资源的代际消费过程中，由于前代人作为“交易内部人”，对当期存在的可消费环境资源具有绝对的话语权和控制权，相反，此时作为“交易外部人”的后代人，由于时间上的代际阻隔，完全没有与前代人进行谈判交易的发言权，更谈不上控制权，只有无可奈何地接受消费剩余。因此，时间上的代际阻隔容易导致人类社会在资源消费过程中普遍存在代际“负外部性”。这种代际“负外部性”具体表现为两种情形：作为“交易内部人”的前代人过度消费不可再生资源以及奢靡的消费，使得不可再生资源的绝对量不可恢复地减少，并破坏了可再生资源的再生环境，导致代际环境资源透支，造成“交易外部人”的后代人剩余可消费资源的不足或是耗竭；或是表现在作为“交易内部人”的前代人污染环境，造成作为“交易外部人”的后代人生存环境恶化的现象。

在代际外部性的影响下，代际的“交易外部人”承担了额外的成本却并不能获得其相应收益，其相应的收益由“交易内部人”获得了；或者，代际“交易外部人”享受了额外的收益，却无须承担相应的成本，这损害代际之间的公平性。代际公平是指资源代际配置在代际之间保持一种公平的关系，在代际之间形成一种公平的合理资源利益分享关系。1987 年，世界环境与发展委员会在《我们共同的未来》中首次提出“可持续发展”概念，其中包括了代际公平的要求，“既满足当代人的需求，又不危及后代人满足需求能力的发展。” 自然资源是经济发展的前提和基础，资源的消费必须保证可持续发展的需要，在不同的代际之间进行平衡，强调对地球有限资源的可持续利用，保护人类赖以生存的条件和人类共同的财富。英国经济学家庇古早在其 1920 年出版的著作《福利经济学》中就提出，政府有责任保护子孙后代的利益。为了避免当代人消耗的自然资源过多而留给未来子孙的资源过少造成环境资源不可持续的后果，政府应该通过税收等手段来保护不可再生资源。如果说代内公平体现了绿色税收公平原则的空间性维度，则代际公平体现了绿色税收公平原则的时间性维度。绿色税收追求代际公平并不是要求当代人为后人做出巨大的牺牲，当然也不允许当代人的消费给后代人造成高昂的代价，避免跨代“环境赤字”。绿色税收就是将作为“交易内部人”的当代人获得额外收益支付一定成本，即征收一定数量的绿色税收，避免环境成本“沉淀”。

由此可见，绿色税收可以通过科学合理地拟定绿色税收征收对象、税率，合理确定代际环境利益分享者的税收负担，纠正生态环境分享的免费性，保护环境利益分享的代际公平，将环境利益分享过程中存在的代际外部性内部化，防止环境利益的掠夺性分享，从而达到环境利益的代际公平消费，维护生态系统内部的均衡，维持代际之间环境利益的永续利用。

5.2.3.3 绿色税收公平的实现机理

环境资源是典型的公共产品，是公共资源产品，具有与私人产品不同的特征，存在着“免费搭便车”的现象。环境资源存在的免费性倾向，使得在享受生态环境的过程中，任何社会主体都可以自由地享受自身的环境利益，而无须支付环境价值成本，同时，环境利益分享往往受到“公地悲剧”的制约，社会主体对公有环境利益的最大化追逐会导致社会可享有的整体环境利益不断恶化，最终导致非理性社会结局，环境的“负外部性”不断加剧。绿色税收面临的难题是如何解决环境利益分享的免费性及外部性。

绿色税收之所以能够保证环境资源的可持续性，主要是因为通过课征绿色税收，克服环境利益分享的免费性，保证分享环境利益的主体应当支付相应的对价。理论上看，分享环境利益的主体支付的对价应该等于环境利益应有的价值，绿色税收就是分享环境利益的主体以及污染环境者承担对价。这种环境资源的“价格”以绿色税收的形式表现，在某种程度上克服了环境利益分享的免费性。对环境利益分享相关的行为开征绿色税收，环境利益分享主体会对成本要求做出激励反应。由于绿色税收意味外部成本的内部化，环境利益分享主体基于成本收益的比较分析，可能选择替换性生产元素，减少了社会主体对环境公共物品的需求。

环境的外部性是指社会主体分享环境利益时所产生的成本未计入私人成本而是作为外部成本由其他社会主体承担。环境利益分享主体在无环境利益成本的约束下，不可避免地造成作为私人厂商尽可能分享环境利益，获得自身环境利益最大化，这会对相应的社会主体产生不当激励。另外，承担上述成本的社会主体却未分享到相应的环境收益，这是环境利益不公平的体现。针对环境利益分享外部性导致的环境利益成本负担和收益分享不公，解决这一问题的途径就是外部成本内部化，使得环境利益的固有价值以价格为载体体系加以体现，实现环境利益分享外部性内在化的政策工具中。绿色税收作为重要的政策工具，发挥着重要作用，在克服环境外部性时具有有效性，从而使其成为世界各国治理环境难题时作为最为常用的政策工具。根据“庇古税”原理，绿色税收的设定应该等于由环境利益分享行为引起的社会损失，以抵消环境利益分享外部性带来的社会损失，促进环境利益分享的公平。尽管由于“缺乏对生态系统多样化服务及其公共产品特征的了解”，[①]环境利益分享

---

① 托马斯·思得纳:《环境与自然资源管理的政策工具》(张蔚文、黄祖辉译)，上海：上海人民出版社，2005年版，第145页。

外部性所导致的社会损失很难估算，在一定程度上影响绿色税收功能的发挥，但是，绿色税收在克服环境利益分享外部性导致的成本承担和利益分享不公方面仍然具有比较优势。同时，必须清楚地认识到，对生态环境利益分享者征收绿色税收，不可避免地影响不同社会主体分享生态环境利益的行为选择，有些生态环境利益的边际分享主体被迫放弃生态环境利益的分享，尤其是对环保技术较高的科技环保产品，富人和穷人会出现截然不同的选择，由于富人的税收负担能力强，绿色税收导致的成本负担具有较小的边际效应，其机会成本效应很小，绿色税收的征收对其分享环境利益的影响不会很大，分享环境利益的意愿仍然能够实现。而对于穷人而言，受财力限制具有较低的环境利益分享意愿，绿色税收形成的环境成本负担边际效应大，为此，穷人不得不放弃环境利益的分享。通过上述分析可以看出，富人借助雄厚财力比穷人分享更多的环境利益，因此，在发挥绿色税收保护环境资源的可持续的同时，也要保护生态环境利益的公平分享。

为此，国家与纳税人之间的公平需要考虑两个方面的问题：①绿色税收负担水平的设定应该等于环境污染行为导致的社会成本，只有这样，环境利益分享才有可能达到社会最优水平；②要科学布局，保障各个层面的社会主体能够公平地分享生态环境利益，通过绿色税收增加的财政收入，设立环境保护基金，通过专项支出或补偿，政府借助公共财政支出，提供环境利益公平分享的公共设施，或通过给予穷人环境补贴等手段，构建绿色税收影响环境利益公平分享的机制，并配合绿色税收的优惠政策，促进环保产业的发展，体现社会公平。

5.3 绿色税收的效率原则

效率是指在既定的技术条件下，给定投入，经济资源没有浪费，获得最大可能性的利用。从经济学角度讲，是指在不会使其他人境况变坏的前提下，一项经济活动不再有可能增进其他人的经济福利，则该经济活动即为有效率的。我国作为正在不断崛起的发展中大国，经济效率的提高以环境为代价，生态效率低下。为此，绿色税收制度建设中效率更凸显重要。

5.3.1 税收效率原则的理论渊源

传统的税收效率原则是指国家征税要有利于资源的有效配置和经济运行，提高税务行政管理效率。一般而言，由于征税引起的价格变动形成的总负担并非简单地等同于国家所征收的税款。由于税收乘数作用，征税常常是纳税主体进行决策需要考虑的因素，从而对资源配置起到一定的干扰，这种干扰可能产生“额外收益”，也可能带来“额外负担”。如果税收的扭曲超过一定限度时，纳税人改变经济决策或经济行为，或者采取不正当的手段，减轻或逃避税收负担，从而形成税收的“额外负担”。若国家征税能够有效引导纳税人的决策，促进资源合理配置，则会产生“额外收益”。因此，检验税收效率的标准应以“税收中性”为基准，考察国家征税的“额外负担”最小化和“额外收益”最大化。为此，税收效率原则与税收中性原则往往可以相互代用。

税收中性思想萌芽于资本主义的古典学派的代表人物亚当·斯密，他主张把税收职能限制在满足国家公共经费需要的范围内。亚当·斯密在其《国富论》中主张政府不应该干预市场经济的有效运行，强调让市场这只“看不见的手”自由和自发地发挥调节作用。他认为，市场机制这只“无形的手”会把工作做得恰到好处，可以有效地进行资源配置，引导各种经济活动，政府对市场经济的任何干预都会破坏市场规范和市场秩序，破坏自由的合理配置及自由流动，从而降低经济运行效率，阻碍自由地合理分配，亚当·斯密推崇比例税率，税收不要干预社会财富的分配的观点蕴含着税收中性的基本理念和思想。

税收中性原则在 19 世纪末首先由英国新古典学派的代表人物马歇尔所倡导，在其所著的《经济学原理》中提出了税收超额负担论，构成了税收中性理论基础。与亚当·斯密相同，他反对税收对市场机制的干预，认为一切赋税都有害于社会再生产。马歇尔基于“均衡价格理论”，提出国家课税会在不同程度上影响资源有效配置，并利用“均衡价格理论”首次详细地研究了税收可能带来的效率损失，提出了税收的“额外负担”的概念，认为凡是影响价格均衡的税收都是“非中性”的，只有符合中性原则的税收才能保持均衡价格，并证明间接税的额外负担超过直接税，被课税的货物价格需求弹性越大，额外负担越重。因此，他主张增加直接税，减少间接税，保持税收中性。

此后，约瑟夫在 1939 年的著作《间接税的额外负担》中，利用无差异曲线原理，进一步丰富了马歇尔税收额外负担的观点，他将相关消费品的不同组合明列出来，对商品需求变化过程中税收的影响程度进行了更深入的定量分析。同时探讨了直接税对价格的扭曲作用，分析了直接税对市场的不良影响及形成的社会损失，将税收中性思想的研究向前推进了一步。沃欠德和杜马将税收与劳动力供给、储蓄和投资等结合起来，他们在前人研究的基础上，进一步提出税收还应避免对劳动、储蓄、投资产生消极影响，税收中性思想内容得以丰富。

至此，税收中性已经成为一种较为成熟的理论体系，其基本内涵是指国家在课税时，除了使人民因纳税而承受税收负担以外，最好不要再使人民遭受其他额外负担或经济损失。根据税收中性原则，一个理想的税收制度，应尽量规避税收的额外负担，将税收对各种经济活动所产生的不良影响减少到最低限度，对个人的生产、消费、投资、储蓄决策产生的不良影响降低到最低限度。

5.3.2 现代税收效率原则的内容

税收效率原则是经济学效率原则在税收领域的具体体现，由于税收特有的属性，不能简单地将经济学上的效率原则等同于税收的效率原则。在税收领域，税收效率原则一般要求以最小的征收费用获得最大的税收收入，同时应考虑税收杠杆的运用要最大限度地促进经济社会的发展，尽可能减少税收对经济产生负面影响，降低税收的额外负担，随着经济社会不断发展及对税收原则认识的不断深入，现代税收效率原则包括的内容可以概括为以下 3 个方面：

5.3.2.1 税收行政效率

税收行政效率是最大限度地减少国家征税对市场形成的额外负担，以最少的征收费用或者最少的额外损失取得同样或较多的税收收入，具体包括两个方面：国家的征税成本和纳税人的奉行成本。税收效率原则要求以最少的费用获取最多的税收收入。降低国家的征税成本，要求使国家在征税过程中征税主体支出的费用占收入的比例尽可能最小化。一般情况下，采用税收成本率反映税务机关的行政效率。税收成本率是指税收行政成本占税收收入比率。税收成本率越低，税务行政效率越高。同时，利用税收的经济调控作用最大限度地促进经济的发展，或者最大限度地减轻税收对市场机制的扭曲，尽可能降低国家征税给市场带来的额外损失。亚当·斯密和瓦格纳所称的“便利、节省”原则，实质上就是现代意义上的行政效率原则。按照便利原则，税收制度应使纳税人纳税方便，包括纳税方法、纳税地点、纳税时间等方面能够简便易行，降低纳税人的奉行成本。按照节省原则，税收制度建设应符合最少征收费用原则，使得纳税人支付的税款，尽可能等于国家财政收入。这里的征收费用仅限于政府的征收成本，在现实生活中，国家的征收成本与纳税人的纳税成本是密切相关的，有时甚至可以相互转换，一项税收政策出台，可能有利于国家征税成本降低，但是以纳税人纳税成本增加为代价，因此，税收的行政效率原则要求税收制度建设应将征税成本与纳税成本进行综合考虑才有意义。

5.3.2.2 税收的经济效率

税收的经济效率是税收效率原则的较高层次。税收的经济效率的第一层含义源于税收与经济的关系。税收与经济相互影响，经济决定税收，税收又反作用于经济。税收分配不可避免地会影响市场资源配置和经济运行，这是必然的客观规律，但其影响的方向和程度差异度较大。一般而言，税收制度如何切合经济发展需要有效进行调节，需要看市场运行状况。在市场配置科学合理有效时，税收应保持中性，充分利用市场这只“看不见的手”自由发挥配置作用，通过市场这只“看不见的手”进行自我调节的经济运行是最佳的，尽量减少税收对经济行为的扭曲，降低税收的额外负担，使税收额外负担最小。

税收经济效率的第二层要求是保护税本。税本是税收的真正本源，一般而言，国民生产是税本，国民收入是税源，通常国家征税尽量避免税收对经济的不利影响，而发挥税收对经济的促进作用。税收只能参与国民收入的分配，而不能伤及国民生产。基于此，税收制度建设应趋利避害，政府征税应谨慎选择税源，科学设置税种，保护和发展国民经济。

税收经济效率的第三层次要求通过税收分配提高市场效率，优化资源配置。随着人类对市场机制和税收调控作用认识的不断深入，人们认识到，税收不仅对经济产生额外负担等方面的消极作用，而且，由于市场经济并不像亚当·斯密所说的那样完美有效，现实的复杂性使得市场调节滞后而出现市场失灵，因此，需要政府这只“看得见的手”恰如其分地介入，进行有效调节。税收分配是政府干预经济的有效手段。正如前面所述，税收对经济的影响可能产生正反两个完全不同方向的影响，不合理的税收制度固然会引起资源配置的扭曲，资源配置效率因征税而下降，形成税收的经济成本，产生额外负担，对经济造成消极影响。而科学合理的税收制度同样会矫正市场机制失灵，弥补市场的缺陷，使资源配置更加有效，从而带来经济效益，具体表现为资源配置效率因征税而提高，产生额外收益，因此，国家征税不仅可以降低税收的经济成本，而且可以提高经济的运行效率。税收效率原则就是要积极发挥税收的调控作用，通过税收政策的相机抉择来熨平经济波动，通过税收内在稳定机制促进经济的稳定增长。

通过税收不同层面的经济效率可以看出，税收是否有效率，必须结合经济运行本身的效率来考察。如果市场机制运行良好，经济运转本身是高效率的，则应以税收不干扰或少干扰经济运行视为有效率，即以税收的经济成本最小作为判断税收效率的依据；而当经济运行处于低效率甚至无效率状态时，市场机制失灵或滞后，则税收效率应反映在对经济运行的有效干预。

5.3.2.3 税收的社会效率

税收的社会效率原则主要是税收要有助于社会平稳运行，它要求税收分配要有利于消除和缓和社会矛盾，维护社会的安定。首先要求税收分配有助于形成公平和正义，没有税收歧视，也没有税收豁免，通过税收公平分配，推进以和谐税收为主题的税制改革，促进社会形成一个平等的关系、和谐的氛围。

党的十八届三中全会提出，要在公平税负、促进公平竞争基础上，建立现代税收制度，明确了税收作为政府收入的基本形式，是国家公共治理的基础，也是实行宏观调控、调节收入的重要工具。税收促进社会平稳发展，并不能搞平均主义，劫富济贫，也要防止贫富差距过大。因此，税收分配既要从社会稳定、发展的角度调节经济主体和公民的收入水平，也要从效率的角度调动国民和市场主体的积极性，提高效率；既要调节人们因客观差异所造成的利益分配上的悬殊，也要承认和保护通过主观努力获得的个体利益，通过调节缩小过分悬殊的贫富差距，协调社会成员之间的关系，尤其是不同社会阶层的利益关系，鼓励竞争，强化机会平等，在公平有序的竞争中提高效率，避免人们利益冲突，避免因收入差距过大带来的不稳定因素。对于社会中的弱势群体，国家应通过财政分配，建立社会福利基金，促进社会福利事业的发展，为全体社会成员提供生存、发展的社会空间。通过开征社会保险税，筹集社会保障资金，完善社会保障制度和保障体系，解除劳动者的后顾之忧，这既有利于促进经济的发展，又有利于维护社会安定，提高税收的社会效率。

5.3.3 绿色税收效率原则的内容

绿色税收效率原则包括绿色税收的行政效率、经济效率和生态效率 3 个方面。

绿色税收的行政效率包括两个层面的内容，①从税务机关征收效率考量，国家征税的成本最小化；②通过绿色税收的调节作用，提高资源利用效率，改善环境，以最小化的环境资源损失获得最大化的经济产出。在绿色税收制度建设方面，选择管理税源相对集中的环节设置相应税种，便于绿色税收的征收管理。从税源监控角度看，相对于污染者而言，原材料、能源企业的数量大大减少，为此，对原材料及能源企业的环境监督管理的成本也会有所下降，集中有限的征管力量，加强绿色税收的管理，提高绿色税收的行政效率。同时，通过税收调节作用，引导企业在生产经营过程中选择更加清洁的原材料、能源，加大清洁生产工艺的研发和利用，推动环保产业发展，提高绿色税收的经济效率。随着清洁生产的不断推进和环保产业发展，资源会更加有效利用，污染得到有效控制，从而提高绿色税收的生态效率。

如前所述，税收效率原则要求税收的设计应尽量使其在获得收益方面取得最佳效果，并产生最小的扭曲行为。这要求绿色税收制度的设计要避免对市场经济行为和市场主体经营决策产生负面影响，避免对市场机制对资源配置产生消极影响。但是，绿色税收与其他税种不同，其主要职能并不是税收的财政职能，而是在促进资源合理利用和保护环境方面有更大的作为。在经济高度发展的当今社会，随着物质财富增加和环境污染日益严重，绿色税收在税制改革以及在税收体系中的地位和作用越来越体现出固有的优越性。尽管财政职能不属于绿色税收的主要职能，但是，绿色税收的征收还是能够在提供环境治理资金来源方面有所建树，更为重要的是可以矫正环境资源配置中“市场低效”甚至“市场失灵”，保护并合理利用资源，保护环境，遏制环境污染，维护经济社会可持续发展的能力。

从 20 世纪 90 年代开始，西方国家税制改革的一大特点是在“收入中性”原则的指导下，各国政府针对国内经济不景气，为促进投资和消费，减少所得税，同时，针对环境保护的要求及保证财政收入，推进环境税制度建设。因为在市场的环境资源保护领域，对于那些导致外部不经济的行为征收绿色税收，会改善资源的配置，减少污染排放，降低税收的“额外负担”，因此，绿色税收实际上可以降低社会成本，减少经济损失，在私人成本和社会成本的比较分析中，整体比较效率提高，同时，社会整体收益大于损失，社会效率提高。例如，在绿色税收制度建设过程中，为控制污染，对造成严重污染商品的生产和消费在不同环节课以重税，可以消除社会成本与私人成本的差异，使价格能够真实地传递为获取效益而必需的市场信息，激励厂商研发、生产环保产品，使得生产过程清洁化，产品环保化。鼓励消费者消费那些污染少、能耗低的产品，减轻对自然环境的压力，促进环境资源的可持续发展，保护好人类赖以生存和发展的空间。

绿色税收的效率原则不仅仅体现在以上所述的行政效率、经济效率和社会效率，而且在社会生态环境、社会道德、社会公共事业方面也有极其重要的积极作用，具有现代税收的生态职能。绿色税收制度的建设，能够提高生态效益。

从立法角度看，绿色税收的效率原则是绿色税收制度建设基本价值的集中体现。绿色税收是一个国家税制体系的组成部分，效率原则应成为调控绿色税收法律制度运行过程中的重要指导思想。具体而言，绿色税收的生态效益是现代税收独有的特点，它以追求可持续发展为目标，体现为经济、社会和环境统一、协调的综合效益，一个有效率的绿色税收制度将发挥保护环境，遏制污染排放，促使企业外部成本内部化，减少市场机制在环境资源供给方面的低效甚至无效，减少环境资源供给价格扭曲。

公平与效率历来是一对难解的矛盾，两者之间存在着深度排他性。公平原则强调量能负担，在强调公平的同时，往往以牺牲效率为代价。而效率原则强调税收应尽量避免对经济产生额外负担，实现资源的有效配置和经济的稳定与增长，要实现这一目标，税收要保持中性，税收调节功能弱化，加大贫富差距，从而破坏公平原则。但是，任何事物都具有两面性，税收的公平与效率在具有排他性同时，也具有一定相容性。税收公平原则是税收的首要原则，但是，税收的公平是以效率为基础的，没有效率，公平只是低层次的公平，即使形式上是公平的，也不过是无本之木。因此，效率原则为公平原则的实现提供了动力，效率的提高可以保障公平更好地实现。另外，公平是效率的前提。税收若要发挥促进经济发展、社会和谐的作用，就必须以税收公平为前提，只有以达到一定程度的公平原则为前提，才能谈及效率问题。否则，可能导致社会不稳定，从而影响经济发展，效率也无从谈起。可见，效率与公平的选择不能顾此失彼，应根据经济社会发展的需要寻找两者的均衡点，使其在相互包容中完善税收制度，切实发挥税收促进经济发展的积极作用，鼓励竞争，坚持公平税负；同时要强化税收在实现社会收入公平分配的作用，健全税收功能。

在不同历史时期，为了实现某种政治、经济目标，进行相机抉择，以公平或效率某一方面作为侧重点，完善税制结构。绿色税收制度建设同样要协调税收的公平与效率原则，促进经济、社会和环境在相对公平的状态下，实现三者的和谐发展。

第 6 章

绿色税收国际经验评析——以欧盟为例

20 世纪 60 年代以后，世界各国经济高速发展、物质财富不断增加。发达国家在经济发展初期，同样也付出了巨大的环境代价，污染事件频繁发生，日益严重的环境问题影响了人类的生存和发展，引起公民的普遍不满。因此，加强对环境的保护、改善人类生存状况，成为各国发展经济的同时必须面临的问题。各国经济、社会和环境协调可持续发展成为不可回避的核心命题。为此，各国政府都在注重发挥市场机制的同时，强调政府财政以及税收政策的环境治理效果，通过税费手段来控制环境的恶化，使各市场主体在生产和消费的过程中对环境污染所产生的费用以税收的形式纳入成本核算的范畴之内。各国政府进行综合的税费制度改革，推行“绿色”税费政策，构建起各具特色的国别环境税费法律制度。

税制绿化从欧洲国家起步，后来经济合作与发展组织（OECD）在其成员国有计划地逐步推广。其中，欧盟各国税制绿化具有典型意义，一些经济发展迅速的国家和地区在 20 世纪末期开始了税制绿化的研究和实践，但是由于经济发展程度低，发展经济是其要务，受经济发展水平制约，税制绿化程度较低。本章以欧盟各国为比较和分析对象，通过对其税制绿化动因、过程、效果等分析，为中国税制绿化的路径选择提供借鉴。

6.1 渐进绿化税制结构

20 世纪 80 年代以来，欧盟在经济高速发展的同时，自然生态环境受到极大破坏，能源供应紧张，大气污染、水污染、土壤板结沙化等环境问题不断出现，影响了人体健康，保护自然资源、保持清洁的环境、构建人与自然和谐发展成为公众追求的新目标。保护环境、维持生态系统平衡，协调人口—资源—环境—经济已成为欧盟各国政府宏观经济政策目标之一。

作为现代宏观经济政策工具的税收，是矫正负外部性的一个重要的政策工具，绿色税收逐渐被欧盟各国所重视，欧盟一些国家将绿色税收用于筹措保护自然资源和治理生态环境资金的主要收入来源，使得生态税在欧盟税收舞台上的地位日益凸显。欧盟绿色税收的征收对象主要是能源的消费及使用，尤其是化石类能源及其产品的消费和使用被视为环境保护的关键。欧盟许多国家对能源及其产品实行多重征税和差别征税的办法，特别是北欧国家，如丹麦、瑞典、芬兰等国一般都对能源及能源产品征收消费税、碳税、硫税等，对含铅汽油和无铅汽油实行差别税收政策。在非能源产品污染物排放领域，欧盟许多国家依据汽车排放性能的差别对汽车销售征收不同的销售税，引导制造商为市场设计排放水平低的环保车。欧盟税收制度的生态化改革是税收制度改革的重要发展方向，将税收制度与环境保护结合起来，税收制度生态化改革成为当代欧盟税费改革的潮流。

欧盟税制结构绿化的核心问题是税收负担的合理转移，即在不增加税收总体负担的前提下，对税收负担进行重新分配，欧盟主要国家税收负担重新分配情况如表 6-1 所示。

表 6-1　欧盟主要国家税收负担重新分配情况

序号	国家	年份	削减税收	增加税收
1	瑞典	1990	个人所得税	二氧化碳税 二氧化硫税 其他
2	丹麦	1994	个人所得税 社会保障税	二氧化碳税 二氧化硫税 其他（汽车、电、水、废品、汽油）

序号	国家	年份	削减税收	增加税收
3	荷兰	1996	个人所得税 社会保障税	二氧化碳税
4	英国	1996	社会保障缴款	垃圾填埋
5	芬兰	1997	个人所得税 社会保障税	二氧化碳税 垃圾填埋
6	挪威	1999	个人所得税	二氧化碳税 二氧化硫税 原油
7	德国	1999	社会保障税	石油（原油）制品
8	意大利	1999	社会保障税	石油（原油）制品

资料来源：http：//www.cn-hw.net/html/sort054/200906/10717.html。

从表 6-1 可以看出，欧盟各国纷纷削减个人所得税和社会保障税，将税收重点从对收入征税逐步转移到对环境有害的活动征税，但各国税制结构生态化的途径差别较大。

第一类是以比利时、法国、卢森堡等国为代表的部分欧盟国家，他们根据本国情况，通过增加新税和调整原有税收制度，使绿色税收在保护生态环境、控制污染等领域发挥更有效作用，这些国家运用绿色税收的种类逐年增多，但就综合的税制体制而言，仍然限于一个很小的框架内，没有进行全面的税制改革，属于零敲碎打式的税收生态化改革。[①]

第二类以丹麦、芬兰、瑞典等国为代表的北欧国家，根据生态保护的需要对税制结构进行整体调整，设立独立的环境税。丹麦是欧盟第一个真正实现生态税制改革的国家。丹麦议会 2003 年通过税收制度改革方案，核心内容就是在劳务、自然资源以及污染之间的税收负担进行重新分配，将税收重点逐步从工资收入向对环境有副作用的消费和生产转移。1992 年，丹麦税收收入中有 7.08%来自与环境有关的税收，2003 年丹麦的生态税收入占总税收收入的 7.3%，占 GDP 的 3.65%。[②]瑞典也在税收制度生态化改革过程中，实现税收负担的转移，以适应经济可持续发展的需要，税收负担重新分配的总和已经超过了其 GDP 的 6%，在劳务税和能源税之间

① 经济合作与发展组织报告：《环境税的实施战略》，北京：中国环境科学出版社，1996 年版，第 6～7 页。

② 李慧玲：《环境税费法律制度研究》，北京：中国法制出版社，2007 年版，第 64 页。

的税负转移占其中的 4%。[①]德国在 1999 年通过的《生态税收改革法》规定，2000 年到 2003 年分步对能源提高税负，2000 年德国养老保险费从 19.5%下降为 19.3%，养老费缺口由政府多收的能源税弥补，使得就业人口的购买力总体上升 75 亿马克。[②]欧盟主体税种的税收收入占总税收收入的比重见表 6-2。

表 6-2 主体税种的税收收入占总税收收入的比重 单位：%

国别	商品和服务税	社会保障和其他工资税	个人所得税	公司所得税	生态税	财产税
奥地利	28.2	39.5	22.8	5.1	6.3	1.3
比利时	23.6	31.6	31.7	7.6	5.0	3.1
丹麦	33.1	3.9	53.2	5.8	9.7	3.5
芬兰	30.2	26.6	31.2	9.3	7.3	2.4
法国	25.4	39.5	17.3	6.6	5.0	7.5
德国	29.2	40.3	25.1	2.9	7.5	2.3
希腊	37.3	32.8	13.0	10.4	6.6	3.7
匈牙利	37.4	33.5	20.3	6.2	8.0	1.9
爱尔兰	39.5	15.6	26.2	13.1	7.5	5.3
意大利	26.9	29.4	25.5	7.6	7.3	5.1
卢森堡	27.9	26.9	16.2	20.5	9.2	8.0
荷兰	30.8	35.5	18.3	8.8	8.9	5.3
葡萄牙	40.0	27.0	17.9	10.8	5.8	3.1
西班牙	28.6	35.3	19.4	9.1	5.8	6.6
瑞典	26.4	33.8	30.4	3.8	7.6	3.2
英国	32.7	17.0	29.8	8.1	5.94	12.0
欧盟 15 国	30.7	25.0	23.3	8.7	6.89	3.9

来源：OECD 税收数据库 1965—2003 年税收收入统计。

从表 6-2 可以看出，绿色税收成为继商品和服务税、所得税、社会保障税以后的一个重要税种。绿色税收不仅具有税收的传统职能——财政职能、调节职能，而且其生态职能成为税收不可忽视的一个职能，生态税的征收带来了预期的生态效益，并提高了经济效益。

---

① European Environmental Agency's Report，*Environmental Taxes Implementation and Environmental Effectiveness*，1996.

② 杜放、于海峰：《生态税·循环经济·可持续发展》，北京：中国财政经济出版社，2007 年版，第 125 页。

通过上述分析可以看出，欧盟税制结构的变化与西方发达国家税制结构的发展轨迹大多是一致的，经历了一个曲折复杂的发展变化过程。发展过程大体经过古老的直接税为主体的税制结构，演变为以间接税为主体的税制结构，到现代直接税为主体的税制结构。从 20 世纪 80 年代欧盟开始税收制度生态化改革以来，生态税制不断完善，欧盟的税制结构中绿色税收的比重不断提高，而对资本、劳动等要素的税收负担相对下降，使得绿色税收在经济、社会生活中的作用尤其是在环境保护方面成为一个不可或缺的手段，税收制度在渐进的生态化改革过程中，税制结构绿化程度不断加强。

6.2 科学布局生态化税种

近 10 年来，欧盟范围内绿色税收的应用出现了加速现象，税收制度绿色化改革逐步深入，发展最快的是荷兰、瑞典、比利时，其次是英国、法国、德国和意大利等。欧盟各国对通过税收制度绿色化改革实现相关的社会目标和环境目标给予了更多的关注和希望，无论是采用融入型环境税，还是独立型的环境税制改革，绿色税收在欧盟国家的运用越来越广泛，绿色税种的种类也逐渐增多。从总体上看，欧盟的绿色税收的各个税种是根据社会再生产环节及污染周期设置的，具体情况如表 6-3 所示。

表 6-3 社会再生产环节、污染周期与生态税的设置

项　目	1	2	3	4	5	6
再生产环节	资源开采	原材料供应	生产	流通	消费	处置
生态税种类	资源税类	投入品税	排放税	污染产品税	排放税	填埋税

由表 6-3 可以看出，欧盟生态税的征收环节分布于社会再生产以及消费的各个环节，主要分为五类：①在源头的资源开采环节设置有关税种，主要是针对自然资源开采的行为或企业征收资源税。②在资源投入使用环节，针对能源的使用征收能源税。③在产出环节，针对高能耗、高物耗的行为或产品征税。如德国、荷兰所征收的润滑油税，法国征收的旧轮胎税，挪威征收的饮料容器税等。④在生产或消费环节，针对排放的污染物进行征税，主要是针对废水、废气、废渣等征税，最为典型的是二氧化碳税、二氧化硫税，污水排放税等。⑤其他在某些特殊领域发挥特殊

作用的开征的各种环境税，如噪声税、车辆拥挤税、填埋税等。其中，能源税是欧盟绿色税收的主要组成部分。

6.2.1　资源税类

资源税是对自然资源的开采和使用而征收的税，以减少资源的开采或使用为目的，鼓励自然资源替代品的研发、生产和使用。欧盟各国开征的资源税多种多样，不同国家资源税的构成差异较大。丹麦、芬兰设有渔业许可证费和狩猎许可证费，芬兰设有其他欧盟国家少见的砂石采掘费。欧盟各国大多是根据本国的资源情况，针对资源的稀缺程度而征收，征税范围宽窄不一，税率高低也存在较大差别。

6.2.2　投入品税类

许多物品既可以用于社会生产，也广泛用于人民的生活当中。当物品作为生产资料投入到生产领域时，对其所征收的税属于投入品税。欧盟的投入品税与其他国家具有相同之处，主要是对能源包括矿物能源和电能等征税，也称为能源税或燃料税，是欧盟生态税的主体。除此之外，还包括化肥税（费）、农药税等。

6.2.2.1　欧盟的能源税

能源税的物质载体是各种能源，主要是石油类等不可再生能源，能源税是一个集合概念，是对各种能源包括煤炭、天然气、原油及其制品等主要燃料征收。一般而言，能源税包括一般能源税、能源增值税、消费税等一系列税种。能源税虽然与燃料的含碳量没有直接关系，但可以起到限制能源消费的作用，有助于减少和控制温室气体的排放。

欧盟以不可再生的能源产品为税基所带来的收入在欧盟整个绿色税收入中占有重要份额。以 2004 年为例，德国能源产品税占环境税收入的比重达到 86.16%，卢森堡更是高达 96.44%，比 OECD 国家能源税占绿色税收收入平均比重高出约 20 个百分点。①

欧盟各国在推行能源税的初期政策的差异较大，导致能源税与各欧盟国税收总

① OECD 国家能源税占环境税税收收入的比重为 71.65%。

体目标的不协调，影响欧盟共同市场和环境保护的有效运行，而且能源税的环保效果也不理想。随着欧盟一体化程度的不断加深，欧盟各国积极进行欧盟层面的协调，使欧盟各国在环境能源政策上“尽量用同一声音说话”，确保能源安全，提高能源利用效率，以达到保护环境、维护共同市场有效运作的目的，确保欧盟各国在国际舞台上竞争力不因推行能源税政策而受到影响。欧盟层面能源税协调从 20 世纪 70 年代初开始，到 90 年代，欧盟提出碳税、能源税计划，1997 年，欧盟委员会向公众公布了该计划。之后欧盟各成员国又经过 6 年的协商，于 2003 年制定了能源产品征税指令（指令 2003/96/EC）。这样，欧盟在先前业已存在的欧盟能源税框架下重建并扩大了能源产品征税范围，能源税税收制度基本完善。征税范围从以前的运输用液体燃料扩大到以能源为载体的电力、天然气和煤，同时，对欧盟各国的能源税的最低税率进行了限定，欧洲能源税官方指令（2003/96/欧共体）允许的能源税最低水平为 0.5 欧元/（MW·h）。在能源税征税指令的要求下，欧盟成员国对煤、天然气和电力开征新的税种，部分国家提高现有矿物油的税收负担。如瑞典政府 2009 年决定分两步将柴油能源税增加 0.4 瑞典克朗/L，第一次在 2011 年 1 月 1 日增加 0.2 瑞典克朗/L，第二次在 2013 年 1 月 1 日增加 0.2 瑞典克朗/L。

能源税指令的公布及实施，标志着欧盟成员国在能源税问题上的步调逐渐趋于一致，引领着欧盟各国的能源税建设。20 世纪 90 年代以后，欧盟各国能源税改革风起云涌。1999 年 4 月 1 日德国公布了《生态税收改革法》（*Gesetz zum Einstieg in dieokologische Steuerreform*），该法的主要内容是扩大能源税的征收范围，目的是通过能源税的征收，降低能源消耗，节约使用石油、天然气和煤等矿物性能源，减轻大气污染。

经过 20 世纪 90 年代的改革，欧盟能源税的征收范围进一步拓展，具体情况见表 6-4。

从表 6-4 可以看出，欧盟各国在能源税指令的框架下构建的能源税有着超越国家政权界限的共性。从征税品目看，涵盖了石油及产品、煤炭、天然气等各类能源类产品；从征收环节看，各国对能源开发、消费以及能源使用过程中污染物排放等各环节均设置了能源税类的绿色税种，包括能源开采税、能源产品税、能源消费税、能源生态税，以及能源基金税。由此可见，欧盟能源税的触角已经很发达。

表 6-4 部分欧盟国家能源税分布情况

国家	税种
丹麦	化石燃料税；一揽子绿色税收计划（二氧化碳税、二氧化硫税和能源税）；能源增值税、对高能耗活动或能源税超过 3%的可以通过自愿节能协议节税
荷兰	对石油、柴油、重油、天然气、煤等主要燃料征税燃料税；能源调节税；二氧化碳税、二氧化硫税；能源增值税；每年节能设备的 55%都可以从当年年度财政利润中扣除
瑞典	对石油、煤炭、天然气征税一般能源税；能源增值税；汽油和甲醇税；里程税；机动车税；二氧化碳税、二氧化硫税；制造业、农业、林业及水产业可以全免能源税，碳税免 70%
英国	燃料税；石油开采税；石油收益税；气候变化税；强化资金津贴计划，允许企业在采购符合技术要求的第一年申请 100%资金补贴的权利，财务上可以从当年应税利润中扣除相当于节能技术投资的部分
法国	对除汽车燃料外的其他能源产品征收能源税；机动车燃油生态税；对高能效节能设备采用技术折旧，并减征流转税，天然气等燃料产品的增值税不得扣除
德国	对汽车燃料、燃烧用油、天然气和电能等主要燃料或能源征收能源税；汽车税、二氧化碳税、二氧化硫税；对节能效果明显的节能产品免征消费税；社区小型热电厂可以免除石油税，有时还可以免除电税

资料来源：樊丽明、郭琪：《公共节能的行为动机与税收调节——兼论构建中国促进公众节能的税收体系》，2006 年海峡两岸租税学术研讨会论文集，2006 年 10 月。

根据能源税指令，欧盟各国对本国能源税的税率进行调整，主要趋势是提高能源税税率。从 1999 年至 2003 年，德国先后 5 次对汽油、柴油每年每升加收 3.07 欧分生态税，累计每升加收 15.35 欧分。为鼓励低硫燃料的使用，从 2001 年 11 月起，对含硫量超过 50 mg/L 的汽油、柴油再加收 1.53 欧分/L 的生态税。从 2003 年 1 月起，又将含硫量标准调整为 10 mg/L，使超过该标准的汽油、柴油加收的生态税收累计达到 16.88 欧分/L。[①] 2011 年 4 月，欧盟委员会提出立法建议，对欧盟现行能源产品征税方法做出调整。根据该建议，欧盟成员国将汽油、柴油、生物燃料等能源产品征税分为两部分：一部分是按照能源产品实际产生的能量征税，以每千兆焦耳为单位开征，其中发动机用燃料最低税率为每千兆焦耳 9.6 欧元（约合 13.9 美元），供暖用燃料为 0.15 欧元（约合 0.22 美元）；另一部分是根据二氧化碳排放量征税，每吨 20 欧元（约合 29 美元）。[②]

欧盟各国在提高能源税税率时，为了保证本国经济竞争力，考虑产业结构调整等因素欧盟各国对不同行业采取差别税率，并设置了相应的税收优惠。

① 杜放、于海峰：《生态税 • 循环经济 • 可持续发展》，北京：中国财政经济出版社，2007 年版，第 123 页。

② http：//news.xinhuanet.com/2011-04/13/c_121301805.htm.

国家征收能源税的征收具有双重目的：一是节约和有效利用能源，保护环境；二是通过能源税筹集一定的财政收入。欧盟 15 国绿色税收收入占整个国家税收收入的 6.71%，其中能源税和交通税的比例高达 6.46%。[①]对不同种类的能源征收差别能源税，使得能源税的调控作用非常明显，调节了能源消费结构，减少了能量的消耗，并刺激了节能技术的研究和开发。

6.2.2.2 化肥、农药税

对化肥征税的目的是限制在农业生产中过度使用化肥，引起氮、磷、钾等在土壤中聚集，造成土壤板结。化肥税（费）的税率或费率为化肥中氮、磷、钾成分的含量。如瑞典从 1984 年开始征收化肥税，税率为 0.6 瑞典克朗/kg 氮、1.2 瑞典克朗/kg 磷；1990 年芬兰对碳肥征税，税率为 1.70 芬兰马克/kg，1992 年，对氮肥征收 2.60 芬兰马克/kg 的化肥税。瑞典对杀虫剂征税，税率为 8.00 瑞典克朗/kg，丹麦也有类似的税种，征收对象为生产和进口杀虫剂的企业，计税依据是商品零售价（指对每种杀虫剂规定的最高零售价），税率分为三档：杀虫剂 53.85%，除草剂、杀真菌剂 33.33%，木材防腐剂 3%。该税的目的主要是减少杀虫剂的使用，保证农产品的安全，净化生态环境，维持生态系统平衡，表 6-5 反映了部分欧盟国家化肥的税基和税率情况。

表 6-5　部分欧盟国家化肥的税（费）基和税（费）率

国家	费基	费率/（欧元/kg）	收入用途
奥地利	氮	0.31	农业补贴 环境支出
	磷	0.18	
	钾	0.09	
瑞典	氮	0.07	农业补贴 环境支出
	磷	0.14	
	占价格的 5%～20%		
芬兰	氮	0.41	农业补贴 一般预算
	磷	0.24	
	占价格的 5%～20%		

资料来源：关小虎：《促进循环经济发展的税收政策研究》，北京：中国税务出版社，2008 年版，第 153 页。

① 周萃：《透视发达国家环境税制及其改革》，载《环境经济杂志》2005 年第 4 期，第 51～54 页。

6.2.3 排放税类

6.2.3.1 二氧化碳税

二氧化碳税是作为控制二氧化碳排放的重要措施之一而被提出来的，并作为国际组织推崇的一种减排措施日益受到重视，在20世纪90年代以后，许多发达国家纷纷制定了相应的碳税制度。1990年，芬兰率先开征二氧化碳税，征税范围包括所有的矿物燃料，计税标准是不同燃料的含碳量，芬兰碳税的税率经历了从低到高的发展历程。1991年瑞典开始征收碳税，征收范围是矿物性能源，包括石油、煤炭、天然气、液化石油气、汽油和国内航空燃料。计税依据是根据各种不同燃料的平均含碳量和发热量两个因素来确定的。瑞典碳税基本税率为250瑞典克朗/t CO_2，并对工业和家庭设计了差别税率，工业部门只需要交纳50%的税费。瑞典在随后的碳税政策调整过程中，在保持本国经济的竞争力和控制温室气体排放方面权衡，对税率进行调整，将工业部门的碳税降为80瑞典克朗/t CO_2，仅为基本税率的1/3，税率下降的幅度为68%；同时私人家庭的税率增加到320克朗/t CO_2，税率的提高幅度为28%，从而形成了工业部门碳税税负远远低于家庭碳税税负。1994年以后，瑞典对二氧化碳的税率实行指数化调整，保证其真实税率保持不变。1995年，工业部门的碳税降为83瑞典克朗/t CO_2（指数化后的税率），私人家庭的税率调整为340克朗/t CO_2，家庭二氧化碳税率进一步提高。1990—2008年，瑞典经济保持44%的增长，气体排放降低了9%。

1991年挪威也开始征收碳税，主要是对家庭征收，同时也对部分企业征收碳税。征收范围是石油类产品，税率按照不同产品的含碳量设计差别定额税率，具体见表6-6。

表6-6 挪威碳税税率表 单位：欧元/t CO_2

名称	汽油	轻质油	重油
税额	41	24	21

挪威的碳税既从节能减排角度考虑，也从社会安定角度作了相应安排，设计了碳税返还及激励机制。挪威将碳税收入一部分返还给企业，奖励那些提高了能源利

用效率的企业，避免因为征收碳税而削弱本国企业的国际竞争力；另一部分用于奖励对解决就业有贡献的企业。总体上看，挪威的碳税水平较高，碳税使一些工厂的二氧化碳排放量降低了 21%，家庭机动车的二氧化碳排放量降低了 2%～3%。[①]

英国征收大气污染税。英国大气污染税包括：气候变化税（climate change levy，CCL）、英国机场旅客税（APD）、机动车环境税或机动车消费税和购房出租环保税。2001 年，英国开始征收气候变化税，这是全球首创的新税种，实质是对特定能源（主要是电力、天然气、液化石油气和固体燃料）一次性征收的销售税。征收环节是应税能源的销售环节，纳税人主要是应税能源的供应者，实行定额税率。从 2001 年开征到 2010 年，英国先后调整了税率，其基本税率不断提高。

表 6-7　英国气候变化税税率的变化

时间	对象	税率	税率的变化	变化目的
2001 年 4 月 1 日	电力	0.43 p/（kW • h）		提高能源效率和促进节能投资
	气态燃料（天然气）	0.15 p/（kW • h）		
	液化石油（石油液化气）	0.96 p/kg		
	其他燃料（如焦炭和半焦炭的煤或褐煤、石焦油等）	1.17 p/kg		
2007 年 4 月 1 日	电力	0.45 p/（kW • h）	上调了 0.02 p/（kW • h）	随通胀调高税率，促进节能减排
	气态燃料（天然气）	0.154 p/（kW • h）	上调了 0.004 p/（kW • h）	
	液化石油（石油液化气）	0.985 p/kg	上调了 0.025 p/kg	
	其他燃料	1.201 p/kg	上调了 0.031 p/kg	
2009 年 4 月 1 日	电力	0.47 p/（kW • h）	上调了 0.02 p/（kW • h）	减少燃油产生的碳排放，提倡使用新能源
	气态燃料（天然气）	0.164 p/（kW • h）	上调了 0.01 p/（kW • h）	
	液化石油（石油液化气）	1.05p/kg	上调了 0.065 p/kg	
	其他燃料	1.281 p/kg	上调了 0.08 p/kg	
2010 年 4 月 1 日出台气候变化税免征、减征制度	对高质量的热电联产电力输出（直接销往终端用户）和使用可再生能源		豁免气候变化税	支持热电联产项目建设，提高电力使用效率
	对某些如期完成减排任务的消费者		减免气候变化税率	支持企业加入节能减排计划

注：p 为英便士，100 p =1 英镑。

① 张克中、杨福来:《碳税的国际实践与启示》，载《税务研究》2009 年第 4 期，第 88 页。

英国征收气候变化税的目的主要是控制污染排放对大气的影响，并不是为了增加财政收入，因此，英国在征收气候变化税的同时削减了雇员国民保险税，税率从12.2%降为11.9%，[①]另外，还对节能设备给予投资抵免，这些措施基本抵消了征收气候变化税给企业增加的税收成本。

丹麦在1992年开始征收二氧化碳税，征税对象是除汽油、天然气和生物燃料以外的所有二氧化碳排放，丹麦的二氧化碳税是以每种燃料燃烧时的二氧化碳量为基础，是典型的直接对二氧化碳征税。根据能源的不同用途，二氧化碳税表现出差异性，其用途主要分为三类：重处理工序、轻处理工序和空间采暖，对上述三类用途能源采用高低不同的税率。税率的高低见表6-8。

表6-8　丹麦二氧化碳税税率　　单位：欧元/t

用途及协议	1996年	1997年	1998年	1999年	2000年	2001年
重处理工序-无协议	0.7	1.3	2.0	2.7	3.4	3.4
轻处理工序-无协议	0.4	0.4	0.4	0.4	0.4	0.4
重处理工序-有协议	6.7	8.0	9.4	10.7	12.1	12.1
轻处理工序-有协议	6.7	6.7	6.7	7.8	9.1	9.1
空间采暖	13.4	13.4	13.4	13.4	13.4	13.4

资料来源：中国国际税收研究会杂志数据库。

从表6-8可以看出，丹麦二氧化碳税的税率在不同的领域差别较大，有减排协议和无减排协议。对于轻处理工序并且有减排协议以及空间采暖税率保持了稳定。而对于重处理工序，无论有无协议，税率均呈现出渐次提高的趋势。引进能源用途的差异化处理，主要是为了将能源密集型企业对环境的影响和保持其竞争力两方面因素同时考虑进去。同时，碳税与减排协议挂钩，如果企业能够就能源利用效率与丹麦能源局达成一个自愿协议，那么该企业就能降低它们的二氧化碳税。

丹麦的燃料增值税与碳税交叉征收，因此，对于燃料而言，存在着一定的重复征税问题，为此，丹麦政府对缴纳增值税的企业设定了50%的碳税返还，同时规定了净税负水平，如果碳税净税负超过销售额的1%，税率将下降为规定税率的25%；碳税净税负占销售额的2%～3%，有效税率下降为规定税率的12.5%，碳税净税负超过销售额的3%，总的税率将下降为规定税率的5%，因此，工业部门的实际税

① 中国国际税收研究会：《英国环境税考察报告》，载《世界税收信息》2010年第5期。

率约为家庭税率的 35%。[①]

从总体上看，二氧化碳税基本属于欧盟层面普遍征收的税种，但仍尊重欧盟各国的税收主权，采取国家碳税模式。尽管如此，欧盟各国的碳税的共性还是较为突出。大多将煤、石油、天然气等矿物性燃料作为征税对象，在税率设计上多采取复合税率。首先根据含碳量和所含能源单位确定总体税率，再计算征收二氧化碳税。一部分根据燃料的含碳量征收，一部分根据燃料的发热量征收，但是，欧盟各国碳税总体税率差异比较大。从长远角度看，各国碳税税率有逐步提高的趋势。

当然，多数欧盟国家出于对本国经济国际竞争力的考虑，碳税主要是在家庭层面上征收，对工业企业都设计了一定程度的豁免或特殊优惠。在税收的用途上，大部分国家将碳税的收入用于一般公共财政、低碳技术、低碳能源的开发和推广使用。

6.2.3.2 二氧化硫税

二氧化硫税是欧盟各国开征较早的税种之一，从开征时间看，最早实行二氧化硫税的国家是挪威，于 1970 年开始实施二氧化硫税，1985 年法国实施该税，到 20 世纪 90 年代，大多数欧盟国家开征了二氧化硫税。

按照征税对象划分，欧盟各国的硫税可以分成三类：一是直接以二氧化硫为征税对象；二是以能产生二氧化硫的矿物燃料为征税对象；三是混合型二氧化硫税。

法国 1985 年实施二氧化硫税，采用第一种类型，实行直接环境税，即选择以二氧化硫排放量为征税对象，实行从量定额征收，计征标准是根据监测量或报告的硫的排放量，征税对象仅限于热值超过 5 kW 以上的锅炉排出的二氧化硫。由于二氧化硫排放对大气污染的影响，1990 年法国整合了环境税，实行征收范围和纳税人双扩围，并提高税率水平。将二氧化硫、氮氧化物、硫化氢、碳化氢均列入大气污染税的课税对象，纳税主体除原有企业以外，扩大到包括容量在 20 kW 以上的电站、每小时 3 t 以上的焚化炉以及每年产生 150 t 以上硫化物的工厂。税率从原来的 130 法郎/t 提高到 150 法郎/t。法国大部分硫税的税收收入实行专款专用，主要是为减少二氧化硫排放有关的活动提供资金支持，为企业节能减排投资和技术开发给予补助以及建立二氧化硫排放监测网络。

瑞典 1991 年开征二氧化硫税，采用第二种类型，属于间接环境税，课税对象为矿物性燃料，包括煤、焦炭、石油等，纳税人为燃料零售商和大宗消费者，计税

① 武亚军、宣晓伟:《环境税经济理论及对中国的应用分析》，北京：经济科学出版社，2002 年版，第 161 页。

依据为应税燃料的含硫量，税率水平设计时采用成本费用法制定，即根据国家控制的二氧化硫排放量标准来制定。具体地说，二氧化硫税税率是根据政府削减二氧化硫的边际治理费用来确定，不同的燃料采用差别税率，并在税收优惠中根据纳税人二氧化硫排放量的削减程度设置了税收返还政策。

1996 年 1 月 1 日丹麦实施硫税，采用的是混合型二氧化硫税，所有类型的能源使用过程中所产生的二氧化硫排放均适用该税，分别按照二氧化硫排放量或应税矿物性燃料设置税率。对联合热电厂按照二氧化硫的排放量为计税依据，采用直接生态税的形式征收硫税；对其他企业的锅炉燃烧用煤和燃油采用间接生态税的形式，税率采用了差别税率，具体税率见表 6-9。

表 6-9　丹麦二氧化硫税税率

能源的种类	税　率	
煤	10 丹麦克朗/kg SO_2	
燃油	含硫量＞0.05%	0.11 丹麦克朗/kg SO_2
	含硫量≤0.05%	免税

总体上看，硫税在欧盟国家推行时步调并不一致，各国硫税税率差别非常大，各国都在减排和促进经济增长两个方面权衡时有着自己的选择。各国基本上在征收硫税的同时，设计了名目繁多的税收优惠或实行税收返还政策，促使企业使用低硫燃料和削减二氧化硫排放量。

6.2.3.3　垃圾税

欧盟各国大多对固体废物征收垃圾税，但具体情况以及税种名称不完全相同，包括垃圾税、垃圾掩埋税和固体废物税等。但是，征税对象都是对法定的固体废物征收，包括企业的生产废料和家庭的生活垃圾。征税的目的是减少垃圾的产生，并鼓励回收。税款基本专款专用，主要用于废物清理、垃圾处理、维护处理设施以及废物运送等。荷兰较早开征垃圾税，由政府对家庭征收固体废物税，该税的征收目的是为收集和处理垃圾筹集财政资金。征收方式是以每个家庭为征收单位定量征收，人口少的家庭可以得到一定的减免。由于垃圾税以家庭为单位进行征收，不符合公平原则，为此，荷兰还征收垃圾收集税，根据每个家庭产生的垃圾数量来征收，以小型垃圾箱为征收单位，实行定额征收，税额根据每个家庭装满垃圾箱的数量及每个垃圾箱的单位税额来确定，各地的市政府可在两种税之间进行选择。芬兰和英国也于 1996 年开征了垃圾税。英国对居民倾倒在地上或地下的废物征收垃圾税。

英国对垃圾分三类：一般垃圾、低税率垃圾（经过整理可重复利用的垃圾）、免税垃圾（可以直接回收利用的垃圾）。根据垃圾类型分别设置了差别定额税率，基本税率为 7 英镑/t，惰性废物填埋税适用低税率，每吨 2.5 英镑。为了加强改善居民生活环境，鼓励替代填埋废物的处理方式，英国政府逐年提高了垃圾税税率，1999—2004 年每年提高 1 英镑/t，2005—2007 年每年提高了 3 英镑/t，2008—2010 年每年提高了 8 英镑/t。税率的变动见表 6-10。

表 6-10　1997—2010 年英国三类垃圾排放的数量及税率

年份	一般垃圾		低税率垃圾（惰性废物）		免税废物垃圾	总排放量
	数量/10^3 t	税率/（英镑/t）	数量/10^3 t	税率/（英镑/t）	数量/10^3 t	数量/10^3 t
1997	20 000	7.00	16 500	2.50	3 000	39 500
1998	50 000	7.00	35 000	2.50	9 500	94 500
1999	49 000	10.00	30 000	2.50	8 500	87 500
2000	50 000	11.00	23 000	2.50	9 500	82 500
2001	50 500	12.00	17 500	2.50	16 000	84 000
2002	51 000	13.00	16 000	2.50	15 500	82 500
2003	49 500	13.00	16 000	2.50	15 000	80 500
2004	47 500	15.00	14 000	2.50	15 500	77 000
2005	46 000	18.00	13 000	2.50	18 000	77 000
2006	43 500	21.00	12 000	2.50	17 000	72 500
2007	41 000	23.00	12 500	2.50	17 500	71 000
2008	38 500	32.00	12 000	2.50	14 000	64 500
2009	33 500	40.00	7 500	2.50	12 500	53 500
2010	27 000	48.00	7 000	2.50	10 000	44 000

资料来源：Deloitte：2010　Green taxes in the UK，Environmental Taxes。

从表 6-10 可以看出，英国实行垃圾填埋税以来，一般垃圾的税率逐年提高，尤其是自 1999 年以来，三类垃圾均呈逐年下降趋势，垃圾总量也随着垃圾税的征收而逐年减少，2010 年垃圾总量仅相当于 1999 年的一半，垃圾税的征收对减少垃圾的排放及循环利用的无害化处理起到了积极的作用。

除了垃圾税以外，欧盟各国还普遍征收固体废物税，该税主要是根据废弃物的实际体积和类型定额征收。征税对象主要是废弃的电池、塑料袋、照相机、轮胎容器、润滑油等工业固体废物。欧盟各国开征的固定废物税有一次性餐具税、饮料容器税、废弃的照相机、电池、废旧轮胎等。

6.2.3.4 水污染税

水污染税是对污染水体的行为所征收的一种税。最早对废水排放征收费用的是法国，1969 年，荷兰也开征了地表水污染税。20 世纪 70 年代起，欧洲许多国家如瑞典、德国、挪威、荷兰、丹麦等都对废水排放行为进行征税。

德国是水污染税法律制度比较完善的国家，自 1981 年起开征水污染税。以废水的“污染单位”为基准，实行全国统一的税率，按废水量和其中所含的固体物、易氧化物以及废水的毒性确定税率，同时，将税率与废水排放是否达标挂钩，排放不能达标的污水费率为 100%，而废水排放达到规定标准的，税费率可减少至 25%。污水费的征收不仅有效减少了排放污水的浓度，而且增加了财政收入，德国政府把水污染税的税收收入专门用于为保护和改善水质而发生的费用。

芬兰的水污染税同样包括居民和厂商，对居民户实行统一费率收取污水处理费，对厂商则按实际测量的污染物浓度实行超标收费。

荷兰水污染税的纳税人是向地表水及净化工厂直接或间接排放废弃物、污染物和有毒物质的所有单位和个人，税率根据排放物的耗氧量和重金属的含量来确定，不同的水资源保护区实行不同的税率。部分欧盟国家污水排放税的税基和计量方法见表 6-11。

表 6-11　部分欧盟国家污水排放税的税基和计量方法

<table>
<tr><th colspan="2">国　家</th><th>计税依据</th><th>计量方法</th></tr>
<tr><td colspan="2">芬　兰</td><td>污染物浓度</td><td>统一费率</td></tr>
<tr><td colspan="2">德　国</td><td>污染物浓度与实际排放标准相联系</td><td>实际测量</td></tr>
<tr><td colspan="2">荷　兰</td><td>污染物浓度</td><td>实际测量</td></tr>
<tr><td colspan="2">芬　兰</td><td>污染物浓度</td><td>居民纳税人统一费率
企业纳税人实际测量</td></tr>
<tr><td rowspan="2">比利时</td><td>南部</td><td>污染物浓度</td><td>实际测量</td></tr>
<tr><td>北部</td><td>污染物浓度</td><td>实际测量和统一费率</td></tr>
</table>

资料来源：根据 OECD（1994）整理。

从表 6-11 可以看出，欧盟各国的水污染税有着相似之处，一般而言，纳税人包括家庭和企业，征收对象是各类废水，包括工业废水、农业废水和生活废水。绝大多数国家以实际测量的污染物浓度作为计税依据。在确定税率时，对企业和家庭采用不同的方法。企业水污染税税率一般根据水污染程度，通过实际测量确定税率；家庭的税率实行全国统一税率。

6.2.4 机动车税

欧盟各国对机动车征税不只是一种税，欧盟的机动车税分布于各个环节，分别以增值税、购置税、燃油税等形式存在于生产和消费以及报废的各个环节。在生产或销售环节与其他商品一样，向销售方征收增值税，同时对购买方征收购置税、注册税或登记税等，在拥有、使用环节开征具有财产行为税性质的汽车税，大多按照排气量确定税率，在使用阶段，征收燃料税或附加税，从而形成了完整的机动车税收体系，但欧盟各国机动车税收制度差异较大，具体情况见表 6-12。

表 6-12　部分欧盟国家主要机动车税费构成情况

阶段	国家	主要税费
购置阶段	英国	附加值税：零售价×15% 轿车特别税：零售价×5/6×10%（适用于新车及进口车）
	德国	附加值税：销售价×14%
	法国	附加值税：轿车 22% 注册税：77～154 法郎 驾驶执照税：229 法郎
	比利时	增值税：21% 牌照税：税率按车的马力和排气量确定
	丹麦	汽车购置税：7 124 欧元以下的税率为 105% 超过 7 124 欧元的税率为 180%
保有阶段	英国	汽车税：轿车 100 英镑/a；商务车 100～3 250 英镑/a 交通税：根据排放量征收
	德国	汽车税：汽油车 13.4 马克/（100 mL・a）；其他 38 马克（100 mL・a）
	法国	汽车税：79～2 216 法郎；大型轿车：79～9 172 法郎 法人轿车：4 800～10 500 法郎 车轴税：总重 16 t 以上的 50～3 600 法郎/季度

阶段	国家	主要税费
保有阶段	比利时	行驶税：按照车的马力和排气量确定
	丹麦	年度登记税： 小于 600 kg：汽油 182 欧元；柴油 279 欧元 600～800 kg：汽油 222 欧元；柴油 340 欧元 1 500～2 000 kg：汽油 727 欧元；柴油 1 116 欧元
使用阶段	英国	燃料税：汽油 22.5 便士/L；柴油 19 便士/L 附加价值税：汽、柴油价格的 17.5%
	德国	燃料税：汽油 0.9 马克/L；柴油 0.54 马克/L 附加税：汽、柴油价格的 15%
	法国	燃料税：汽油 3.8 法郎/L；柴油 2.37 法郎/L
	比利时	燃料税：汽油 0.6 美元/L；柴油 0.37 美元/L
	丹麦	燃料税：汽油 0.51 欧元；柴油 0.34 欧元；液化石油气 0.31 欧元

资料来源：葛察忠、王金南：《生态税收与公共财政》，北京：中国环境科学出版社，2006 年版，第 156 页。

随着欧盟各国绿色税收征收范围的扩大，欧盟环境税税种不断增多。部分欧盟国家绿色税收构成情况如表 6-13 所示。

表 6-13　部分欧盟国家绿色税收构成情况

序号	征税商品种类	独立绿色税收种类
1	汽油及柴油	碳税
2		硫税
3	其他能源产品	碳税
4		硫税
5		氮税
6	机动车	专项汽车税
7		道路使用税
8	农业投入品	化肥税
9		农药（杀虫剂）税
10	其他物品	电池税
11		塑料袋税
12		一次性容器税
13		轮胎税
14		一次性剃刀/相机税
15		润滑油税
16		油污染收费
17	飞机	噪声税

序号	征税商品种类	独立绿色税收种类
18	水	水收费
19		排污水费
20		水污染税
21	废弃物	市政废物收费
22		废物处理收费
23		有害废物收费

注：① 欧盟各国除对汽油和柴油征收碳税和硫税外，还普遍采取了下列措施：无铅/含铅汽油销售税实行差别税率；柴油销售税根据质量实行差别税率；征收其他能源产品消费税。

② 对其他能源产品征收销售税，并按照清洁程度实行差别税率。

③ 对机动车征收销售税，并按照排气量实行差别税率。

尽管欧盟的税收制度绿化过程的协调要比其他地区强，但各国环境税税种的设置差异仍然较大，征收比较广泛的环境税是能源税类和排放类税种。以能源税为主体，对各类矿物性能源均征税；重视利用碳税和硫税控制废气排放，并对固体废物、大气污染物进行征税。

6.3 税制要素生态化设计

欧盟绿色税收制度要素的构建是欧盟税收制度绿化的主要路径。随着欧盟绿色税收制度建设的不断深入，欧盟各国税收制度构成要素呈现出强劲的生态化趋势。

6.3.1 征收范围的绿色化设计

征收范围也称“征税范围”或“课税范围”。欧盟绿色税收的征收范围较为宽泛，充分体现了税收制度绿化的取向。

6.3.1.1 征收范围的一般外延

从理论上看，绿色税体系所构建的征收范围应包括所有与资源开采、使用以及与环境污染有关的领域，但欧盟国家在税收制度绿化过程中，绿色税制要素构成差别较大，导致各国绿色税的征税对象宽窄不一，各具特色。尽管如此，发达国家绿色税收的触角已经比较广泛，经过 20 多年建设，范围逐步扩大，分布于社会生产的各个环节，包括资源开采、生产、消费、使用、处置等。从大类划分，绿色税收的征收范围大体分为以下几个大类：开采和利用资源类产品；企业生产的对环境非友好的产品；消费者消费具有环境污染性的产品。具有世界性的品目包括废气、污水、固体废物、能源类产品、电力和高能耗产品等。

需要说明的是，绿色税收不仅包括针对环境资源保护及控制环境污染设置的环境税，也包括其他税种的政策条款的生态化理念的运用而制定的有关政策。例如，增值税作为加入欧盟的前提性税收制度的约束条件，是欧盟各国最主要的税种。在近几年的改革过程中，各国纷纷启动了绿色增值税改革。根据欧洲法令，欧盟各国将征收增值税应税产品和劳务分为可持续性和不可持续性的，并制定具有生态化的差别税率。按照可持续性原则，增值税对应税产品和劳务的分类情况见表 6-14。

表 6-14　产品和劳务类别的划分（按可持续性标准）

项目	可持续的	不可持续的	适中的
运输	公共交通	能源利用率低的汽车	节能汽车
能源	可再生燃煤	燃油燃气	联合循环发电
电子电器	能源利用效率高的，可循环再利用的物质含量高的	能源利用效率低的，可循环再利用的物质含量低的	能源利用效率中等的，可循环再利用的物质含量适中的
国际旅行	铁路	航空	公共汽车
食品	当地生产的产品，低使用农药的	高运输成本的产品，大量使用农药	
住宅	节约能源的房子，翻新的房子	在空旷地方的新房	

资料来源：Johan Albrecht，“The use of consumption taxes to re-launch green taxreforms”，*International Reviewof Law and Economics*，2006，No.26，pp.88-103。

从表 6-14 可以看出，欧盟增值税应税产品和劳务的绿色化分类尽管比较粗糙，需要根据经济、环境发展的需要进一步完善，但是，仍能体现环境税制建设的要求，使得增值税征收范围的界定和对应税产品和劳务的生态化分类能够体现欧盟框架内的税制绿化改革的需要。①

6.3.1.2　绿色税收课税对象的量化设计

欧盟各国在绿色税收制度建设进程中，征税对象的生态化使得欧盟的生态税制建设颇见成效。征收范围的外延是征税对象的物化表现，计税依据是征税对象的量化表现。欧盟征税对象生态化的量化设计是从税基方面对征税做出了规定，决定了

① 王金霞：《增值税生态化改革探析》，载《税务研究》2010 年第 1 期，第 48 页。

应纳税额的大小。欧盟各国根据不同环境税特点，结合本国经济发展、环境保护以及社会发展的需要，进行了细腻的设计。总体而言，欧盟环境税的税基主要有以下 3 种：

（1）以污染物的排放量为税基。如德国的水污染税，以污染物的排放量为税基，以促使纳税人引进先进技术，改良治污设备等进行清洁生产，在不减少产量、不影响社会供给的前提下，实现保护环境的目的。

（2）以污染企业的产量为税基。如对一次性剃刀以及一次性相机征税就是如此。这种以污染企业的产量为计税依据的做法，会使企业为了减少或转移税负而减少产量，影响企业的正常生产经营，税收的扭曲作用比较明显，对市场机制的正常运行产生副作用，在欧盟各国运用得并不多。

（3）以生产要素或消费品中包含的污染物数量为税基。虽然这种设计的政策指向性非常强，意在通过征税对象的生态化的量化设计达到税收的替代作用，但由于该种做法需要对产品所含的污染物数量进行准确测定，需要科学的技术手段作支撑，因此操作性比较差。

6.3.2 税率的谨慎选择

从理论上分析，环境税税率高低与外部性成本大小密切相关。从微观经济主体的角度分析，环境税税率的高低要结合经济主体活动所产生的外部成本以及机会成本，激励纳税人从自身利益最大化出发，在生产的各个环节均考虑税收成本、利润和环境问题，在生产投入环节使用清洁原材料、燃料和动力，在生产过程中对工艺流程设计、生产的产品要有利于降低污染，增加环保型产品生产量。从国家宏观角度看，环境税税额应能够补偿环境资源破坏性损害的费用，或者大于治理污染费用和维持环保设施运转费用。

但是，环境税税率设计是一个复杂而且非常敏感的问题。纵观欧盟各国有关环境税税率变化历程看，各国在运用绿色税收，以期达到特定目标时，设计的实际运用的税率与理论上的税率多有偏差，税率的设计是市场机制和政府管制交互作用的结果。

6.3.2.1 税率绿色化设计的前提

从影响绿色税收税率水平的因子看，各国政府均将资源的合理利用、环境保护、环境污染治理和经济社会协调发展各个因子统筹考虑，并实行差别税率，以体现环保税的作用方向和力度，将节约利用资源置于环境保护之前，并且以不影响本国经济竞争力为基本前提。

6.3.2.2 环境税税率设计原则

遵循不可再生资源的税率高于可再生资源的税率，稀缺程度高的资源税率高于稀缺程度低的资源税率，再培育成本高的资源税率高于再培育成本低的资源税率的生态化原则。

6.3.2.3 绿色税收税率的总体架构

从实际操作层面看，绿色税收税率的设计要远比“庇古税”的理论税率复杂得多。只有在正确评估生态资源损害和治理成本的前提下，经过缜密设计方可取得理想的结果。因此，欧盟各国在设计绿色税收各个税种税率时都是从具体实际出发，综合考量各个影响因素，谨慎设计税率。首先，将环境税税率水平与本国其他税种税率水平综合考虑。税收制度绿化改革是一个系统工程，涉及的不仅仅是环境保护问题，还会影响经济发展以及社会稳定。因此，环境税税率的设计必须使现有的税负水平基本保持不变，增强绿色税收制度的政治接受度，并且不影响国家经济竞争力，通过税制结构生态化改革促进经济结构、产业结构以及消费结构的生态化调整，以环保产业形成新的经济增长点，促进经济的可持续性发展，并达到保护生态环境的目的。其次，绿色税收体系中各个税种的税率水平综合考虑。如前所述，绿色税收是指税收体系中与资源利用和环境保护有关的各种税收的总称，不只是一个单独的税种，这样可能会出现多个环境税都涉及同一个经济客体，如作为环境税的主要税种能源税，它包括能源产品税、能源消费税、能源使用税等，所以发达国家在设计本国能源税税率时，都是在本国能源政策总框架下设计各个具体能源税税率水平，合理设计能源这一经济客体的总体税负。

绿色税种的税率大多从简单到复杂。最初采用的是比较简单的定额税率，随着绿色税收在政府经济政策中的作用日益加强，环境污染日益加剧，环保产品在消费中比例不断增多，比例税率以及复合税率在环境税体系中逐步得以运用。

总体而言，欧盟国家环境税税率经历了从低到高渐变的过程，而且税率的指数化及动态调整因子也在税收制度要素中直接体现。

6.3.3 纳税环节的选择

纳税环节是指纳税人就征税对象在从生产到消费的流通过程中应当缴纳税款的环节。理论上讲，绿色税收的纳税环节应在污染排放环节。但是，欧盟各国的征税环节分布于资源开发、生产、消费以及污染排放环节，根据社会再生产污染形成点以及便于征收管理的需要，纳税环节的选择比较灵活，若污染点处于开采阶段，则选择在开采环节依据开采量征税；若污染产生于生产过程，则对较固定的污染源征税，或根据产品消费与污染排放之间的联系，将纳税环节移后，即置于消费环节征税。从近年绿色税收制度发展来看，绿色税收的纳税环节出现后移现象，防止盲目早期征税对经济的影响，也为纳税人提供积极治理防污的机会和时间。

6.3.4 税收优惠的灵活运用

欧盟各国绿色税收制度比较完备，与其他环境政策相互配合，形成较为完备的环境税收政策。与此同时，为了保护欧盟所生产的商品和提供的服务在国际上的竞争力，欧盟制定了宽松的减免税和税收返还等措施。欧盟各国的税收优惠并不相同，具有一定的国别特色。但总体而言，主要有减税、免税、税收豁免以及税收返还等形式。

丹麦的绿色税收减免和返还规定最具有代表性。丹麦的生态税制比较复杂，但每个环境税都设计了免税与返还的内容，税收优惠名目繁多，范围非常广泛，只要符合用途、身份或规定的其他条件，均可以享受税收减免或税收返还，具体的税收优惠见表 6-15。

从表 6-15 可以看出，丹麦的税收优惠的种类主要集中在出口免税、对特定用途的产品或物品免税、对生产免税等，以体现绿色税收的环保意图，并保证本国产品和企业的国际竞争力，保证绿色税收的推行不影响经济发展。

丹麦生态税制中除了设计了免税内容之外，还安排了一定的税收返还。税收返还的主要内容见表 6-16。

表 6-15　丹麦生态税免税项目

税　种	类　型	备　注
二氧化碳税	用途免税	1．用于航空、外交服务、国际组织、国际贸易、电力生产的能源
		2．用于蒸汽火车或轮船的煤和油
		3．清洁化工部门的能源产品的生产与消费
		4．电力部门用于发电及输电的能源
	不纳税	参加自愿减排协议的企业
污水排放税	用途免税	污水处理厂排放的税、渔场排放的税
矿物油税	出口免税	注册商业机构出口
	用途免税	1．用于航空、外贸船只的国内公共交通
		2．用于外交服务、国际组织
		3．电力部门用于发电
		4．化工部门用作原材料
		5．渔业部门用于渔船燃料
天然气税	出口免税	注册商业机构出口天然气
	用途免税	用于外交服务、国际组织以及电力生产
电能税	出口免税	电力出口
	用途免税	用于生产、外交服务和国际组织
	生产免税	1．发电容量不足 150 kW 的工厂生产的电
		2．应急发电机生产的电
		3．水力和风能发电
		4．机动车辆发电
容器税	出口免税	注册商业机构出口
	用途免税	用于外交服务、国际组织、国际航空、国际航运以及液态牛奶封装用容器
一次性餐具税	出口免税	注册商业机构出口
电灯泡税	出口免税	注册商业机构出口
	生产免税	低能耗电灯泡、灯管
电池税	出口免税	注册商业机构出口
	用途免税	用于外交服务、国际组织
杀虫剂税	出口免税	注册商业机构出口
	用途免税	用于外交服务、国际组织

税　种	类　型	备　注
燃料消费税	性能免税	残疾司机车
道路使用税	用途免税	上学学生用车、非用于运送货物的载重车、赛车及马戏团用车
机动车载重税	性能免税	残疾驾驶员客车、定时定点公交车、电车
机动车强制保险税	用途免税	载重在 6 t 以上的商业用车

资料来源：*Database on Environmentally Related Taxes*，http：//www.oecd.org，2001。

表 6-16　丹麦环境税的税收返还项目及范围

税　种	返　还　情　况	
二氧化碳税	注册商业机构	1．能源密集加工业返还 50%
		2．与能源部签订节能协议者返还 75%以上
		3．其他加工业返还 10%
	极轻柴油及汽油用于公共交通时碳税返还并享受 0.1 丹麦马克补贴	
二氧化硫税	企业排烟脱硫时硫税可以返还	
污水排放税	1．如果企业 80%的产品为纤维素糖、鱼或与之相关，而且增值税总额超过一定数额时，其超过增值税的 97%可以返还	
	2．如果企业 80%的产品为有机色素、蛋白质、胶质、淀粉或维生素等产品或与之相关，而且增值税总额超过一定数额时，其超过增值税的 70%可以返还	
矿物油税	货物消耗时，商业机构缴纳的增值税可以返还	
天然气税	1．从事特种产品注册企业可以获得某种返还	
	2．公交用气可以获得返还并享受一定补贴	
电能税	注册商业机构所缴纳的增值税可以返还	
容器税	玻璃容器回收再利用可以获得返还	
电灯泡税	未注册商业机构出口灯泡可以返还	
电池税	未注册商业机构出口电池可以返还	
杀虫剂税	未注册商业机构出口杀虫剂可以返还	
道路使用税	一年使用期的许可证未用完，剩余月份的道路使用税返还	

资料来源：*Database on Environmentally Related Taxes*，http：//www.oecd.org，2001。

从表 6-15 和表 6-16 所反映的内容看，丹麦环境税的免税运用更为广泛，主要适用于出口、特定用途、生产企业和注册的商业机构，税收返还只是作为免税系统的补充，主要体现在能源税中。

出于环保角度考虑，欧盟国家大多对所有企业用车征收环保税，而且车价越高，排气量越大，环保税税负越重；对个人用小排量汽车实行减税或回扣，如丹麦车辆购置税规定，对能效高的机动车，根据能耗高低规定不同的回扣，最高可获得 2/3

的回扣。

随着欧盟公众对环境问题的普遍关注和市场机制在环境保护领域的失灵，绿色税收作为保护环境的较为有效的杠杆备受关注。尽管欧盟各国环境税因各自国情和面临的环境问题存在一定差异，但是总体而言，征收范围呈现扩大的趋势，征收范围包括能源产品、废气排放、固体废物、电池、包装容器、化肥、杀虫剂、噪声等。税率多采用差别税率，纳税环节集中在污染环节，欧盟环境税制要素设计的科学性，推动了环境税的实施。

6.4 欧盟国家绿色税收的经验与启示

6.4.1 模式：相机抉择

进入 21 世纪后，欧盟各国将环境税制建设作为税制改革的重要组成部分。总体而言，绿色税收制度的实施和改革分为缓和的“循序渐进式”和比较激进的“一揽子式”改革两种方式。“循序渐进式”是以新税种的开征、税率的调整、合理的税收优惠等方式，逐步替换或补充现有的税收规章制度，从而实现以税收手段达到减少污染、保护环境、绿化税制的目的。“一揽子式”是按照生态化的要求，重新构建税收的整体结构，是对原有税收制度进行全面改革，将税收负担的总体布局进行调整，从对收入征税转向对有害于生态环境的行为进行征税，通过环境税的征收这一税收冲击，改变纳税人市场行为，使其经营战略有利于环境保护，从而实现生态环境可持续发展目标。以欧盟成员国为例，以德国、法国、比利时、瑞士、卢森堡等西欧国家为代表，采取“循序渐进式”改革方式，推行绿色税收制度建设。荷兰、挪威、丹麦、瑞典、芬兰等北欧国家，则采用“一揽子式”方式进行绿色税收制度建设。尽管环境税有“循序渐进式”和“一揽子式”改革两种方式，但是从欧盟税收制度绿色化过程看，其环境税制改革通常都是基于“长远规划、循序渐进”的原则。大多根据本国环境资源等生态问题和经济社会发展需要，分清轻重缓急，决定改革推进的速度，渐进推进税收制度的绿色化改革。“循序渐进式”的改革模式是大多数国家在建设绿色税收制度过程中所采取的模式。

6.4.2 原则：保护国家竞争力

20 世纪 70 年代，欧盟各国开始运用绿色税收解决环境问题，到 90 年代，环境税的征收在欧盟国家已经很普遍，设立的税种较多，征收范围不断扩大，税收法制比较健全，环境税的征收管理也非常严格，环境税作为新兴税种，理应是税收收入最多、增长速度最快的税种之一，但现实并非如此。例如，在 1996—2005 年的 10 年间，欧盟 15 国生态税收入占全部税收收入的比重变动区间为 6.1%～6.9%，并没有伴随着税收制度绿色化改革大幅度上升。这种结果似乎与欧盟税收制度生态化改革不吻合，究其原因主要是欧盟各国在税收制度生态化过程中，生态税制包括相互抵消的两部分：一方面是正规税制，包括纳税人、征税对象、税率以及应纳税额计算等；另一方面是非正规税制，即以税收优惠为表现形式的税式支出。大量的税收优惠使得生态税制的功能和作用大大削弱。这样设计的生态税，主要是为了避免单边率先实施比较严格的环境税政策对欧盟各国竞争力的影响，为此，欧盟各国在设计了世界上较为完备、苛刻的环境政策的同时，实施了世界上最为宽松的、内容丰富的减免税和税收返还等措施，以便在经济全球化、一体化的背景下，减少或防止生态税的征收削弱本国产品或企业的竞争力，保护欧盟所生产的商品和服务在国际上的竞争力。1995—2000 年，欧盟 15 国的生态税收入所占的比重有 8 个国家在下降，2000—2005 年，这种情况有所改观，生态税收入比重下降的减少到 6 个，其中，下降速度最快的是希腊，提高速度最快的是丹麦。当然，欧盟的税收减免和税收返仍然体现了环境保护的宗旨。

作为重要的经济调控手段，发达国家已经将绿色税收作为环境保护的重要措施，根据污染物的不同有废气税、水污染税、噪声税、固体废物税、垃圾税等，从对收入征税转到对有害环境的行为征税，运用税收优惠和差别税率，积极引导社会资金投向生态环保领域。在采用税收手段的同时，注意与产品消费、使用者收费等配合，绿色税收在经济、社会、环境保护方面发挥着越来越多的作用，绿色税收的地位在上升。尽管如此，发达国家并不将绿色税收作为筹集财政收入的渠道，绿色税收的财政职能并不是其主要职能，更多考虑的是绿色税收政策在促进环境保护方面的重要作用，发达国家绿化税收制度，使得税收的功能得以拓展，税收的现代职能——生态职能日益显著，税收对保护环境、控制污染等方面发挥着越来越大的作用，欧盟国家税收制度的绿色改革，使得税收具有生态职能，这是税收职能在现代社会的拓展。但是，欧盟各国为了保护本国经济的稳定发展，设置了宽泛的税收优惠政策，宽泛的返还与名目繁多的减免制度是欧盟生态税收的特色之一，欧盟各国的绿色税收制度建设是在保障国家竞争力的框架下进行的，是以保护国家竞争力为基本前提的。

6.4.3 路径：收入中性

税收的“收入中性”是指税制改革保持税收负担基本稳定，一个税种税负增加是以其他税种税负减少为前提，或税收负担的提高同时减少公共赤字或债务，公民社会福祉不发生变化。一般而言，在税收制度改革过程中，如果保持税收负担不变，包括环境税在内的任何新设税种都具有一定的收入中性。即使在改革过程中，税收总体负担有所提高，但增加的收入大部分用于减少财政赤字和公共债务，其“中性”的特征同样可以体现得很明显。绿色税收“中性”是指将绿色税收收入用于减少其他引起市场扭曲，而整个社会纳税主体的总体税收负担不增加。

欧盟国家在绿色税收制度建设之初，就奉行“收入中性”原则，在推进环境税改革进程中，往往是在现行税制正常运行的基础上，适当地将生态理念融入原有税种，进行生态化改革，或者是开征独立的生态环保税种。在税收制度绿化同时，奉行收入中性原则，保持总体税收负担基本稳定，将税收征收的重点逐步从工资收入、营业收入逐步向对生态环境有害的生产、消费及进口等行为转移，从而使其在资本、劳动与自然资源、环境污染产品进行重新分配。[①]尽管各国环境税各异，但其共同特征是在开征新环境税或是提高污染品消费税税率的同时，通常会降低所得税或社会保障费，减少因为对资本、劳动力以及储蓄征税而带来的超额负担，从而实现绿色税的“双重红利”，并对法人企业设置了一定的税收减免或税收返还优惠措施，以保持总体税负的平衡。以德国绿色税制改革为例，德国在开征环境税时降低了退休保险费率，同时，征收的环境税大多专款专用，一方面用于环境保护和环境治理，满足公民对洁净的自然生态环境的公共诉求，另一方面，兼顾环境税的社会效应，用于弥补低收入人群因为环境税征收造成的收入累退。如德国政府 1999 年将开征

① 孟磊、贾兴：《欧洲绿色税收改革研究》，载《中国矿业》2008 年第 8 期，第 18 页。

能源产品税后带来的 380 亿欧元的税收收入，全部返还给微利企业和低收入居民，使民众可支配收入有所增加，减轻了低收入人群的经济负担。再如，2000 年瑞典进一步扩大绿色税制改革范围，增加能源税，绿色税制收入为 SEK 170 亿元，其中 130 亿元转移至支持劳动员工的持续教育，即所谓的“绿色成人教育优先权”。绿色税收具有的税负转嫁的特点，既实现了保护环境的目标，又对社会低收入人群进行了转移性支出，保证了低收入群体的最基本生活，促进了社会稳定，可谓是“多重红利”，从而使得绿色税收的政治接受度较高。这是欧盟国家税制改革路径重要创新之处，也是其能顺利推行的基础。

尽管如此，绿色税收的实施，对工业企业产生较大影响，消费者也对由于绿色税收的开征会提高产品的价格提出质疑，出于对各经济主体可支配收入将会受到影响的考虑，发达国家在绿色税收制度建设过程中，公开表明降低其他税种的税率，在总体税负不变的前提下实施绿色税收。从税收收入角度来看，新开设的绿色税种，会补偿由于其他税种税率降低导致的税收收入的减少，不同税种收入结构因此也会发生变化，这就有可能触及既定利益集团的利益分配格局，形成税收负担的重新布局。从消费的角度看，生态税收的征收会对不同的消费群体产生不同的影响，尤其会使低收入人群税收负担增长，影响税收分配公平目标的实现，从而产生一些社会问题。由于环保新产品的技术含量较高，价格较高，低收入人群没有能力消费这类产品。大多数低收入群体可能消费价格低的污染密集型的产品，而污染密集型的产品属于国家限制或不鼓励消费的产品，绿色税收的征收会提高这些产品的税收负担，因此，低收入人群在消费过程中税收损失较多。各国绿色税收制度的设计考虑了这一因素，设置了诸如税收豁免或降低税率以及给予补贴、转移支付等政策。绿色税收对于环保类产品，给予一定的税收优惠政策，降低环保产品生产和消费的税负，将低收入人群纳入环保产品消费群之中，增加环保消费品的消费比例；补贴纳税人的环境治理投资、税收返还等，提高环保产品生产的竞争力。安排相应的财政转移支付，将绿色税收收入补偿给那些受该税收影响最大的低收入群体，帮助受影响行业和人群提高自我调整能力，保持微观层面上的“税收中性”，解决环境保护和人类生存需要的矛盾，减轻社会各界对征收绿色税收的抵触情绪，缓解政府所受到的利益集团的政治压力。

由此可以看出，绿色税收是对外部边际成本的私人行为或产品课征的矫正性税收，弥补了市场机制的缺陷，有效地限制私人对生态资源的过度消费，属于较高层面的矫正性“中性”。同时，绿色税收增加的财政收入还为适当降低其他具有明显非中性税种的税率提供了空间，有利于整个税制体系的中性。

6.4.4 核心：要素配置

尽管欧盟国家面临的环境问题是共同的，对税收制度生态化改革的诉求也是共同的，但是，我们分析各个发达国家的环境税会发现，各国环境税的税制要素各有千秋，各国绿色税收的开征时间、征收范围的宽窄、课税对象量化设计和纳税环节以及税收优惠都存在着较大的国别差异，从而使发达国家绿色税收的法律制度具有特有的多元性的制度价值，究其原因是绿色税收是一个主权国家税收制度的组成部分，绿色税收建设必须在整体税制改革框架内进行综合考虑，不能单兵突进。同时，环境税改革不仅仅是税收问题，也是经济问题、社会问题和政治问题，由于各国面临的经济、社会问题不同，各国政体不同，绿色税收的制度要素具有国别特色。

6.4.4.1 双重约束下纳税主体的确定

纳税主体是指税收法律关系中依法履行纳税义务，进行税款缴纳行为的一方当事人。绿色税收是以保护生态环境，合理开发和有效利用自然资源，推进经济社会可持续发展为目的，因此，从保护环境的角度看，绿色税收的纳税主体应该涵盖所有资源的开发利用、环境保护、环境改善以及环境污染治理的整个环境保护过程，对生态环境系统产生影响的法人和自然。但是，绿色税收的征收必然会增加企业纳税人的经营成本，包括税收成本、节能减排的技术更新成本以及污染排放处理成本等，不可避免地会影响能源行业、以能源为主要材料的行业以及污染排放大的企业的竞争力。在全球经济一体化的社会，一个企业的竞争力不仅仅体现国内产业的竞争、产品的竞争，更大的问题是一个国家的经济竞争力。因此，发达国家在税收制度绿化过程中，为了保护本国产业竞争力，在绿色税收开征初期，设计了纳税人例外规定，即通过税收优惠对企业纳税人给予免税，或给予企业纳税人一个适当的过渡期，并结合企业节能减排的技术改进措施给予税收返还减免。为此，发达国家绿色税收开征初期的纳税主体主要是居民纳税人，同时根据本国的经济发展情况和环境状况对企业纳税人作为纳税主体进行适当调整。

6.4.4.2 绿色税收征收范围渐进扩大

欧盟国家在确定绿色税收征收范围时，各国推进的进度迥异，各个绿色税收的税种特征各异。欧盟各国均对废气排放征收环境税，但是，不同的排放物的开始征收时间差异度较大。如针对 SO_2 排放征税，由于其公众接受度较高，税收执行成本相对较低，所以其开征的时间较早。而 CO_2 虽然同样会造成空气污染，但是由于碳税的税基覆盖面广，并且往往是一种增值税，碳税的征收不可避免地会对企业的竞争力产生不利的影响，从而影响企业的经营行为，同时由于环境污染会涉及跨境污染的国际责任分担问题，其“外部性”特征往往会伴随着国际争端，因此对其开征与否及税率的设置，均是很谨慎的问题。从 20 世纪 70 年代开始，到 90 年代各国环境税的大面积推行，绿色税收的征收范围已经比较宽泛，基本涵盖了对环境有影响的经营行为和物品。从涉及的纳税法律主体看，包括个人、家庭和企业。从涉及客体看，包括自然资源、能源产品、环境保护、环境污染控制、污染物排放。从国民经济环节看，绿色税收从资源开采利用、生产、消费、废弃物排放到循环利用、环境污染控制等多个环节均有绿色税收的足迹，从地域分布看，不仅涉及国内生产以及消费等领域，还包括国际间的环境保护义务，环境污染治理以及国际贸易绿色化等各个方面。因此，绿色税种呈现出多样性，征收范围广泛性，从而构成了色彩纷呈的绿色税收体系。

6.4.4.3 税率的次优选择

理论上讲，为了内化社会成本，应将污染削减的边际收益与边际成本的交界点设定为绿色税收的税率标准，即削减一个追加单位污染的同时，有可能得到更多的净效益。制定最优税率时，要求计算一个单位排放的成本大小以及估算减少该单位排污带来的追加效益。由于污染的边际成本计算难度较大，加上环境资源“搭便车”和信息不对称等问题，欧盟各国绿色税收的次优税率成了首选。在各国的绿色税收实践中，税率确定常常通过提前确定的环境目标和不同行为对价格信号的预期和响应来完成。尽管次优税率设计时不能确定绿色税收的影响程度，或不能完全实现内化外部成本，但是基本会确定影响方向和影响程度区间，因此，能够对环境有所改善。所以，整体来说这种次优税率还是具有一定效率的。

绿色税收的践行者在确定具体税率时，并非完全根据“全成本”原则制定税率，而是参考地区差异和具体的目标来确定。其原因是税率设定过高，可能在出现抑制生产的同时导致社会付出过高代价来实现“过分”清洁，造成绿色税收对经济以及居民生活产生负面影响，与此同时，在设计税率时，不追求税率全国一盘棋，而是给予地方政府一定调整权，以便地方政府根据该地区的实际环境状况进行相应调整。而且大多数发达国家往往采取循序渐进的策略：先设置一个低税率，随着经济发展水平提高，环境污染以及治污技术的成熟，渐次提高环境税的税率。[①]

6.4.4.4 科学设置税收优惠

绿色税收优惠政策一般包括加速折旧、直接减免、环保产业研发（R&D）以及环保投资税收抵免等。加速折旧是允许企业用于专项环保的设备折旧年限缩短至3～5年。直接减免是一种一般减免税项目，主要目的是鼓励消费者或企业平常性的环境保护行为。如美国公司所得税规定，对企业综合利用资源所得给予减免所得税优惠。环保产业研发（R&D）税收优惠规定，在实际发生金额列支的基础上给予加计扣除。如德国该项政策使德国环保产业的国际市场占有率达到了21%，高居世界第一。环保投资税收抵免，是针对投资于减少废物排放、提高和改善能源利用率的机器设备投资，按照一定比例在应纳税额中给予税收抵免。

6.4.4.5 绿色税收与其他税种的配合

绿色税收是税制体系的组成部分，因此，各国推行绿色税收制度建设过程中，非常注重在具体设计中协调不同环境税的配合。如污染税和各种间接产品税之间的配合，以及污染税种中的水污染税、二氧化硫税和二氧化碳税之间的配合等。另外，还要注意环境税种与其他税种的配合，如绿色税收与产品税、销售税之间的协调等。

---

① 程彦:《生态税收制度的理论基础与实践经验——兼论可持续发展战略下我国生态税收制度的现实选择》，厦门大学硕士学位论文，2005年，第22～23页。

第 7 章

我国绿色税费实践

党的十一届三中全会以来，尤其是实行市场经济以来，我国经济发展取得令人瞩目的成绩，但是在享受持续的经济高速增长带来的繁荣的同时，也为此付出了沉重的环境代价。资源短缺、环境污染、生态系统破坏，环境资源问题不仅制约了我国经济的可持续发展，也带来了新的社会问题，环境资源已经成为制约我国经济社会可持续发展的重要瓶颈之一。现在已经到了必须解决日益严重的环境污染的时候了，但这并不是一件容易的事。

近年来，我国为了抑制环境恶化，促进经济社会可持续发展，以政府宏观经济政策引导，启动了市场、公民等社会各方面因素参与环境保护。其中，政府出台的一系列与环境保护和环境治理有关的税费政策及相应的刑事责任，其内容主要包括4 个方面：①对环境污染行为的排污收费制度；②基于市场的排污许可和交易制度；③基于环境保护、控制环境污染和环境治理方面的绿色税收制度；④关于环境污染刑事责任法律制度。上述有关经济激励、经济处罚、刑事处罚等措施在树立环保理念，减少环境污染，加强环境资源保护等方面发挥了经济作用。其中税费等经济手段作为主体，为政府和公众推崇的手段，日益受到重视。

7.1 我国税制绿化发展历史

自 20 世纪末以来，国际范围内的绿色税收实践出现了加速发展的趋势，这主要出现在美国和欧盟地区，同时，随着发展中国家经济的快速发展，环境问题日益突出，发展中国家在绿色税收方面也开始出现了新的变化。随着经济的快速发展，环境问题日益受到我国政府及公民的重视，使得在经济社会以及政府等方方面面对绿色税收都格外关注。

我国绿色税收政策的演进经历了一个较长的过程，分为以下 4 个阶段。

7.1.1 绿色税收政策空白阶段（1949—1978 年）

新中国成立初期，我国主要着力于经济建设，发展经济，摆脱经济一穷二白的困境是国家发展的头等大事，对于环境保护并未提到国家经济社会发展的日程上来。随着工业化进程加快及片面追求高速度的经济建设方针，造成了对环境资源过度消耗的严重后果，环境资源问题开始显现。大气、水源、固体废物污染逐渐呈现，矿产资源不合理勘探造成的浪费和污染也逐渐加剧，生态问题已经影响到人民的生活和生产。在这种情况下，1973 年 8 月，在北京召开了第一次全国环境保护会议，掀开了环境保护的序幕。20 世纪 70 年代，我国的环境治理主要集中于工业“三废”方面，手段多为行政管理和立法，但是，由于方法单一、执法不力，实际效果并不理想。在环保税方面，曾对燃放鞭炮和开采矿产品征收较低环保税，1958 年的《工商统一税条例（草案）》扩大了矿产品的征税范围，提高了税率。但总的来说，改革开放以前的环境税出于获得财政收入的目的居多，真正的“绿色”理念并未建立起来，所以，当时的绿色税收基本处于空白阶段。

7.1.2 绿色税收政策初步建立阶段（1978—1994 年）

20 世纪八九十年代，伴随着经济的发展，环境资源问题越来越突出，对经济的制约性也越来越明显。我国环保意识逐渐觉醒，将环境保护与经济发展联系起来，并采取措施应对污染和能源危机，政府提出“预防为主、防治结合”“谁污染、谁治理”和“强化环境管理”三大政策，初步建立了环境保护的法律体系。1979 年通过的《中华人民共和国环境保护法（试行）》是新中国第一部环境保护基本法，标志着我国环保事业开始走上法制轨道。此后，《海洋环境保护法》《矿产资源法》《土地管理法》《渔业法》《水污染防治法》《森林法》《征收排污费暂行办法》等一系列法律法规相继出台，为我国环境保护提供了法律依据。

与此同时，财税政策也开始关注绿色环保领域。1984 年颁布了《产品税条例（草案）》，对鞭炮、矿产品、成品油等都提高了税率，另外，又特别规定对利用工业“三废”进行再生产的产品给予减税、免税待遇，这也是我国税收政策史上第一次利用税收优惠，鼓励环保产业发展，具有开拓性的意义。这一时期的资源税征税范围较小，起征点设计也不尽合理，对资源开发利用的调节作用有限，但迈出了探索性的一步。节能减排提上了税收制度改革的日程。1986 年颁布的《节约能源管理暂行条例》中规定的对企业的节能效益实行“税前还贷”，对节能产品减免增值税和产品税 3 年，对引进节能技术的企业减免关税等措施进一步激发了企业改进技术、节约资源、保护环境的积极性。我国的绿色税收政策开始在多领域试水，并向纵深发展。

7.1.3 绿色税收政策补充完善阶段（1994—2004 年）

随着现代化、工业化、城市化进程的加快，我国经济建设进入快速发展的轨道，在这种背景下，资源的过度消耗和工业化带来的各种污染也随之同步增长。严峻的形势迫使我国政府重视对环境资源的保护。20 世纪 90 年代，可持续发展已经成为世界各国的共识。在可持续发展观念指导下，我国对绿色税收政策进行了积极有效的补充和完善，先后出台多项税收政策保护环境资源，如扩大大气污染物二氧化硫排污收费范围，并提高了收费标准，淘汰了一些技术落后的重型污染企业等，特别是 1994 年的税制改革，重点强化了税收对环境资源消费的调节力度。一般认为，1994 年的税制改革是真正意义上我国绿色税制改革的起点，标志着我国绿色税制体系的形成。首先对资源税进行了改革，扩大征税范围，提高部分应税资源的税率。调整增值税，对废旧物品回收经营单位销售废旧物品给予免税，新的消费税则用于限制人们对与环境相关产品的消费。这一时期的环保税收加强了国家对资源、能源和公共环境的管理力度，在一定程度上引导经济运行中对资源和能源的节约有效使用，遏制了生产消费中对环境的污染和破坏，推动了绿色经济的发展，绿色经济需要绿色税收的政策引导，从而助推了绿色税收的建立和不断完善。

7.1.4 绿色税收政策大力推进阶段（2004 年至今）

进入 21 世纪以来，可持续发展进一步深化，我国粗放型的经济发展模式遭遇到环境资源的巨大压力而面临窘境。面对严峻的环境资源形势，我国确立了科学发展观，转变经济发展战略，致力于建设资源节约型、环境友好型社会，尤其是党的十八大以来，我国加快转变经济发展方式，致力于经济社会与生态环境的协调发展。在“转方式、调结构、促发展”的政策指导下，绿色税收政策改革进一步发展：调整出口退税和进口关税，对高能耗、高污染的产品和部分不鼓励出口的稀缺矿产品限制出口；调整资源税征收范围和税率，对消费税的税率和税目也进行了大规模的调整，对于小汽车按照能耗大小，设计了 1%～40%的差别比例税率，能耗越高，税率越高；调整了成品油消费税税率，根据成品油的清洁度，设计差别定额税率；调整关于综合利用资源的增值税优惠政策；在企业所得税优惠政策中，对资源的综合利用给予减计收入的税收优惠，对节能环保项目给予三免三减半优惠，对环保设备投资实行税额式抵免的优惠等，这些优惠政策充分体现了企业所得税的生态理念。

7.2 我国税收制度生态化分析

我国的税收制度是从新中国成立后建立的，随着不同历史时期经济发展状况和经济体制改革，我国现行税收制度的大体框架是 1994 年以后适应市场经济发展的产物。从严格意义上看，我国目前的税收制度体系中并不存在独立的或专门的出于环境保护目的设立的税种，税制绿化水平较低，但是一些税种的具体政策规定中还是具有生态理念的，含有环境保护的意图或作用，与排污收费、排污许可以及排污权交易共同构成了我国环境税费体系。尽管如此，由于经济社会发展水平制约等因素，我国税收政策大多出于经济目的、体现经济效率，这些政策设计时缺乏从环境资源保护角度的全面考察，对环境与资源保护的作用存在局限性。目前，我国税制体系中涉及绿色税收的税费主要有：增值税、消费税、资源税、城市维护建设税、企业所得税、城镇土地使用税和耕地占用税以及其他与环境保护有关的税收条款。这些税种在减少或消除环境污染、保护环境、合理开采资源、节约有效利用资源等方面发挥了积极的作用。尽管如此，相关税种在设计时未能从环境资源的合理开发和保护、遏制污染等因素进行全面考虑，税收的生态功能难以发挥有效的作用。

7.2.1 我国绿色税收的总体评价

衡量一个国家税制绿化的程度，一般从调节范围是否广泛、征收方式是否多样化、各种税费制度是否相互协调以及绿色税收收入占 GDP 的比重等几个方面考察。从上述几个指标看，我国目前税收制度绿化程度相对还是比较低的。

从目前税制构成来说，能够体现绿色税收理念的税种主要有资源税、城镇土地使用税、车船税和耕地占用税。增值税的优惠政策和企业所得税税收优惠政策中对环保理念有所体现，但并不是独立的绿色税种。其中资源税也只对原油、天然气、煤炭、其他非金属矿原矿、黑色金属矿原矿、有色金属矿原矿和盐征税。没有对水资源、森林资源、草场资源等征税。城镇土地使用税则是仅仅针对城市、县城、建制镇和工矿区内地的土地征税，其他地区的土地则不属于征收范围。对一些环境有害的产品未设置一定的税收条款加以控制。从 OECD 国家经验看，大多数 OECD 国家的绿色税收范围包含了水资源、森林资源、草场资源、碳税，对环境有害的塑料废物、商品包装物、杀虫剂等征收环境税。我国税收体系中与环境有关税种的基本情况如表 7-1 所示。

表 7-1 我国税收中与环境有关税种的特点及不足

税种	与环境有关的税收特点	环保角度存在的缺陷和不足
资源税	对原油、天然气、其他非金属矿原矿、黑色金属矿原矿、有色金属矿原矿和盐类产品征收不同税率的税	没有包含水资源、森林资源、草场资源等
消费税	对汽油、柴油、汽车轮胎、摩托车、小汽车、鞭炮烟火、木质一次性筷子、实木地板等收税。对汽油因含铅量不同征收不同税率等	征收范围为包括煤炭，使用工具车和使用私人车征收税率无差别
车船税	对拥有的车船征收税，按载客量不同和吨位不同征收不同税率税额	未跟车船的实际使用量挂钩（如行程公里数、汽油柴油使用量等）
车辆购置税	对购买使用的应税车辆征收	未能按照排气量设计差别比例税率

税种	与环境有关的税收特点	环保角度存在的缺陷和不足
耕地占用税、城镇土地使用税	耕地占用税根据经济发展水平以及人均耕地的多少实行不同等级的税额；城镇土地使用税也是根据不同地区的经济状况、人口状况等因素实行不同等级的税额	耕地占用税只考虑了耕地，未将非耕地列入征收范围；城镇土地使用税对节约土地资源以及合理利用土地的刺激作用不是很明显
增值税	对一些环保装备免征进口增值税等条款，对商品和提供的劳务的增值部分实行差别税率	未能全面地利用差别税率税收优惠等手段来对待对环境造成不同影响的产品
企业所得税	从事符合条件的环境保护、节能节水项目的所得给予三免三减半优惠；环境保护专用设备的投资额的10%可以从企业当年的应纳税额中抵免；符合条件的节能服务公司实施合同能源管理项目，实行三免三减半	未能将资源合理开发和利用给予优惠政策

资料来源：葛察忠：《中国绿色税的研究与实践》，载《上海环境科学》2001年第8期。

从表7-1可以看出，在我国的税收体系中，已有的与绿色税收有关的几个都存在环保理念缺失的问题，与环保有关的条款寥寥无几，税收的调节触角非常有限，与环境相关的税种税收收入具体情况见表7-2。

表7-2　与环境相关的税种税收收入　　单位：亿元

年份	税收收入总额	消费税	资源税	车船税	城镇土地使用税	耕地占用税	绿色税收收入合计	绿色税收占比/%
2001	15 301.38	929.99	67.11	23.61	66.18	38.33	1 127.47	7.37
2002	17 636.45	1 046.32	76.14	28.89	76.84	57.34	1 285.77	7.29
2003	20 017.31	1 182.26	83.11	32.16	91.57	39.90	1 429.90	7.14
2004	24 165.68	1 501.90	98.80	35.76	106.22	120.09	1 864.00	7.71
2005	28 778.54	1 633.81	142.63	38.89	137.33	141.85	2 095.01	7.28
2006	34 803.35	1 885.69	207.16	49.96	176.89	171.13	2 490.81	7.16
2007	45 621.97	2 206.83	261.25	68.16	385.45	185.04	3 106.72	6.81
2008	54 223.79	2 568.27	301.64	143.19	816.89	313.41	4 145.39	7.64
2009	59 521.59	4 761.22	338.22	186.51	920.99	633.07	6 840.00	11.49
2010	73 210.79	6 071.55	417.55	241.62	1 003.01	888.46	8 623.19	11.78
2011	89 738.39	6 936.21	595.87	302.00	1 222.26	1 075.46	10 131.80	10.24
2012	100 613.28	7 875.58	903.37	393.00	1 541.27	1 620.71	12 333.93	12.26
2013	110 530.70	8 231.32	1 005.52	473.62	1 718.77	1 739.94	13 231.79	11.03
2014	119 175.31	8 907.12	1 083.66	541.07	1 992.62	1 990.87	14 576.97	11.25

资料来源：国家统计局网站年度数据。

在我国税制体系中，最大的问题是没有独立的环境税，从而使得能够反映生态理念的税种占税收收入的比重不尽如人意，如表 7-2 所示，从 2001 年到 2014 年这 14 年间，绿色税收收入逐年增长，尤其是自 2008 年以后，绿色税收收入的总量及占税收收的比重增长较快，但是其占税收总收入的比重一直保持在 7.27%～12.26%，14 年来增长不到 5%。显而易见，与发达国家相比，我国绿色税收收入比重还是相对比较低的。

7.2.2 消费税生态化分析

消费税设立之初主要是出于调节消费功能，是 1994 年税制改革时为了保持增值税的中性特征，保证产品税收负担在改革前后大体保持均衡的原则而设立的，是在对货物普遍征收增值税的基础上，选择少数消费品再次征收的一个税种，是 1994 年税制改革设立的新的税种。该税种的设立旨在消费领域发挥调节作用，调节消费结构，引导消费行为，诱导消费方向，抑制超前消费，限制高能耗、高排放、高污染产品的生产和消费，保护环境，增加财政收入。消费税的征收范围具有选项性，在税目中采用列举法规定应税消费品的范围，总体而言，消费税征收范围经过几次调整后，征税品目主要包括 5 大类 14 种应税消费品：①过度消费会对人类健康、社会秩序、生态环境等方面造成危害的特殊消费品，如烟、酒、鞭炮、焰火等；②奢侈品和非生活必需品，如贵重首饰、高档手表、高尔夫球和游艇；③高能耗消费品，如小汽车、摩托车等；④不可再生和替代消费品，如成品油等；⑤森林资源类产品，如木制一次性筷子、实木地板等。消费税不像个人所得税，可以直接调节个人收入分配。从收入再分配效应来看，消费税借助价格机制，通过对特定的消费品征税，在一定程度上可以在流转环节发挥调节作用。由于消费税调节的人群为消费能力强、收入较高的富人，对诸如他们喜欢消费的游艇、高尔夫球及球具、高档手表、大排量汽车的需求价格弹性较小，他们的偏好不会因征税价格而改变，这类产品的消费税税负通过价格通道以价格形式转嫁于富人，富人在消费这类产品时必然要支付更高价格，从而可以发挥间接再分配作用。

由此可见，消费税的立法并未将应税消费品生产和消费行为所产生的外部环境成本作为消费税考虑的主要问题。但是在实际工作中，对高能耗、高污染以及不可再生资源在统一征收增值税基础上再叠加征收一道消费税，确实也起到了保护环境的作用，体现了限制污染、保护环境、节约能源的意图。但是这并不是设立消费税的主要意图，消费税调整的重点在于调节消费结构、引导消费方向、抑制超前消费，而对于生态和环境资源的关注不够，因此，消费税的生态理念有待进一步提高。

7.2.2.1 征收范围窄，调节功能不到位

从理论上说，消费税的课税品目应当是有限的，税率应当是有差别的。这种差别性才能体现调节消费，调节收入的功能。如果消费税的应税品目包罗万象，包括所有的商品，税率差别不大，那么这种消费税就会与普通销售税或增值税出现趋同现象，体现为中性原则，有悖于消费税的调节功能。我国消费税课征范围存在的问题：①征收范围较窄，目前，我国消费税应税品目只有 14 种，并且未能与消费结构和消费能力的变化进行同步调整，未能实现对高档消费品、高污染消费品全覆盖。例如，高档家用电器、裘皮制品、装饰材料等高档消费品均未纳入消费税征收范围，这在一定程度上限制了消费税功能的发挥，调节消费的功能不尽如人意。②生态理念缺位，环境保护能力有待完善。

从国际上消费税的实践看，消费税分为有限型、中间型和延伸型 3 种。从实践上看，由于财政的原因，许多国家消费税的征税范围都在逐步地从有限型消费税向中间型消费税调整，甚至向延伸型发展。有限型消费税征收范围仅限于传统的货物项目，包括烟草制品、酒精饮料、石油制品、机动车辆和各种形式的娱乐活动。此外，有的国家还把糖、盐、软饮料等某些食物制品和钟表、水泥等纳入征税范围。但总体来看，征税品目不会超过 15 种。目前，世界上消费税征税范围属于有限型的国家有美国、巴哈马、危地马拉、洪都拉斯、巴拿马、巴布亚新几内亚、巴西、哥伦比亚等 50 多个国家或地区。中间型消费税应税货物品目在 15～30 种，除包括传统的消费税品目外，还涉及食物制品，如牛奶和谷物制品。有些国家还包括一些广泛消费的品目，如纺织品、鞋类、药品，以及某些奢侈品，如化妆品、香水等。甚至有些国家还涉及某些生产资料，如水泥、建筑材料、颜料、油漆等。采用中间型消费税的国家有丹麦、法国、德国、爱尔兰、意大利、奥地利、芬兰、冰岛、挪威、葡萄牙、西班牙、瑞典等 30 余个。延伸型消费税应税货物品目一般超过 30 种，除包括中间型消费税的应税品目外，还涉及更多的消费品，如电器设备、收音机、电视机、音响和摄影器材等，同时课征范围还包括一些生产资料，如钢材、铝制品、塑料树脂、橡胶制品、木材制品及机器设备等。目前采用延伸型消费税的国家有韩

国、日本、印度、希腊、牙买加、哥斯达黎加、巴基斯坦等 20 余个，其中日本、韩国、印度等国的消费税应税品目几乎包括全部的工业品。

相比之下，我国消费税征收对象仅限于 5 大类 14 种应税消费品，其中与环境有关的只有 9 种，如果与同样实行有限型消费税的美国相比，美国的消费税课税范围要比我国消费税的课税范围更广、更合理。美国消费税课税范围包括汽车燃料税、碳税、硫税等环境税、保险税、赌博税、娱乐消费税、港口税等。从 21 世纪初开始，美国实行以减税为中心的税收改革，但是在国内市民普遍关注污染治理的环境下，消费税的课税范围仍有进一步扩大的趋势。相比之下，我国目前是在普遍征收增值税的基础上，有选择地对特殊消费品征收消费税，消费税征税范围过度选择性导致课税范围较窄，未能将过度耗费的能源产品、资源类产品以及难以降解、回收利用的消费品纳入征收范围，尤其是对环境破坏较大的如化肥、一次性消耗品、塑料容器及饮料容器、电池等不利于环境保护的消费品纳入征税范围，出现消费税调节空位，并且美国对高档娱乐消费品和高档消费普遍征收娱乐税，我国消费税的触角尚未延伸至高档服务业，一些高档服务项目未能纳入消费税征税范围，使得我国消费税的财政功能、调节功能发挥不到位。2001—2015 年，我国消费税税收收入增长缓慢，消费税收入规模及占税收收入总额的比重见表 7-3。

表 7-3　2001—2015 年消费税税收收入及比重

年份	税收收入总额/亿元	消费税/亿元	消费税占税收收入比重/%
2001	15 301.38	929.99	6.08
2002	17 636.45	1 046.32	5.93
2003	20 017.31	1 182.26	5.91
2004	24 165.68	1 501.90	6.22
2005	28 778.54	1 633.81	5.68
2006	34 803.35	1 885.69	5.42
2007	45 621.97	2 206.83	3.84
2008	54 223.79	2 568.27	3.74
2009	59 521.59	4 761.22	8.00
2010	73 210.79	6 071.55	8.29
2011	89 738.39	6 936.21	7.73
2012	100 613.28	7 875.58	7.83
2013	110 530.70	8 231.32	7.45
2014	119 175.31	8 907.12	7.47
2015	124 922.20	10 542.16	8.44

资料来源：国家统计局网站年度数据。

从表 7-3 可以看出，2001—2015 年，消费税税收占税收收入总额的比重从 2001 年的 6.08%增长到 2015 年的 8.44%，增长不到 2 个百分点，这样一个小税种，很难承担起调节消费、保护生态环境的功能。

7.2.2.2 计税依据不能充分体现节能环保的绿色取向

我国现行消费税依据分为 3 种情况，从价计征、从量计征和复合计税。计税依据是销售额或销售数量。消费税采取价内税形式，消费税作为价格的有机组成部分，消费者在购买应税消费品时，其购买价格中包含消费税。与价外税相比，价内税的特征使得消费税是一种隐蔽性较强的税种，消费者是在完全不知情的情况下被动负税，他们无法准确了解自己是否负担了税款以及负担了多少税款，无法了解因其消费行为的“外部性”付出的“税收成本”，当然也无从领会政府的政策意图。这种价内计税方式，在很大程度上削弱了引导清洁消费、调节消费结构的作用，不利于消费税绿色功能的提升。

7.2.2.3 消费税税率结构未能体现绿色经济的要求

我国现行消费税自开征以来经过几次调整，尤其是通过 2006 年对成品油税率以及小汽车税率调整，在一定程度上提高了高能耗、高污染产品的税收负担。但是由于受税收负担的历史惯性影响，部分应税对象间的税率结构不合理，一些能源类产品的税率与国际汽油税相比仍然较低。例如，德国的汽油税为 0.98 马克/L（约合人民币 3.3 元/L），日本的汽油税为 486 日元/L（约合人民币 29 元/L），此外，日本还征收地方道路税 52 日元/L（约合人民币 3.1 元/L），柴油税 321 日元/L（约合人民币 19 元/L），而我国汽油消费税税率为含铅汽油 1.4 元/L，无铅汽油 1.0 元/L，柴油 0.8 元/L。较低的税率使得消费税调节功能弱化，与节能减排、保护环境和发展绿色经济方向不尽一致。再如，对木制一次性筷子和实木地板征收 5%的消费税，保护环境的作用十分有限，更多的是象征意义。由于税率过低，加之该类产品价格普遍不高（每双筷子几分钱），致使计税价格所含税款很少，很难真正起到节约资源、限制消费的立法初衷。

7.2.2.4 征税环节不合理

我国消费税实行单一环节征税，征税环节仅限于生产、委托加工和进口环节，与美国的销售税在零售环节征税相比，征税链条不完整。我国单一环节的消费税，虽然可以消除重复征税的弊端，但纳税环节单一性不仅使消费税的调节出现缺位，而且容易造成征收管理过程的漏洞。

7.2.3 资源税的生态化分析

改革开放以来，我国经济社会面貌发生了广泛而深刻的变化。与此同时，也必须看到，我国传统的高投入、高消耗、高排放、低效率（“三高一低”）的粗放型经济发展模式，在造成资源短缺矛盾的同时也造成了经济发展与资源、环境间矛盾的激增，经济增长付出了沉重的环境资源代价。我国的经济发展更多的是以能源消耗和环境污染为代价而实现。随着我国经济进入后工业化阶段，城市化发展将加速，环境资源与经济发展的矛盾更加突出，如经济发展方式不尽快转型，环境资源的承载力将无法继续维持经济的稳步增长。

7.2.3.1 资源税发展历程

资源税是对我国境内从事开采矿产和生产盐的单位和个人征收的税种，是对自然资源征收的一种税。从历史发展过程来看，我国资源税改革经历了 4 个阶段：

（1）“国家所有，无偿开采”阶段（1949—1983 年）。新中国成立以后，我国实施的是计划经济体制，对生产、销售产品、物资流通以及资源分配都实行高度集中、计划调配管理。对矿产资源的勘探、开采、销售等活动都由国家统一规划，统一组织和实施，矿产资源的所有权、使用权和收益权都归国家所有，对所有的矿产资源都不征收资源税，实行无偿开采制度（盐除外），属于国家计划统筹、无偿开采时期，资源税尚未登上税收舞台。

（2）资源税建立阶段（1984—1993 年）。从新中国成立初到 1983 年，我国资源税处于空白状态，没有相关的资源税费制度。我国资源税始于 1984 年颁布的《中华人民共和国资源税条例（草案）》。鉴于当时一些客观原因，资源税税目仅限于煤炭、石油和天然气 3 种资源，计税方式采用累进计税，以销售收入为税基，以销售利润率为累进依据，采取累进税率，实行超率累进征收。同年 9 月，财政部发布《资源税若干问题的规定》指出，从 1984 年 10 月 1 日起，对原油、天然气、煤炭等先行开征资源税，对金属矿产品和其他非金属矿产品暂缓征收。其目的是调节开发自然资源的单位因资源结构和开发条件的差异而形成的级差收入。资源税开征之初，其功能定位主要是调节级差收入，其绿色环保功能并未得到重视。1986 年，我国颁布的《中华人民共和国矿产资源法》规定“国家对矿产资源实行有偿开采，开采矿产资源，必须按照规定缴纳资源税和资源补偿费”，形成了资源开发领域“税费并存”的局面。

（3）资源税不断调整完善阶段（1994—2010 年）。随着我国经济管理体制从有计划的商品经济向市场经济管理体制的重大转变，我国在 1994 年进行了全方位的税制改革，对资源税也随之进行了调整。1993 年 12 月 25 日，国务院发布了《中华人民共和国资源税暂行条例》，并于 1994 年 1 月正式实行。此次税制改革形成的资源税被称为第二代资源税制。该条例调整扩大了征税范围，改变了计税依据，不再按超额利润征税，而是按矿产品销售量征税，调整的内容主要体现在 3 个方面：征收范围、计税方式以及税率的调整。资源税征税对象扩围，应税资源从原来的原油、天然气、煤炭扩围到包括煤炭、其他非金属原矿、黑色金属原矿、有色金属原矿、盐，应税资源增加到 7 个。计税方式由原来累进计税改为从量定额征收，对开采应税矿产品和生产盐的单位，开始实行“普遍征收、级差调节”的新资源税制，征收范围扩大到开采应税矿产品的所有矿山，不管企业是否盈利，均征收资源税。同年，我国还颁布了《矿产资源补偿费征收管理规定》，对有关资源在征收资源税的基础上征收矿山资源补偿费，矿产资源补偿费为矿产品销售收入的 0.5%～4%，其中石油、煤炭和天然气的费率为 1%，由地质矿产主管部门会同财政部门征收，实行专款专用，主要用于矿产资源管理。2006 年还开征了石油特别收益金，被戏称为“暴利税”。从 1994 年资源税改革至 21 世纪初期，我国资源税制基本保持稳定状态。随着资源开发过程中出现的“采富弃贫”的资源浪费日益严重，矿区生态环境日益恶化。2005—2008 年，我国资源税税率变动比较频繁，先后对资源税税率进行了几次调整。2005 年调整原油、天然气资源税税额标准分别是：原油为 14～30 元/t，天然气税额调整为 7～15 元/10^3 m^3。2007 年 2 月 1 日，上调了焦煤资源税的计征标准，同年 8 月 1 日，上调了铅锌、铜、钨等矿石产品资源税。2008 年 10 月 1 日，对非金属矿产品，如硅藻片、玉石、磷矿土、沸石和珍珠岩等资源的税额标准进行上调。

（4）迈入从价计征时代（2010 年至今）。2010 年 5 月，我国对资源税进行了新一轮改革，决定在新疆进行资源税改革试点，改革的内容主要是改革资源税计征方式，从 2010 年 6 月 1 日起，对油气资源实行从价计征资源税。2010 年 12 月，资源税改革试点进一步扩大到西部内蒙古、甘肃等 12 个省区。2011 年 10 月，国务院公布了修改后的《中华人民共和国资源税暂行条例》，决定将资源税税额从量计征改为从价计征为核心内容的资源税改革从试点地区向全国推开。修改后的资源税暂行条例，将石油、天然气的税额从以前的从量计征改为从价计征，税率为销售额的 5%～10%，其他五类应税资源仍然从量计征，以销售数量或自用量作为计税依据，并对焦煤和稀土矿等的资源税税额标准进行了调整，调整后煤炭资源税税额为 0.3～20 元/t，黑色金属矿原矿税率为 2～30 元/t，有色金属矿为 0.4～60 元/t，固体盐为 10 元/t，液体盐为 2～10 元/t。

从目前我国资源税制看，我国仍属于有限型的资源税，征收范围仅限于列举的七类资源，而不是对全部自然资源征税，也并非对所有具有商品属性的资源征税。从资源税立法理念看，其环保功能和环保理念并不突出，立法的目的更多的是调节级差收入，针对自然资源在客观上存在的好坏、贫富、储存现状、开采条件、地理位置等多种差异，设计差别税率，调节资源开发者和使用者因资源丰瘠、收益大小形成的差异进行调节，实际上是一种级差收入税，对资源开发、利用过程中可能出现的环境问题及保护措施并没有给出制度约束。

毋庸置疑，从计划经济时代的 “资源无价、资源无限、无偿使用” 思想指导下的无偿开采到 1978 年改革开放后的“资源有限、有价，有偿开采、有序利用”，是我国对自然资源的认识不断深入，从而推动着资源税费改革一直都处于进行之中。从征税范围来看，扩围不断进行，从税率变化看，税率不断调高，而且在税率设计上，综合考虑了资源的开采利用条件、矿产品的贫富、资源所处的地理位置等外部因素等方面的差异，实行有幅度的差别定额税率，注重对资源存在的客观差异所导致的级差收入进行调节，建立了具有我国特色的差别税额，属于级差地租。从配套制度看，还设置了一些与资源有关的收费项目，如矿产资源管理费等，弥补资源税调节的不足。从资源税费的用途来看，可以归为两类：第一类，受益性质收费，即自然资源使用费，直接源于自然资源的使用价值的开发使用费，属于绝对地租；第二类自然资源补偿费，是为了弥补、更新、恢复自然资源的减少、流失或破坏而向开发利用者收取的费用，如矿产资源补偿费等。

7.2.3.2 现行资源税生态理念缺失

尽管如此，在资源合理利用和环境保护方面，我国现行资源税还存在一定的问题。

（1）资源税环保意识差。从理论上看，资源税可分为对绝对矿租课征的一般资源税和对级差矿租课征的级差资源税。一般资源税是对绝对地租的调整，所有开采者开采的所有应税资源均应征收资源税。一般资源税是根据国家的需要，针对使用自然资源的单位和个人，对取得应税资源普遍征收的一种税。一般资源税的特点是不论应税资源的使用者所占用的资源质量优劣、取得的收入多寡，一律平等对待，无差别地普遍征收，目的主要在于从国有资源占用开发权利的让渡中取得财政收入，体现国有资源有偿使用的原则，并通过对国有自然资源的有偿使用达到政府保护资源、限制资源开发的意图。级差资源税是对占用开发国有资源者因资源客观条件差异而获得的级差收入征收的一种税。其特点是根据资源质量优劣及取得收入多寡，有差别地征收，优等资源税率高，反之，税率低，对利用以及合理有效开发劣等资源给予免税。级差资源税的征收目的侧重于运用税收经济杠杆调节资源占用者的级差收入，为开采不同品质资源的企业创造良好的平等竞争外部条件。一般而言，一般资源税和级差资源税很难截然划分，它们的侧重点主要从征税目的来看，一般资源税主要是体现有偿占用的原则，加强对资源的管理和合理利用；级差资源税主要是调节资源使用者因资源条件不同所取得的级差收益。其实质是对级差地租的征收。无论是一般资源税还是级差资源税，筹集财政收入、促进自然资源的合理开发利用，是两种资源税的共同征收目的。实际上许多国家的资源税也是既对占用开发国有自然资源者普遍征收，又在征收过程中根据资源条件差异合理设计级差资源税，对不同纳税人实行区别对待，分别确定高低不等的税收负担，将企业和个人因利用自然资源而多得的级差收入以税费的形式收归国家所有，使企业的利润水平能真实地反映企业主观努力经营所取得的成果，排除不可比因素，促使企业合理利用国有土地和其他资源，防止企业为追逐高额利润而浪费国家有限的资源，为企业营造公平的竞争环境。我国现行资源税的立法指导思想以调节级差收入为主，未贯彻“调节级差收入与普遍征收相结合”的原则，总体而言，属于级差资源税。这种立法理念没有使得资源税与资源市场价格建立联系，也未体现资源开采的外部成本，未建立资源开采的外部成本内部化的途径，因而极大地限制了资源税保护环境和生态补偿作用的发挥。

造成上述问题的原因主要有两个方面：①缺少对自然资源社会成本的研究。多年来，我国对资源产品的社会成本无明确标准，核定资源税的税率无可靠依据。现行资源税属于收益税、级差收入税，它是税费的统一体，既有无偿性也有有偿性，既有源于绝对地租的成分，也有取之于级差地租的成分。鉴于这种状况，我国在确定征税标准时，需要明确其资源产品的社会成本范围和标准，并以此为依据向开采经营者征税或者收费。但是，我国对资源产品的自身补偿成本、生态成本、环保成本，以及与之相关民众（如失地农民、矿区搬迁农民）的社会保障等成本，缺乏深入细致系统全面的研究，从而导致了资源税制度建设缺乏环保理念。②在观念上对资源的重要性认识不足，缺乏对资源的合理利用和有效保护意识。传统思想一直认为我国幅员辽阔、地大物博、矿产丰富、资源丰腴，常常沉醉于总量大的美好幻境之中，总以为我国有挖不完的矿山、抽不干的油井水井、用不尽的森林，认为资源无价，可以无偿、无节制的使用，在资源开发利用上没有危机感，缺乏忧患意识，从而忽视了对资源的保护，未能很好地发挥资源税调节保护自然资源的杠杆功能。对我国自然资源，特别是对煤炭、石油等战略性不可再生自然资源的现状缺乏真正了解，对其稀缺性更缺乏足够的认识，未能形成资源开发利用、环境保护以及生态补偿统筹考虑的框架。

（2）征收范围窄，资源保护作用受限。我国目前资源税征税范围是矿产品和盐。矿产品主要是原油和煤炭等 6 类资源。之后，虽然经过几次调整，但也只是对个别矿产品的品种进行小范围调整，范围始终很小，对于众多自然资源，如土地资源、水资源、森林资源、草场资源、地热资源等，至今仍未纳入资源税的征收范围，这些自然资源属于大自然奉献给人类的宝贵财富，我国的这些资源不仅匮乏，而且浪费极为严重，急需国家采取税收手段加以保护和利用。但是，资源税的调节触角仍存在空位的现象。

（3）税负低，保护自然资源的功能有限。我国现行资源税制，不仅范围小，不能适用对资源保护的客观需要，而且现有征税范围的税额标准普遍比较低，未能起到对已征税项目资源的保护作用。目前，只是石油和天然气从价定率征收，其余的应税资源仍然适用定额税率，并且由于历史原因，税额的设计大多只考虑资源的自然开采条件及物化消耗，不考虑资源开采造成的环境外部成本影响，弱化了税收对环境保护的作用。与此同时，定额税率长期保持稳定，税额的高低与资源的供求关系和市场价格脱钩，随着各类资源的稀缺状况日益显现，其价格不断飙升，资源税的税收收入并未随着资源价格的上涨而提高，相反，资源税的收入占税收收入的总额比重却有所下降，这不仅影响了资源税的财政功能，更为严重的是由于定额税率的稳定及其累退性，资源开发的超额利润使得超过环境界限的无序开采和“采富弃贫”的现象极为严重，造成矿区生态环境的恶化及经济发展的不可持续性。由于资源税征收范围的有限性和税率设计不合理，使得资源税至今在我国税制体系中只是“小不点”，资源税在调节经济的作用甚微，尤其是在资源战略地位日益显现的今天，资源税保护自然资源的重要作用还未能充分发挥出来。

（4）计征方法陈旧。我国至今对矿产资源产品除原油、天然气外，一直采用从量定额征收的办法，即按销售量或自用量为计税依据，从量定额征收。这种方法虽然简便易行、便于征管。但是，由于开采者占有国家资源产品，在产品开采出来销售以后才向国家纳税，开采过程中，开采者破坏和浪费掉的资源并不纳税，开采者只负担经营过程中的生产成本，不支付任何环境成本，外部成本未纳入经营者成本体系，造成私人成本小于社会成本，开采者只享受资源开采带来的收益，而损失部分全部由国家承担。因此形成了开采者“挖菜心”“挑肥肉”式的掠夺和破坏，资源浪费非常惊人。

7.2.4 其他相关税种生态化分析

7.2.4.1 车船税生态化分析

车船税是以车船为征税对象，向拥有车船的单位和个人征收的一种税。该税征收目的是向车船使用人征收税款，为地方政府建设尤其是道路建设提供资金。从直接目的看，车船税并没有直接的环保意义，但是由于车船的使用与轮胎、能源资源的消耗是直接联系在一起的，而且按照车辆的排气量分别设置高低不同的税率，在一定程度上也抑制了车船的消费和能源资源的消耗。2011 年 2 月 25 日，全国人大常委会通过了《中华人民共和国车船税法》，是我国第四部税收法律。同年 12 月 5 日，国务院颁布了《中华人民共和国车船税法实施条例》，于 2012 年 1 月 1 日起施行。新修改的车船税法在税制要素方面做了相应调整，包括征税范围、计税依据、税收优惠和征收管理等方面都做了修改和完善。与修改前相比，最大的区别是非常鲜明的环保理念，修改后的车船税法规定乘用车按发动机排气量大小规定高低不同的差别税额，改变了之前的车船税是按载客人数多少计税的规定。同时，修改后车船税法对节约能源、使用新能源的车船做出免征或者减征车船税的规定。这一新变化体现了国家促进节能减排和保护环境的政策导向。具体情况见表 7-4。

从表 7-4 可以看出，修改后车船税对乘用车的税负分别作了降低、不变和提高的结构性调整，调整的基本原则是出于两个方面的考虑：一是调节高消费，二是反映环保功能。对于 1.0 L（含）以下小排量汽车税额大幅度下调，税额最多下降了 420 元/辆，对于排气量在 1.0～2.0 L 的乘用车税额负担适当降低或维持不变，排气量为 2.0～2.5 L（含）的中等排量乘用车，税额有所提高，但是提高的幅度不大；对占现有乘用车总量 3%左右，排气量为 2.5 L 以上的较大和大排量乘用车，税额幅度有较大提高，最多提高了 4 920 元/辆。

表 7-4 车船税的生态化税率

排量	2012 年 1 月 1 日以前年基准税额	现行年基准税额	差额
1.0 L（含）以下	480 元	60～360 元	降 120～420 元
1.0～1.6 L（含）	480 元	300～540 元	降 0～180 元，涨 60 元
1.6～2.0 L（含）	480 元	360～660 元	降 0～120 元，涨 180 元
2.0～2.5 L（含）	480 元	660～1 200 元	涨 180～620 元
2.5～3.0 L（含）	480 元	1 200～2 400 元	涨 620～1 920 元
3.0～4.0 L（含）	480 元	2 400～3 600 元	涨 1 920～3 120 元
4.0 L 以上	480 元	3 600～5 400 元	涨 3 120～4 920 元

7.2.4.2 城镇土地使用税的绿化分析

城镇土地使用税是以国有土地为征税对象，对拥有土地使用权的单位和个人征收的一种税种。城镇土地使用税征税范围广，对于在我国境内的城市、县城、建制镇和工矿区使用土地的单位和个人均要征收。并根据城市大小设置了地区差别比例税率：人口 50 万以上的大城市税额为 1.5～30 元/m^2，人口 20 万～50 万的中等城市税额为 1.2～24 元/m^2，人口 20 万以下的小城市税额为 0.9～18 元/m^2，县城、建制镇、工矿区则为 0.6～12 元/m^2。城镇土地使用税的开征目的是调节级差收入，变土地的无偿使用为有偿使用以促进合理利用土地资源，提高土地利用率。

7.2.4.3 耕地占用税生态化分析

我国于 1987 年开征了耕地占用税，开征耕地占用税的目的是通过税收手段，加强土地管理，合理利用土地资源，保护日益减少的国家耕地。耕地占用税是对占用耕地建房和从事非农业建设的企事业单位和个人而征收的一种税。耕地占用税的税额主要根据耕地稀缺程度，按照不同地区人均占有耕地的数量和当地经济发展水平设置地区差别的幅度税额。耕地占用税税收收入专门用于建立地方农业发展基金。尽管耕地占用税的税额较低，但是，对抑制乱占滥用耕地资源还是起到了一定的缓解作用。

在我国现行的税收体系中，与绿色税收有关的资源税设立于 1984 年，随着税制改革的不断深入，设置多个与绿色税收相关的税种。但是这些税种设立的初衷一般很少直接出于保护环境的考虑，而是伴生的一种职能，在税收制度运行过程中发挥了一定的环境保护作用。

总的来看，我国现行的与环境资源有关的绿色税种及税收政策，因其缺乏独立的环境税，绿色税种零散、数额较小，在税制结构中处于无足轻重的地位，无法与流转税和所得税等税种相提并论，远没有达到其应有的地位。如对汽车和成品油使用多个税种重复征税，但是并没能有效地抑制高能耗汽车消费，环保型汽车的生产和使用并未得到推广，对非环境友好型的能源动力汽车并未发挥替代效应，大量的能源动力汽车排放的尾气加重了空气污染。资源税的征收对矿产资源的征税也未能很好地发挥保护矿产资源的作用，对土地的多种征税也没能促进国有土地的合理开发利用，调控作用十分有限。

尽管我国税制体系中有关绿色税收的税种在设置时很少考虑环境因素，但是毋庸置疑，这些税种本身确为保护环境资源和削减污染或多或少起到了一定的积极作用，并为环境保护筹措了一定的资金。

第 8 章

我国绿色税收制度建设的路径选择

税制改革是一项系统工程，绿色税收制度建设作为我国中长期税制改革的重要组成部分，应遵循稳健的原则渐进推进，确定不同阶段的目标，分步实施。随着《环境保护税法》公布实施，我国税收制度生态化改革迈出了坚实的关键一步，为贯彻落实《环境保护税法》，需要进一步细化实施细则，完善税务部门和环保部门协同合作的征管模式，明确各部门应承担的法律责任，明确纳税人、税务机关和环保部门的各项权利、义务。同时，对现有税种进行持续的生态化改良，使得绿色税收与其他各个税种相互协调、相互配合，构建全方位的生态化税制体系。

8.1 绿色税收制度建设的目标

从环境角度看，绿色税收制度建设是适应我国日益严重的环境污染的需要，是应对严峻的环境保护形势的有效措施之一；从经济发展角度看，是转变经济发展方式、贯彻落实科学发展观的需要；从税收制度优化角度看，是采用财税等环境经济手段，促进环境保护，构建我国环境政策体系、优化税制结构的需要。鉴于此，构建绿色税制体系的根本目标是实现“经济、社会和环境的协调可持续发展”，强化税收杠杆作用，充分发挥其在协调经济与生态环境矛盾中的作用。

近期目标应从 3 个方面考虑：促进经济发展方式转变、筹措政府财政资金、完善税收制度，解决日益严峻的环境问题，通过开征绿色税收，发挥其矫正性功能，抑制资源过快耗费，减少污染物的排放及其污染产品的消费，并通过税收优惠促进环保产业的发展，促进经济发展方式的转变。通过开征绿色税收，加强政府宏观调控，增加政府财政收入，为生态环境项目筹集资金，为解决生态环境等问题提供长期的潜在动力。通过对现有税收制度绿色化调整，清理并废除现有的不利于绿色经济和可持续发展的税收政策，实行对现行税制的绿色化改造；渐进地开征新的税种，推进税收制度的全面绿色化改革，以绿色税收取代现有的制度。

绿色税收制度建设的远期目标是从根本上构建有利于资源合理利用、遏制环境污染、促进绿色经济发展的环境税体系。自然资源的开采和利用是经济社会发展的物质基础，也是环境污染的基本起因。由于自然资源数量的稀缺性，对自然资源的开采和合理利用是绿色税收追求的长期目标之一，也是绿色经济的核心目标。优化能源结构，减少矿物性能源的消耗，提高能源利用效率，是减少污染的重要途径，也是实现经济可持续发展的重要条件之一，减少污染是绿色税收产生和发展的一个最基本目标和动力。通过对能源征收绿色税收，根据不同能源的不同污染物含量等征收不同的环境税，促使节能减排，减少污染。经济发展是社会发展的物质基础，经济发展不可避免的是物质投资增加，从而产生环境问题。通过绿色税收制度建设，制定优先发展和限制发展的产业序列，促进产业结构调整，使传统产业由以资源或资金作为发展的基本动力，向以绿色技术、资金和劳动密集型的生产方式转变，实现对环境资源的低开采、低消耗、低排放和高效利用，也是绿色税收制度建设的长期发展目标。

由于我国是一个发展中大国，市场机制还不完善，经济发展水平不平衡，且处于经济的转轨时期，因此，绿色税收制度的建设必须根据我国国情，以服从和服务于国家的发展战略为基石，体现可持续发展的 3 个目标，即经济繁荣、社会公平、生态安全，实现全民社会福祉增加的最终目标。

8.2 绿色税收的整体布局

鉴于我国目前的经济发展水平以及环境资源现状，绿色税收制度建设应在总体上进行通盘考虑，坚持制约机制和激励机制并重，建立起绿色税收与其他各个税种相互协调、相互配合、调控面广、调节力度强、能够充分体现生态理念的税制体系。

8.2.1 税种布局

首先对现有税种进行持续的生态化改良，而后根据资源（尤其是能源）的流动环节以及环境污染情况合理设置生态化税种，对高污染、高环境风险的产品、工艺和企业加征税费，注重初始端预防，强化末端治理，预防和治理相结合，构建全方位的生态化税制体系。在环境税制结构方面，应以能源税为主体，辅之以排放税、消费税、车船税和资源税等。在所得税、增值税、消费税等主体税种税收政策中融入环保要求，以实现税制结构生态化。税收制度生态化要与我国征管水平以及技术条件相适应，要注重技术上的可操作性；要科学合理地设计税收减免和税收返还机制，提高绿色税收制度建设的政治接受度，建立起支撑环境保护事业发展和促进经济发展的环境税政策体系。其次，在现有的税收制度框架内，通过对现有税种进行生态化改良，在时机成熟之时，渐进地推出独立的环境税。

根据上述思路，笔者认为，我国绿色税收制度生态化的总体布局如表 8-1 所示。

表 8-1　我国绿色税收制度生态化的总体布局

征税环节	税种	征税对象		计税依据
资源开发环节（首端控制）	资源税	自然资源		开采量 销售量 销售额
生产环节（中间环节）	一般环境税	污染类产品		销售额或销售量
使用环节（中间环节）	能源税	煤、石油及产品、天然气		销售额
	车船税	机动车船		使用量
排放环节（末端处理）	综合环境税	应税污染物		排放当量
	分类环境税	碳税	二氧化碳	排放量
		硫税	二氧化硫	排放量
		水污染税	废水	排放量 污染浓度
		固体废物税	固体废物	废弃量

根据欧盟的经验，结合我国经济发展和环境保护的需要，我国绿色税收体系应以能源税，包括能源产品税、能源消费税以及排放税为主体，同时开征其他相关的

生态税。由于绿色税收开征初期是从保护环境，兼顾经济发展角度设计的，筹集财政收入不是征收绿色税收的初衷，因此，在税制结构生态化过程中，初期绿色税收的财政职能会很弱，税制结构应仍以货物和劳务税以及所得税为主，绿色税收以及其他税类为辅。随着税制改革的深入，可以考虑适当提高税收制度的绿色化水平，提高绿色税收在税收收入中的比重，但是绿色税收的运行轨迹具有典型的倒 U 形特征。随着经济结构调整，经济发展方式转变，绿色税收的税基并不会随着经济发展而增大，因此，绿色税收也仅仅是作为税制体系中的一个重要的辅助税种，而且是一个渐进的过程，在税收制度生态化的渐进过程中，应科学设计制度要素。

8.2.2 绿色税收制度要素设计

8.2.2.1 纳税主体的选择：环境公共产品的消费者

环境资源属于典型的公有资源产品，具有“自然公共产品”的属性，应该由政府对其分配，保证公民公平地享受该“自然公共产品”的利益。同时，环境资源的公有资源属性，存在着免税获取及相伴而生的外部性，部分社会主体在免费分享环境利益时，对其他社会主体的环境利益造成不利影响，使得环境利益分享过程中的外部性悲剧不断加剧。环境利益分享免费性的克服需要对免费分享的环境公共产品支付对价，将环境公共产品的消费者作为绿色税收的纳税法律主体，对其征收环境税类税种，在其分享环境利益时以税收的形式支付环境资源利益的对价，体现环境利益应有价值。

在利益分享的同时，还有一个非常重要的问题需要考虑，即环境利益分享的外部性，即部分社会主体分享环境利益时导致的成本由其他社会主体承担，而分担环境外部成本的社会主体未在市场机制作用下获得环境利益，在缺乏环境利益的成本约束机制下，导致整个社会环境利益受损。绿色税收是环境利益分享外部性的内在化的有效途径，按照“污染者付费”的理念，使得分享环境利益造成外部性的主体作为绿色税收的纳税人，由其承担外部性成本。

基于上述原因，绿色税收的纳税人应规定为在我国境内凡是开发利用自然资源和直接向自然环境排放应税污染物或超过国家环境保护标准排放应税污染物的单位和个人，为绿色税收的纳税人。单位具体包括国有企业、集体企业、私有企业、外商投资企业、外国企业、股份制企业、其他企业和行政单位、事业单位、军事单位、社会团体及其他单位，个人包括个体经营者和其他个人。纳税的法律主体与环境资源的开发利用以及污染行为、污染排放存在着直接关系。

根据“分步实施分段进行”原则，我国绿色税收制度试点阶段的纳税人应该为从事应税资源的开采、排污行为和生产应税包装物的企业、企业型单位和个体经营者。对非企业性单位和个人暂不征收。

8.2.2.2 征税客体的选择：环境污染

（1）绿色税收征税对象选择中的理论与现实冲突。一般而言，税收法律关系的客体是征税对象，绿色税收法律关系客体的选择不仅仅着眼于排放的污染物，征税对象的选择要基于理性的选择和现实的有效性，提高绿色税收的可操作性。通过科学界定绿色税收征收对象的外延，并通过税目确定具体的征收范围。根据目前我国污染程度和范围，绿色税收的征税对象必须具有普遍性，只有将外部成本内部化才能从根本上提高企业和个人对污染治理的重视程度，才能充分发挥绿色税收制度的功能。

从经济学角度看，环境问题是经济问题，生态环境问题产生的原因是资源和环境产权不容易界定或界定成本较高，部分环境资源产权不明晰，使得环境资源定价机制不健全，环境资源“无价”或“低价”使用形成资源浪费，环境污染。环境污染具有外部性，国家应通过环境税来矫正这种负外部性，促进资源合理开发利用，实现资源有效配置；通过治理环境污染，保持生态平衡。

为了充分发挥税收的矫正功能，在环境税制建设过程中，应根据社会再生产环节以及污染周期，科学确定环境税的征税对象，通过征收环境税使环境污染的外部性内部化。

从理论上看，环境税的征税对象应与环境污染所有界域相吻合，即包括所有对环境产生污染的产品或行为、向生态系统排放的所有污染物等，环境税征税对象具体分布情况见表 8-2。

表 8-2 理论上的征税对象的外延

项目	生产环节		交换环节	消费环节	
纳税人	生产者		销售者	消费者	
征税对象	污染类产品	污染物	污染类商品	污染类消费品	污染物

理论上的环境税征收范围是科学的，据此确定的征税对象是理论上的最优选择，但现实经济、社会是一个复杂的综合体。由于政治、经济、行政管理、组织结构和传统文化等方面的原因，无法为理论上的环境税征税对象纳入现实征收范围提供条件。

从政治角度看，存在政府作用与市场机制的冲突。传统的“命令-控制”型环境政策运用多时，市场主体已经习惯政府行政命令或制定法律法规的约束和指导；政府可以根据保护环境的需要，采取相应的政策措施强迫市场主体从狭隘的自利中摆脱出来，以“命令-控制”手段改变市场主体的行为，实现相应的环境目标。这种以政府为主体的环境政策便于政府执行和监督；而以市场为基础的环境税所带来的成本很容易被市场主体感知，其效益又比较分散，因此扩大环境税征收范围，按照全覆盖原则确定征税对象，将面临来自多方面抵制的风险，从而带来社会问题。

从经济角度看，存在税收制度绿化与国家经济竞争力的冲突。环境问题无国界，环境污染的影响力遍及国际社会和全球，因此环境税建设需要世界各国政府的协调。如果部分国家扩大环境税征收范围，按照宽口径确定征税对象，这些国家的商品环境税负担增加，商品价格提高，从而削弱国家经济竞争力。因此，一个主权国家按照全覆盖原则确定环境税征税对象，与提高本国经济竞争力，促进经济增长存在冲突。

从管理角度看，按照全覆盖原则确定环境税征税对象，就要求有完善的环境资源监测系统，监测系统所反映的数据能够为准确掌控环境税税源提供依据，按照理论上的要求确定征税对象才能落到实处。而在现实生活中，只是对重点污染源的主要污染物进行监测，也就是说，环境资源监测系统存在盲区，无法为全覆盖环境税的实施提供条件。

因此，将理论上的环境税征税对象均纳入征收范围，是环境税制最优化的理想目标，现实的环境税征税对象的选择应当是符合客观实际的、具有可操作性的次优选择。

我国作为发展中国家，环境税征税对象的选择需要处理好几个主要问题：环境税总体布局及征税对象外延的划定，现实条件下环境税征税对象界限的选择和量化设计。

（2）征收对象外延的理性选择。从长远发展看，我国在绿色税收制度建设时，应以生态理念对现行税收制度进行生态化改革，制定绿色税收长远规划，科学地构建绿色税收制度，强化末端治理，注重初始端预防，预防和治理相结合，以融入式环境税推动独立式绿色税收制度的改革。

在对绿色税收制度进行总体布局时，可以按照“宽覆盖”原则确定环境税的征税对象，使征税对象分布于社会再生产的各个环节，将能源类产品、能源消耗类产品、环境污染类产品、对环境产生破坏的行为以及向生态系统排放的所有污染物作为征税对象，避免环境税征税范围缺口导致环境税调节缺位现象，并科学地设置征税对象免除条款，使环境税产生的额外收益最大化，额外损失最小化。

现实条件下，我国环境税在选择征税对象时，一方面要考虑理论上征税对象应覆盖的范围，另一方面要总结绿色税收征税对象增减以及整合规律，在此基础上，客观、冷静地分析我国目前面临的突出的环境问题，权衡经济社会发展与环境税制建设之间的关系，兼顾保护环境和促进经济增长两方面的需要，按照易接受、可操作、便执行的原则确定绿色税收的征税对象。

鉴于此，绿色税收的征税对象应该包括自然资源、向自然环境中排放的各类污染物以及环境污染行为（产品）。按照 2014 年出台的财税体制改革的总体方案的要求，绿色税收的建设将以“费改税”的形式先行，而后逐步扩大征收范围。目前，绿色税收的征收对象应包括现行排污收费中规定的大气污染物、水污染物、固体废物、建筑施工噪声和工业噪声以及其他污染物等。而后按照“简税制、易接受、便执行”的原则，对能源类产品的税收政策进行整合，对消费税征税对象进行结构性调整，以融入型环境税推动绿色税收制度建设。待时机成熟后，将矿物性石油类产品以及煤炭这两大能源类产品，包括无铅汽油、含铅汽油、柴油、燃料油、航空煤油以及其他石油类产品，洗煤、选煤、焦炭和其他煤炭制品，从消费税征税对象中析出，单独设立燃料税，并将征税对象从燃料油拓展到化石类能源及电力。

（3）绿色税收征税对象的量化设计。环境税具体税种的征税对象主要包括污染物排放量、消费品或生产要素中所包含的污染物量、污染企业产量这 3 种。而从税制建设角度看，一个税种税基的确定应从以下几个方面考量：

☞ 关联性：即环境损害与该税之间的直接关联性。绿色税种能否获得社会公众的广泛接受，能否具有适宜的市场环境，其关联性是关键的因素。环境损害与税基之间具有较强的关联性，规范资源利用、提高环境质量是顺从公众意愿，该税种的设立就会有效力。一般而言，污染类绿色税收的关联性比较直观和直接，而对市场产品的征税则表现出更强的间接性，因此，各国的绿色税种更多地体现为环境污染税。

☞ 环境目标的明确性：发达国家在制定绿色税收制度时，首先考虑环境状况及公众对环境目标的预期以及绿色税收对实行环境目标的实现情况综合考虑。若以减少局部地区污染为主要目标，大多选择的是对排污行为征税。若预期目标是限制污染产品的生产和消费，大多选择污染产品税。

☞ 可操作性：完善的、最优的绿色税收制度是人类理想的追求，但是鉴于现实经济社会生活的复杂性和多样性，各国绿色税收制度的构建奉行的是“次优”原则，一方面考虑绿色税收的征收对各个利益主体博弈过程中的均衡和妥协，另一方面考虑实际操作层面的可行性。由于现实中环境破坏行为分散而且存在较大差异，排污行为的监测成本、管理成本比较高，甚至存在技术上的难题。所以，在绿色税收的实践中，操作性强的污染产品税受到很多国家的垂青。

鉴于此，环境税征税对象的量化设计应结合不同征税对象自身特点，根据环境保护需要，按照“便于管理”的原则区别设计。

燃料税应以销售数量为计税依据计算征收。为了控制机动车尾气排放，促进汽车产业的清洁化发展，应将以化石类能源、生物燃料为动力的机动车纳入绿色税收的征收范围，以其排放的汽车尾气为征税对象，对以新型清洁能源为动力汽车以及采取减排装置的汽车给予税收优惠。目前，我国机动车环保监管制度已经建立，各级环保部门对机动车环保定期检验工作稳步推行，因此，机动车尾气排放税可以机动车排放污染定期检测系统检测的主要污染物含量折算的污染当量为计税依据计算征收。

由于城镇居民生活排放的污水污染源分散，税源难以控制，居民生活污水还很难作为绿色税收的征税对象，因此，目前应对经营单位排放的废水征收环境税，以后随着污水排放监测系统的完善，逐步将城镇居民排放的污水纳入绿色税收的征税对象范畴之内。以经营单位排放的废水作为征税对象征收绿色税收时，可以根据排放的废水中主要污染物的数量、种类及浓度折算的污染当量作为税基征收环境税。目前，国家要求重点排污单位安装水污染物排放自动监测设备，与环境保护主管部门的监控设备联网，并保证监测设备正常运行。因此，在税收征收管理过程中，税务部门的征收管理系统应与环境保护部门的污水监测网络联网，以监测的污水排放数量、污染物排放种类及浓度等指标折算的污染当量计算征收水污染税；其他单位可先以纳税人申报的污水排放量计算征收，以环保部门抽样测算取得的实际排污量定期调整。

为了控制废气的排放，在对能源类产品征收消费税的基础上，还应同时以排放的二氧化碳为征税对象征收绿色税收，这是欧盟的经验，也是我国减排的需要。由于目前我国监测技术水平有限，监测网络不健全，二氧化碳实际排放量很难准确掌握，建议以估计的二氧化碳排放量为税基。一般而言，产品与其所排放二氧化碳大多会有比较固定的关系，以估计的二氧化碳排放量为税基，是一种比较简便、征税费用较低的方式。

8.2.2.3 税率的选择："搭便车"的成本

发达国家的绿色税收制度税率都是根据庇古税的原理来设计的。根据庇古税的观点，由于市场机制在环境资源利用和保护方面的失效，导致经济主体的私人成本与社会成本偏离，私人的最优并未直接形成社会的最优。矫正环境资源外部性的方案是政府通过征税或补贴纠正市场主体的私人成本，如果对市场主体的生产施加一个相当于边际外部性损害的税收，则私人边际成本将和社会边际成本相等。根据庇古税的观点，绿色税收税率水平的高低应以矫正私人主体的外部边际损害为界限，促进外部性内在化。继"庇古税"以后提出的"双重红利"假说认为，绿色税收制度的引入可能在改善环境质量的同时获得第二份红利[①]，即可以促使经济效率和社会就业水平的提高，从而削减具有扭曲效应的劳动税的税负，有助于减少税收制度对经济资源配置的扭曲程度。若从绿色税收的"双重红利"的理念出发，政策制定者就会将最优的环境税率定位在超过庇古税。由于"庇古税"及双重红利的提出者的研究是基于局部均衡的分析，若将环境税的分析纳入一般均衡分析框架中进行分析，就要综合考虑绿色税收与其他政策工具的协调及优劣选择问题，分析绿色税收的征收对生产成本和产品价格的影响，要关注绿色税收对产业竞争力产生的冲击等各个因素，另外，绿色税收的"双重红利"本身也具有一定的不确定性，正如Bovenberg & Goulder[②]指出的那样："局部均衡基础上的环境税实施福利损失可能是一个误导，环境税可能比其他税种的市场扭曲效用更大。"而且，在现实征管实践中，由于信息不充分、不对称，政府无法准确测定确切的庇古税水平，政府无法准

---

① 伯纳德·萨拉尼：《税收经济学》，北京：中国人民大学出版社，2005 年版。

② Bovenberg A L，"Environmental Taxation and Regulation"，*Handbook of Public Economics*，Vol.3，Auerbach A and feldstein M，eds. North-Holland，2002.

确地确定庇古税率，税率的确定是一个复杂的讨价还价过程。不同的利益群体从自身利益出发，都会对庇古税率的确定施加影响。因此，从各国的绿色税收实践看，绿色税收征收初期，税率都比较低，并且设计了动态调节系统，根据国内经济、环境等因素进行不断调整，以期最终能够比较准确地确定庇古税率。从 OECD 国家多年来对税率的调整来看，税率的确定成为推行绿色税收中最为核心的问题。税率设计过低，会直接导致纳税人违法成本过低，其矫正功能无法发挥；税率设计过高又担心税收制度的绿化会影响社会整体税负，造成物价上涨，影响产业竞争力。因此，税率的设置及调整一直比较谨慎。

沿着这个思路设计，绿色税收的税率应该本着减少单位数量的污染而增加单位边际社会收益所需的边际社会成本为基础，统筹考虑各方因素，科学谨慎处之。相比较而言，我国的劳动收入负担较轻，税收对社会资源配置的扭曲程度以间接税为主，目前的消费型增值税以及“营改增”的推进，推出收入中性的绿色税收，具有获取第二份红利的可行性。另外，绿色税收矫正外部性的功能在实践中是缓慢地发挥作用的，并且会随着时间的推移，呈现倒 U 形结构，这也正与我国目前“营改增”对税收收入产生的冲击遥相呼应，在一定程度上减缓了税制改革中税收收入的振荡。为此，根据我国税制处在调整改革的时机，科学设置税率，将环境税和其他税制改革进行组合，优化中国税制结构，促进经济结构调整，适应经济、社会和环境的可持续发展。根据《财税改革总体方案》的要求，我国绿色税收税率的设定应先在部分可以获取较完整污染程度数据的省市进行试点，根据排放物征收率折算为税率，根据污染行为对环境的程度来分级制定，对不同污染行为实行差别税率征收。在时机成熟时，可以考虑环境的可持续性价值，对部分污染行为对环境的永久性伤害和某些不可再生资源的稀缺性制定较高的惩罚性税率。

8.2.2.4 税收优惠设计的价值取向

绿色税收是对环境污染、污染物排放征收的税种，为了保护环境、提高环境税实施效果，一般情况下不宜设置过多的减免税。但是，综观世界践行绿色税收制度的国家，发现各国绿色税收推行初期，均兼顾经济竞争力和环境保护的需求，设置了保护产业竞争力、维护社会稳定的优惠政策。我国作为发展中国家，在推行绿色税收时，同样要考虑经济、社会和环境协同发展的需要，提高绿色税收调控经济的效率，充分发挥其保护环境的功能，增加全社会的福祉总量。

（1）优惠税率。优惠税率的设定需要解决 3 个问题：基准税率、能源差别税率以及产业优惠税率。如前所述，绿色税收的基准税率应以能够补偿外部成本为标准，使污染排放者承担相应的社会成本，实现外部成本以税收的形式内部化。因此，需要估算污染治理费用，核定私人成本与社会成本之间的关系，据此确定绿色税收的基准税率。目前，由于诸多环境要素并未进入市场交易，市场机制在环境以及污染排放定价领域处于“市场失灵”状态，难以准确确定污染排放外部成本。实行环境税的国家均从各自的政治、经济、社会、环境等因素出发制定基准税率，使国际上环境税的税率国别差异较大，这是在税收制度国际趋同化背景下环境税的国别特征。以二氧化碳税为例，2009 年英国汽油碳税税率为 233 英镑/t CO_2，属于高税率国家，而丹麦的税率为 1 771 丹麦克朗/t CO_2，[①]属于税率较低的国家。我国目前经济发展水平与发达国家相比，仍有一定差距，生产力水平，受资金、技术等方面的制约，污染治理技术不成熟，治理成本明显高于发达国家，在绿色税收开征初期，基准税率很难按照最优税率要求设计，我国应从完成 2020 年环境保护目标和国民经济发展计划出发，设定基准税率。能源税是绿色税收的主体，应根据我国能源开发和利用结构，从优化能源结构出发，根据能源污染排放量设置能源差别税率，引导清洁型能源的消费倾向。

（2）产业优惠。从国家产业结构层面看，由于我国目前处于经济发展工业化中期阶段，经济发展过程中的产业结构仍然以第二产业为主，其中，制造业比重较大，能源的消耗和污染物的排放压力仍然较大，这是经济发展进程中不可忽视的、也是不可逾越的阶段，在产业结构调整时期，要求生产的过度清洁不影响其国际竞争力。发达国家在其工业化过程中，累积的历史性“排放债务”大，绿色税收制度理应走在发展中国家的前面。处于工业化进程中的发展中国家，污染物排放的增加是无法回避的问题，在控制污染排放领域要求发展中国家与发达国家齐步走，将严重影响发展中国家的经济竞争力，这是不公平的。同样，要求发展中国家绿色制度建设与发达国家趋同化也有失公平。因此，我国应根据工业化发展阶段对公平提出的要求，科学地设计绿色税收优惠政策，在保护我国产业竞争力的框架下推行绿色税收制度。我国处于工业化发展中期阶段，产业发展的脆弱性对税收负担更为敏感。绿色税收的征收不可避免影响不同行业税收负担。为此，在设计绿色税收制度要素时，需要通过控制税收负担的优惠政策加以保护，包括绿色税收的自身税收负担以及与

① IEA《能源价格与税收》2009 年公布的数据整理而得。

其他税种加计的总体税收负担，将绿色税收带来的税收负担变化进行综合考量。控制制造业等上游敏感产业的净税负上限，对因为绿色税收的征收造成净税负超过一定比例的，给予实行即征即退或先征后退政策。尤其是应将制造业绿色税收形成的税收负担与增值税的总体税负超过增值税社会平均税负的部分，按照一定比例给予税收返还，减少税收制度绿化对产业上游的能源密集型工业企业的冲击，确保绿色税收的推行能够实现调整产业结构、优化能源利用，并且不影响产业实质性竞争力。因此，从保护国家产业竞争力出发，在能源差别税率的基础上，按行业规定优惠税率或税收豁免。优惠行业主要针对那些能源消耗量大、污染物排放量高、处于产业上游的部门暂时给予过渡性优惠政策，以保证在产业结构调整过程中产业链条的连续性，通过绿色税收征收，渐进地推进产业链条的清洁化。以碳排放为例，2011年，我国各个行业总的二氧化碳排放量排在前五位的产业部门分别是：电力、热力的生产和供应业，石油加工、炼焦及核燃料加工业，黑色金属冶炼及压延加工业，非金属矿物制品业，化学原料及化学制品制造业，这5个产业部门的碳排放占比分别为40.1%、15.7%、7.3%、6.7%、6%[①]，碳排放比重高达75.8%。若要实现减排目标，需要控制这些高排放产业部门的碳排放。但是，碳税的征收无疑会加重这些行业的税收负担，从而影响其发展，并通过产业链从这些上游产业传导到下游产业。鉴于此，我国应对上述行业中处于制造业基础地位的行业给予优惠，具体包括电力、热力生产和供应业、化学原料及化学制品制造业、石油加工、炼焦及核燃料加工业、煤炭开采和洗选业等行业。优惠政策分为免税优惠和按优惠税率纳税。在碳税开征初期，建议对工业部门全面给予免税，并出台碳税指引，给工业企业自行调整能源结构，推广应用减排技术的机会。免税期过后，对上述能源密集型行业按照基准税率的20%～25%的优惠税率纳税。当然，对排碳大户和能源密集型行业的税收优惠要特别慎重，要明确享受优惠政策的条件、程序，并加强过程跟踪审核。

从微观层面看，由于绿色税收的征收会直接影响产品价格，低收入者消费清洁产品的支出占其总支出的比重增加，将加大低收入者的损失。目前，我国收入分配不公问题比较突出，税收负担分配对低收入者已经造成了不利影响，社会对税收制度改革的公平提出了前所未有的要求，绿色税收制度建设必须避免对低收入者带来进一步损害。因此，应认真分析绿色税收制度通过价格机制引起的税收负担转移情

---

① 章轲：《首份行业二氧化碳排放量估算“榜单”出炉》，2010年2月23日《第一财经日报》。

况，充分考虑其对居民生活，尤其是低收入人群基本生存条件的影响，合理设置税收优惠，扩大环境友好型产品的受众范围，并与其他财税政策相互配合，“矫正”分配扭曲，以体现社会公平原则，提高公民对税收制度绿化的接受度。

（3）污染减排达标税收优惠。对研发和使用可再生能源，替代矿物质能源的企业以及在生产经营过程中采用先进工艺设备，并有效减少了污染物排放量的纳税人，可以适当减征或免征环境税。对与政府签订减排协议，自愿承诺在一段时期实现污染排放物达到一定标准的，并如期完成减排任务的纳税人，可以根据污染减排量给予一定的优惠。对在生产超过规定比重使用再生能源的企业给予税收优惠。对循环利用能源或资源给予优惠等，鼓励可再生资源的推广和使用，促进资源的循环利用。

8.3 绿色税收制度的进程

如前所述，绿色税收是一系列独立的环境税税种构成。根据我国环境保护和经济、社会发展的需要、征管水平、环境测评技术等多方面的因素综合考虑。根据党的十八届三中全会决议和财税体制改革总体方案要求，近期应将重点污染物征收的排污费改为环境税，出台相关环境税，涉及对废水、固体废物、二氧化硫等征收的排污费将转为环境税，征收标准会小幅高于已有的费用征收标准，实行综合环境税。随着环境税征收管理经验的不断完善和征收管理环节不断优化，适时推出分类环境税，根据环境保护及经济社会发展需要，推出独立的碳税、硫税、水污染税以及固体垃圾税等。

8.3.1 综合环境税立法

8.3.1.1 环境保护税法的定位

开征环境保护税，是贯彻党的十八届五中全会确立的绿色发展理念、减少污染物排放、推进生态环境保护和生态文明建设的具体实践。《环境保护税法》是我国第一部专门体现“绿色税制”、推进生态文明建设的单行税法。在《环境保护税法》第一章总则第一条开宗明义确立了环境保护税法的定位，即“保护和改善环境，减少污染物排放，推进生态文明建设”。

8.3.1.2 环境保护税与排污收费的衔接

环境保护税的前身是排污费。我国从 1979 年确立排污收费制度，选择对大气污染物、水污染物、固体废物和噪声 4 类污染物征收排污费，对防治环境污染起到了重要作用。随着经济社会发展，环境污染日益严重，而排污收费制度在实际执行时受地方政府和部门干预较多，执法刚性不足，影响了排污收费制度功能的有效发挥，不能满足保护环境的需要。在此背景下，经过多年调研论证，决定环境保护领域实行“费”改“税”。《环境保护税法》在制定过程中，遵循的原则之一就是将排污费制度向环境保护税制度平稳转移，所以衔接性规定较多，主要表现在以下 5 个方面：

（1）“税负平移”策略。“费改税”后税收负担直接关系到市场主体的切身利益面，因此，备受关注。《环境保护税法》实行 “税负平移”策略，将排污费制度向环保税制度平稳转移，主要表现为将排污费的缴纳人作为环保税的纳税人，根据现行排污收费项目、计费办法和收费标准，设置环保税的税目、计税依据和税额标准。

（2）将排污费的缴纳人作为环境保护税的纳税人，即在中华人民共和国领域和中华人民共和国管辖的其他海域，直接向环境排放应税污染物的企业事业单位和其他生产经营者为纳税人。对不具有生产经营行为的机关、团体、军队等单位和居民个人，不征收环境保护税。对不属于直接向环境排放应税污染物的情形，如向污水集中处理厂、生活垃圾集中处理厂排放污染物的，在符合环保标准的设施、场所贮存或者处置固体废物的，规模化养殖企业对畜禽粪便进行综合利用、符合国家有关畜禽养殖污染防治要求的，也不征收环境保护税。

（3）根据现行排污收费项目，设置环境保护税的税目。从大的分类讲，包括大气污染物、水污染物、固体废物和噪声四类。具体来讲，不是对这 4 类中所有的污染物都征税，而是只对本法所附《环境保护税税目税额表》和《应税污染物和当量值表》中规定的污染物征税。不是对纳税人排放的每一种大气污染物、水污染物都征税，而只是对每一排放口的前 3 项大气污染物，前 5 项第一类水污染物（主要是重金属）、前 3 项其他类水污染物征税；同时规定，各省根据本地区污染物减排的特殊需要，可以增加应税污染物项目数。

（4）根据现行排污费计费办法，设置环境保护税的计税依据。比如，对大气污染物、水污染物，沿用了现行的污染物当量值表，并按照现行的方法即以排放量折合的污染当量数作为计税依据。

（5）以现行排污费收费标准为基础，设置环境保护税的税额标准。比如，目前国家对大气污染物和水污染物征收排污费的标准分别是不低于 1.2 元和 1.4 元；同时，鼓励地方上调收费标准，但没有规定上限。实践中，有 7 个地方已经提高了收费标准，如北京调整后的收费标准是最低标准的 8～9 倍。《环境保护税法》在现行排污收费标准规定的下限基础上，增设了上限，即不超过最低标准的 10 倍，既考虑了地方的需求，又体现了税收法定原则。各省可以在上述幅度内选择大气污染物和水污染物的具体适用税额。

8.3.2 环境保护税法制度基本内容

8.3.2.1 纳税义务人

《环境保护税法》第二条规定，在中华人民共和国领域和中华人民共和国管辖的其他海域，直接向环境排放应税污染物的企业事业单位和其他生产经营者为环境保护税的纳税人。这意味着环境保护税的空间范围是在我国管辖的领域和其他海域，应税行为是直接排污行为，应税对象是法定的污染物，法律主体是企事业单位和其他生产经营者。同时，采用列举法规定了不属于直接向环境排放污染物，不缴纳相应污染物的环境保护税的情形：①企业事业单位和其他生产经营者向依法设立的污水集中处理、生活垃圾集中处理场所排放应税污染物的；②企业事业单位和其他生产经营者在符合国家和地方环境保护标准的设施、场所储存或者处置固体废物的。

8.3.2.2 税目和税率

环境保护税的税目采用分类列举法列示，采用定额税率。具体税目及税额见表 8-3。

表 8-3 环境保护税税目及税额

税目		计税单位	税额	备注
大气污染物		每污染当量	1.2～12 元	
水污染物		每污染当量	1.4～14 元	
固体废物	煤矸石	每吨	5 元	
	尾矿	每吨	15 元	
	危险废物	每吨	1 000 元	

<table>
<tr><th colspan="2">税目</th><th>计税单位</th><th>税额</th><th>备注</th></tr>
<tr><td>固体废物</td><td>冶炼渣、粉煤灰、炉渣、其他固体废物（含半固态、液态废物）</td><td>每吨</td><td>25 元</td><td></td></tr>
<tr><td rowspan="6">噪声</td><td rowspan="6">工业噪声</td><td>超标 1～3 dB</td><td>每月 350 元</td><td rowspan="6">1. 一个单位边界上有多处噪声超标，根据最高一处超标声级计算应纳税额；当沿边界长度超过 100 m 有两处以上噪声超标，按照两个单位计算应纳税额
2. 一个单位有不同地点作业场所的，应当分别计算应纳税额，合并计征
3. 昼、夜均超标的环境噪声，昼、夜分别计算应纳税额，累计计征
4. 声源一个月内超标不足 15 天的，减半计算应纳税额
5. 夜间频繁突发和夜间偶然突发厂界超标噪声，按等效声级和峰值噪声两种指标中超标分贝值高的一项计算应纳税额</td></tr>
<tr><td>超标 4～6 dB</td><td>每月 700 元</td></tr>
<tr><td>超标 7～9 dB</td><td>每月 1 400 元</td></tr>
<tr><td>超标 10～12 dB</td><td>每月 2 800 元</td></tr>
<tr><td>超标 13～15 dB</td><td>每月 5 600 元</td></tr>
<tr><td>超标 16 dB 以上</td><td>每月 11 200 元</td></tr>
</table>

应税大气污染物和水污染物的具体适用税额的确定和调整，由省、自治区、直辖市人民政府统筹考虑本地区环境承载能力、污染物排放现状和经济社会生态发展目标要求，在《环境保护税税目税额表》规定的税额幅度内提出，报同级人民代表大会常务委员会决定，并报全国人民代表大会常务委员会和国务院备案。

从表 8-3 规定的税额标准可以看出，《环境保护税法》在现行排污收费标准规定的下限基础上，增设了上限，即不超过最低标准的 10 倍，既考虑了地方的需求，又体现了税收法定原则，而且遵循“谁污染，谁纳税”的原则，解决环境污染的外部性，弥补社会损失。

8.3.2.3 计税依据和应纳税额

（1）计税依据。应税污染物的计税依据，按照下列方法确定：①应税大气污染物按照污染物排放量折合的污染当量数确定；②应税水污染物按照污染物排放量折合的污染当量数确定；③应税固体废物按照固体废物的排放量确定；④应税噪声按照超过国家规定标准的分贝数确定。

应税大气污染物、水污染物的污染当量数，以该污染物的排放量除以该污染物的污染当量值计算。每种应税大气污染物、水污染物的具体污染当量值按照《应税污染物和当量值表》确定。

（2）应税污染物排放量。应税大气污染物、水污染物、固体废物的排放量和噪声的分贝数，按照下列方法和顺序计算：①纳税人安装使用符合国家规定和监测规范的污染物自动监测设备的，按照污染物自动监测数据计算；②纳税人未安装使用污染物自动监测设备的，按照监测机构出具的符合国家有关规定和监测规范的监测数据计算；③因排放污染物种类多等原因不具备监测条件的，按照国务院环境保护主管部门规定的排污系数、物料衡算方法计算；④ 不能按照上述第一项至第三项规定的方法计算的，按照省、自治区、直辖市人民政府环境保护主管部门规定的抽样测算的方法核定计算。

（3）应纳税额。环境保护税应纳税额按照下列方法计算：①应税大气污染物的应纳税额为污染当量数乘以具体适用税额；②应税水污染物的应纳税额为污染当量数乘以具体适用税额；③应税固体废物的应纳税额为固体废物排放量乘以具体适用税额；④应税噪声的应纳税额为超过国家规定标准的分贝数对应的具体适用税额。

8.3.2.4 税收优惠

《环境保护税法》规定，下列情形暂予免税：①农业生产（不包括规模化养殖）排放应税污染物的；②机动车、铁路机车、非道路移动机械、船舶和航空器等流动污染源排放应税污染物的；③依法设立的城乡污水集中处理、生活垃圾集中处理场所排放相应应税污染物，不超过国家和地方规定的排放标准的；④纳税人综合利用的固体废物，符合国家和地方环境保护标准的；⑤国务院批准免税的其他情形。上述第五项免税规定，由国务院报全国人民代表大会常务委员会备案。

另外，《环境保护税法》增加了纳税人减排的税收减免档次，即纳税人排放应税大气污染物或者水污染物的浓度值低于规定标准 30%的，减按 75%征收环保税。

8.3.3 环境保护税法的征收管理

由于环境保护税是新开征的税种，涉及面很广，环保收费改为征税后，收费与征税两套制度要进行转换，政策上和征管上需细化具体政策和征管措施，而且与其他税种相比，环保税技术性相对较强，《环境保护税法》实施时最大的挑战就是征管环节。环境保护费改税后，征收部门由环保部门改为税务机关，环保部门配合，确定了“企业申报、税务征收、环保监测、信息共享”的税收征管模式。

税务部门和环保部门如何协作关系，决定着《环境保护税法》的执行效果。税务部门和环保部门协调合作包括工作相互配合机制、调试征税信息系统、交接纳税人资料、建立信息交换平台等。

在两部门协同合作的征管模式下，关键要明确各部门应承担的法律责任，明确纳税人、税务机关和环保部门的各项权利、义务，以便出现纳税争议时有依据解决。

8.4 绿色税收与现行税制的协调

绿色税收是促进经济、社会和环境和谐发展的重要手段之一，绿色税收的建立、完善需要与其他的财税法律法规相互协调、相互配合，发挥各自的优长，引导全社会生产清洁化、商业生态化、排污市场化和法律绿色化，推动可持续发展目标的实现。

目前，我国正处于税收改革的关键时期，在“十三五”规划、党的十八大报告和党的十八届三中全会公报中，都将财税体制改革作为成为经济体制改革的重要组成部分，尤其是党的十八届三中全会将财税体制改革作为国家治理的基础和重要保障，环境资源税制改革是改革内容之一。在《财税体制改革总体方案》中，相关税种改革更注重生态理念，充分体现税制体系中环境税与各个税种的协调。从长远发展角度看，需要按照可持续发展原则对税制总体结构进行重构，但这是一个漫长过程，是一个复杂而艰巨的任务。绿色税制的建设不可能一蹴而就，以税收手段治理环境污染不能单靠环保税一个税种，需要建立综合税收调节体系，需要对现有税制中具有生态意义的税种进行绿化，为全面构建绿色税收制度奠定良好基础。

8.4.1 增值税的生态化改良

20 世纪 90 年代以来，以法国、荷兰、丹麦为典型代表的欧盟各国，启动了绿色增值税改革，征收范围的改革主要有两个方面：①扩大增值税征收范围，OECD 成员国增值税征收范围扩展得非常宽广，涵盖了农业、生产、批发零售、劳务服务各个领域，涉及商品生产、交换、消费等社会再生产各个环节，从纳税人构成看，包括众多的农民、小企业主和自由职业者。[①] ②根据欧洲法令将征收增值税的产品和劳务按照是否具有可持续性，分为可持续的、不可持续性的和适中的 3 种类型，为制定具有生态化的差别税率做好铺垫。产品和劳务的分类情况具体见表 8-4。

表 8-4 产品和劳务类别的划分（按可持续性标准）

项目	可持续的	不可持续的	适中的
运输	公共交通	高能耗汽车	节能汽车
能源	可再生燃煤	燃油燃气	联合循环发电
电子电器	1. 节能型产品 2. 可循环再利用物质含量高的产品	1. 能源利用效率低的产品 2. 可循环再利用的物质含量低的	1. 能源利用效率中等的产品 2. 可循环利用的物质含量适中的
国际旅行	铁路	航空	公共汽车
食品	1. 当地生产的产品 2. 使用农药较少的产品	1. 高运输成本的 2. 大量使用农药的	
住宅	1. 节约能源的房子 2. 翻新的房子	在空旷地方的新房	

资料来源：Johan Albrecht，“The use of consumption taxes to re-launch green tax reforms，” *International Review of Law and Economics*，2006，No.26，pp.88-103。

8.4.1.1 增值税征税对象的生态化分类

目前，我国处于“营改增”的关键时期，增值税扩围应同时融入生态理念，在流通环节全面推行增值税时，对征税对象进行生态化分类，并据此设计差别税率，体现增值税特有生态化前提下“税收中性”特征。借鉴国际成功经验，并根据我国经济发展和节能减排的需要，参照国家发展和改革委员会以及环境保护部公布的有

① 陈志梢：《税收制度国际比较研究》，北京：经济科学出版社，2000 年版。

关产品目录，我国的增值税征税对象可分为以下三类：第一类是可持续性的产品或劳务，主要包括低碳产品、节能产品、可再生能源和新能源产品、新能源运输工具和环境保护设备以及节能建筑物。第二类是不可持续性的产品或劳务，主要是高污染、高能耗商品。第三类是介于可持续性与不可持续性之间的其他一般性商品。对应税商品和劳务分类的目的是为设计增值税生态化差别税率打下良好的基础。

8.4.1.2 增值税生态化税率设计

增值税作为中性税种，其核心要素的生态化体现会在现有税制结构框架下，提高我国税收制度的绿化水平，促进节约使用资源能源、减少污染排放、保护环境。生态化思想融入增值税税率设计之中，体现了生态化差别税率。

我国增值税税率的生态化设计可以借鉴欧盟国家的经营，他们对能源利用率高、污染物排放量小，能够促进节能减排的产品实行低税率，而对于那些能源利用率低、污染物排放量高的产品以及劳务实行高税率，部分欧盟国家增值税税率的生态化情况见表 8-5。

表 8-5 部分欧盟国家增值税税率的生态化情况 单位：%

国家	基本税率	低税率	保护环境和维护生态平衡的超低税率
德国	16	7	—
西班牙	16	7	4
英国	17.5	5	—
捷克	19	5	—
法国	19.6	5.5	2.1
意大利	20	10	4
比利时	21	6	—
爱尔兰	21	13.5	3.4
芬兰	22	17	8
波兰	22	7	3
瑞典	25	12	6
匈牙利	25	15	5

资料来源：European Commission，*VAT Rates Applied in the Member States of the European Commission（DG Taxation and Customs Union DOC/2008/2004-EN）*，2004。

从表 8-5 可以看出，欧盟主要国家增值税税率实行差别比例税率，税率分为三档：基本税率、低税率和超低税率。从欧盟各国情况看，大多数国家的基本税率在

16%～25%，税率水平差别不是很大，而且大多数国家的基本税率是在 20%左右，最高税率和最低税率也只有 9 个百分点，只有匈牙利和瑞典的税率比较高，采用 25%基本税率。低税率大多在 5%～7%，低税率超过 10%的比较少。为了发挥增值税保护环境和维护生态平衡的积极作用，欧盟还设置了超低税率，超低税率大多低于 5%，适用于环境保护和维持生态平衡的产品和劳务。这种鲜明的税率差异充分体现了增值税税率的生态化特点，一定程度上可以弱化清洁类产品和劳务的价格劣势，在引导清洁生产同时，扩大清洁类产品的需求，倡导绿色消费，诱导消费行为。

我国现行增值税对商品设置了 13%和 17%两档税率，对“营改增”行业的劳务或服务设置了 11%和 6%两档税率。对应欧盟部分国家的增值税生态税率表，从税率水平上看，我国 17%的增值税基本税率基本体现了对一般性产品和劳务的税率水平，13%的低税率也体现了对于特殊产品的照顾，11%和 6%体现的是税制改革过程中增值税和营业税税负负担的衔接。从总体上看，税率的设置档次较多，而且未能体现生态理念，没有体现对环境保护和生态平衡的倾斜，也没有体现对于能源利用率低、污染物排放量高的产品以及劳务的惩罚性高税率。鉴于我国经济社会发展中遇到环境污染困境，增值税税率应体现生态化理念，实行生态化差别税率。对于可持续性的产品或劳务，包括低碳产品、节能产品、可再生能源和新能源产品、新能源运输工具和环境保护设备以及节能建筑物等实行超低税率，税率以 5%为宜。目前，考虑到我国“营改增”减税的影响，降低增值税税率将会加剧我国财政收支的困难局面，使得减税的空间已经非常有限，对生态环保类产品和劳务的增值税税率目标可分阶段实施：第一阶段，对生态环保类产品和劳务应仍采用传统的低税率；第二阶段，随着经济复苏回暖，财政收入增幅的提高，适用较低税率，税率应与现代服务业税率基本保持持平。在国家财税改革基本完成、财政收支状况改善的情况下，对生态环保类产品实行超低税率，将超低税率确定为 5%①。

此外，对于高能耗、高污染、高排放量的产品以及劳务，实行惩罚性高税率，税率高于一般增值税税率。参照欧盟大多数国家的做法，可以对这些能源利用率低、污染物排放量高的产品以及劳务实行 20%以上的高税率。

增值税是我国的大税种，对于不同类别的产品及劳务的差别税率将会对社会经济活动起着重要的导向作用，因此，充分发挥税收对于经济的调节作用，发挥税收

---

① 王金霞：《论增值税的生态化改革》，载《税务研究》2010 年第 10 期。

对于环境保护的作用，体现生态原则的增值税差别税率是很好的选择。

8.4.2 消费税的生态化调整

消费税的立法宗旨是一方面体现调节消费行为，引导消费方向，另一方应更多考虑生态因素，引导个人消费的生态化取向，抑制对环境有害的消费。具体而言，应从以下几个方面进行改革。

（1）合理调整消费税征收范围。从环保目标出发，对生态环境形成不利影响的消费品和消费行为纳入消费税征税范围。根据国际经验，将一次性餐饮用品、塑料包装袋及其他一次性商品、对环境有害的电池、洗涤剂、洗衣粉、洗衣液、农药、化肥等列入消费税的征税范围，以此体现国家限制污染性商品的生产与消费政策。对消费者而言，通过消费税引导消费行为。由于消费者消费应税消费品所付出的经济代价大于所得收益，他们就会自动调整消费倾向或消费行为，放弃或减少对此类商品的消费，而选择更为环保的产品或对环境无不利影响的消费品，从而产生替代效应，进而在一定程度上保护或减少对环境与生态的污染或破坏。

（2）调整税率（税额标准）。为了加大税收调节力度，应对消费税税率进一步改进。①调整成品油税率。提高含铅汽油的税率，以抑制含铅汽油的消费使用，引导无铅汽油的适用范围，推动汽车燃油无铅化的进程。鉴于汽油、柴油等属于价格不断上涨的能源消费品，可以改从价定额征税为从价定率征税。②调整汽车消费税税率。在现行按照排气量的小汽车制定差别税率的基础上，再对排气量相同的汽车视其是否安装尾气净化装置而设置差别税率，视其对环境友好程度，给予差别待遇，并应明确规定对使用“绿色”燃料的汽车免征消费税，以督促消费者和制造商为了自身利益的最大化而做出有利于降低污染的选择。③对于既危害健康又污染环境的应税消费品（如烟、酒、化妆品、首饰、鞭炮、焰火、摩托车、木地板等），提高其适用税率（税额）。

（3）合理布局征税环节。可以根据征收管理条件成熟的情况，逐步将此税由生产、进口环节征收改为零售环节征收，由价内税改为价外税，目前可以先对贵重首饰和珠宝玉石、成品油、摩托车、小汽车、高档手表、游艇等消费品试行零售环节征税。

（4）设置生态消费税优惠。对绿色车辆和传统车辆采取不同的购买和使用税费政策。对购买电动车和小排量汽车等节能汽车的消费者，给予折扣价格或免去汽车消费税；而对大型汽车和重污染汽车加倍征税。符合政府要求的低二氧化碳排气量汽车、混合动力汽车和绿色汽车可给予车主降低消费税、保险费打折、停车费降低等优惠措施，以鼓励消费者购买绿色汽车。

8.4.3 资源税的生态化改革

随着我国经济快速发展，资源和环境问题成为制约经济发展的瓶颈。“十二五”规划提出要转变经济发展方式，要求进一步完善有利于合理开发、有效利用稀缺资源，促进新能源的开发和节约使用等经济政策。积极调整和完善资源税收政策，适当提高资源税税负，促进资源的保护和利用的主导思想。增加资源开采完善资源税费关系，促进资源的保护和利用是重要手段。资源税改革应主要从以下 3 个方面入手：

（1）扩大征收范围。资源税顾名思义，即对资源征收的一种税。而资源一般指自然界存在的能够给人类增加福祉的各种物质财富，它包括的范围相当广泛，如矿产资源、土地资源、水资源、海洋资源、草原资源、动物资源、植物资源、太阳能资源、空气、阳光等。从广义而言，资源税的征收范围应该包括所有自然资源，尤其是具有商业属性的稀缺自然资源均应纳入资源税征收范围。但是我国现行的资源税制既不是对各种自然资源都征税，也不是对所有具有商品属性的资源都征税，课税对象仅限于具有商品属性的部分国有矿产资源，而对于具有生态环境价值的土地、森林、草场、滩涂等众多自然资源，至今仍未纳入资源税的征收范围，有些紧缺的、具有战略性的自然资源也未列入征收范围，课税对象具有典型的特定性，资源税并未发挥普遍调节作用。鉴于此，资源税改革首先面临的问题是征收范围的调整，逐步将水资源税的征收范围从试点地区扩大到全国，并根据实际情况渐次将具有生态环境价值的土地、水、森林、草场、滩涂等自然资源列入资源税的征收范围，以避免和防止生态破坏行为。鉴于土地课征的税种属于资源性质，为了使资源税制更加完善，可以考虑将我国现行的土地使用税、耕地占用税并入资源税中，以加强土地资源的合理开发利用和保护耕地。

（2）调整计税方式。为全面贯彻党的十八大和十八届三中、四中、五中全会精神，按照“五位一体”总体布局和“四个全面”战略布局，牢固树立和贯彻落实创新、协调、绿色、开放、共享的发展理念，自 2016 年 7 月 1 日起，我国全面推进资源税改革，继原油、天然气、煤炭从价定率征收后，在总结经验的基础上，将从价计征资源税的范围扩大到绝大多数应税资源，理顺了资源税费关系，建立了规范公平、调控合理、征管高效的资源税制度，有效发挥其组织收入、调控经济、促进资源节约集约利用和生态环境保护的作用。未来资源税计税方式还应考虑分别按照开采量和销售价格征收。为解决绝对地租的分配问题，即所有权垄断应取得的收益，应以开采量为计税依据征收资源税，实行定额税率；为解决相对地租的分配问题，即经营垄断带来的超额利润，应以销售价格为计税依据征收资源税，实行比例税率。这样，企业积压的资源产品也负担了税收，企业必然从自身微观效益角度出发，合理安排资源的开发进度，避免过度开采，珍惜与节约资源。

（3）建立税率的动态调整机制。随着 2016 年 7 月 1 日资源税改革的推进，资源税税率大部分实行比例税率，并规定地区差别比例税率，以便调节级差收入，使得资源税税收收入能够随着应税资源价格变动而变化，避免以往定额税率产生的价格与税收“逆调节”。但是，由于应税资源具有稀缺性和不可再生性，并且属于生产资料，其价格随着经济形势、资源稀缺程度以及科技发展产生较大波动，因此，应建立资源税税率动态调整机制，如若某类资源价格变动超过一定幅度，应按照一定的指数进行相应调整。

8.4.4 企业所得税优惠政策的生态化设计

在企业所得税优惠政策中，应体现促进环保产业发展的政策导向。环保产业是潜在的新兴产业，理应成为我国新的经济增长点和未来经济的支柱产业。因此，有必要通过企业所得税税收优惠政策的引导，构建有利于环保产业发展的税收环境。通过税收优惠政策，大力支持环保产业的发展，引导社会资源流向环境保护领域，从而推动环境保护市场化、产业化，促进经济和社会的可持续发展。因此，应对研制、生产、销售环保技术和设备给予税收优惠，特别是对高新环保技术和设备，应加大税收优惠的力度，这类企业可比照高新技术企业减按 15%征收企业所得税；支持环保企业研究开发污染和垃圾处理设备、污染监测仪器和环保药剂材料等高科技产品，上述研制费用可按实际费用的加计在税前列支；对环保产业的固定资产实行加速折旧；鼓励环保技术成果转让、环保技术咨询、环保技术培训及其他环保服务活动，对环保成果的转让、培训、咨询，在减免增值税及各项附加税的基础上，对环保成果的转让、培训、咨询服务所取得所得，免征企业所得税或个人所得税。

鼓励民间资本投资公共环保设施。在政府继续加大向环保产业投资力度的前提下，积极吸引社会投资，鼓励中外企业、个人投资兴建污水处理厂及管网设施，集中处理工业废水和生活污水，并通过征收的专项环保税收入予以财政补助。对这类企业应免征企业所得税，对生产用房免征房产税，对生产用地免征土地使用税；鼓励中外企业和个人投资建设垃圾处理场、垃圾回收清运公司和垃圾再利用工厂。

参考文献

[1] 保罗·R.伯特尼，罗伯特·N.史蒂文斯. 环境保护的公共政策（2 版）[M]. 上海：上海人民出版社，2004.

[2] 保罗·埃金斯，斯蒂芬·斯宾克. 环境税改革与绿色增长：欧洲视角[J]. 郇庆治，译. 中国地质大学学报，2013（12）.

[3] 保罗·霍肯. 商业生态学[M]. 上海：上海译文出版社，2001.

[4] 伯纳德·萨拉尼. 税收经济学[M]. 北京：中国人民大学出版社，2005.

[5] 蔡守秋. 环境资源法学教程[M]. 武汉：武汉大学出版社，2000.

[6] 蔡秀云. 三种环境经济手段的优势比较分析[J]. 中国税务，2009（12）.

[7] 曹明德. 生态法原理[M]. 北京：人民出版社，2002.

[8] 陈泉生. 环境法原理[M]. 北京：法律出版社，1990.

[9] 陈少英. 生态税法论[M]. 北京：北京大学出版社，2008.

[10] 杜放，于海峰. 生态税·循环经济·可持续发展[M]. 北京：中国财政经济出版社，2007.

[11] 杜秀娟，陈凡. 论马克思恩格斯的生态环境观[J]. 马克思主义研究，2008（12）.

[12] 葛察忠，王金南，高树婷. 生态税收与公共财政[M] . 北京：中国环境科学出版社，2006.

[13] 葛察忠，王金南. 利用市场手段削减污染[M]. 北京：经济科学出版社，2001.

[14] 葛察忠，王金南. 生态税收与公共财政[M]. 北京：中国环境科学出版社，2006.

[15] 关小虎. 促进循环经济发展的税收政策研究[M]. 北京：中国税务出版社，2008.

[16] 国际财政文献局. 国际税收辞汇[M]. 国家税务总局税收科学研究所，译. 北京：中国财政经济出版社，1992.

[17] 国家统计局. 中国统计年鉴[M]. 北京：中国统计出版社，2001—2013.

[18] 国家统计局网站.中华人民共和国国民经济和社会发展公报，2002—2013.

[19] 郝春虹. 税收经济学[M]. 天津：南开大学出版社，2007.

[20] 侯作前. 经济全球化、WTO 规则与中国与环境税之构建[J]. 政法论丛，2003（2）.

[21] 胡代光. 西方经济学说的演变及其影响[M]. 北京：北京大学出版社，1998.

[22] 环保总局网站.中国环境状况统计公报，2001—2013.

[23] 计金标. 生态税收论[M]. 北京：中国税务出版社，2000.

[24] 金子宏. 日本税法原理[M]. 刘多田，等译. 北京：中国财政经济出版社，1989：48-49.

[25] 经济合作与发展组织. 有害税收竞争——经济合作与发展组织的两个研究报告[M]. 北京：中国税务出版社，2003.

[26] 经济合作与发展组织报告. 环境税的实施战略[M]. 张世秋，等译. 北京：中国环境科学出版社，1996.

[27] 赖得胜，尹恒，蔡宁. 政府的绿色投资[J]. 经济研究参考，2011（1）.

[28] 蓝虹. 环境产权经济学[M]. 北京：中国人民大学出版社，2005.

[29] 李慧玲. 环境税费法律制度研究[M]. 北京：中国法制出版社，2007.

[30] 李建珊. 循环经济的哲学[M]. 北京：中国环境科学出版社，2008.

[31] 李咏梅. 生态危机解困之路：从生态政治化到政治生态化[J]. 青海社会科学，2011（2）.

[32] 梁本凡. 绿色税费在中国[M]. 北京：中国财政经济出版社，2002.

[33] 鲁传一. 资源与环境经济学[M]. 北京：清华大学出版社，2004.

[34] 吕志华，郝睿，葛玉萍. 开征环境税对经济增长影响的实证研究[J]. 浙江社会科学，2012（4）.

[35] 罗琴. 世界性环境税的最新发展与我国的应对[J]. 税务研究，2013（5）.

[36] 马国强. 税收概论[M]. 北京：中国财政经济出版社，2000.

[37] 马海涛，白彦锋. 我国征收碳税的政策效应与税制设计[J]. 地方财政研究，2010（9）.

[38] 马克思. 资本论（第 3 卷）[M]. 北京：人民出版社，1972.

[39] 马中，蓝虹. 贫困约束下对消费者征收环境税的绩效分析[J]. 复旦学报（社会科学版），2005（2）.

[40] 孟磊，贾兴. 欧洲绿色税收改革研究[J]. 中国矿业，2008（8）.

[41] 欧洲环境局. 环境税的实施和效果[M]. 北京：中国环境科学出版社，2000.

[42] 钤青莲，王蕾. 对生态税收基本理论的几点认识[J]. 经济论坛，2002（3）.

[43] 钱俊生，余谋昌. 生态哲学[M]. 北京：中共中央党校出版社，2004.

[44] 沈晓波. 环境经济学的理论基础[J]. 厦门大学学报（哲学社会科学版），2008（6）.

[45] 沈玉华，彭珏. 环境税经济效应的扩展分析及其政策启示[J]. 财经科学，2011（1）.

[46] 施本植，梁柯. 西方国家税制结构的演变及启示[J]. 财贸经济，2004（2）.

[47] 史蒂芬·霍尔姆斯，凯斯·R. 桑斯坦. 权力的成本——为什么自由依靠于税[M]. 北京：北京大学出版社，2004.

[48] 世界环境与发展委员会. 我们共同的未来[M]. 北京：世界知识出版社，1989.

[49] 司言武. 环境税经济效应研究：一个理论综述[J]. 经济学动态，2009（6）.

[50] 司言武. 环境税理论创新——基于庇古税率水平的分析[J]. 人文杂志，2007（4）.
[51] 托马斯·思得纳. 环境与自然资源管理的政策工具[M]. 张蔚文，黄祖辉，译. 上海：上海人民出版社，2005.
[52] 汪盛玉. 马克思公正思想维度下的全球公正问题解析[J]. 社会主义研究，2010（5）.
[53] 汪素芹. 绿色税收与我国对外贸易发展[J]. 税务研究，2001（1）.
[54] 王卉彤. 欧盟的绿色增值税改革及借鉴[J]. 税务研究，2007（2）.
[55] 王建明. 污染产品税在城市垃圾管制中的应用[J]. 税务研究，2008（8）.
[56] 王金南，陆新元，杨金田. 中国与 OECD 的环境经济政策[M]. 北京：中国环境科学出版社，1994.
[57] 王金南，杨金田，等. 二氧化硫排放交易——中国的可行性[M]. 北京：中国环境科学出版社，2002.
[58] 王金南. 排污收费理论学[M]. 北京：中国环境科学出版杜，1997.
[59] 王金霞. 我国碳税税收优惠政策研析[J]. 税务研究，2013（5）.
[60] 王金霞. 增值税生态化改革探析[J]. 税务研究，2010（1）.
[61] 王谦. 可持续发展绿色税收制度的建立与完善[J]. 江西财经大学学报，2003（5）.
[62] 王晓玲. 二氧化硫税的国际比较及在减排中的作用评析[J]. 涉外税务，2002（5）.
[63] 乌越良. 基于欧盟经验的我国生态税收体系构建[J]. 税务研究，2013（5）.
[64] 武亚军，宣晓伟. 环境税经济理论及对中国的应用分析[M]. 北京：经济科学出版社，2002.
[65] 新帕尔格雷夫经济学大辞典[M]. 北京：经济科学出版社，1987.
[66] 邢会强. 基于激励原理的环境税立法设计[J]. 税务研究，2013（7）.
[67] 休谟. 人性论[M]. 北京：商务印书馆，1980.
[68] 亚当·斯密. 国民财富的性质和原因的研究（下卷）[M]. 郭大力，王亚南，译. 北京：商务印书馆，2008.
[69] 亚里士多德. 政治学[M]. 吴涛彭，译. 北京：商务印书馆，1981.
[70] 闫河，等. 绿色税收[J]. 税务与社会，1996（5）.
[71] 俞树毅，魏彦芳.生态税的可税性[J]. 甘肃政法学院学报，2009（1）.
[72] 约翰·穆勒. 政治经济学原理（下卷）[M]. 北京：商务印书馆，1991.
[73] 张克中，杨福来. 碳税的国际实践与启示[J]. 税务研究，2009（4）.
[74] 张世秋. 可持续发展的经济手段：可持续发展论[M]. 北京：中国环境科学出版社，1997.
[75] 张怡，王慧. 实现环境利益公平分享的环境税机理[J]. 税务与经济，2007（4）.

[76] 赵桂慎. 生态经济学[M]. 北京：化学工业出版社，2009.

[77] 赵丽萍. 强化环境保护功能的消费税改革路径选择[J]. 税务研究，2013（7）.

[78] 中华人民共和国财政部网站.

[79] 中华人民共和国环境保护部网站.

[80] 中华人民共和国税务总局网站.

[81] 中华人民共和国统计局网站.

[82] 周萃. 透视发达国家环境税制及其改革[J]. 环境经济杂志，2005（4）.

[83] BAUMOL W J，OATES W E.The Use of Standards and Prices for Protection of the Environment[J]. Swedish Journal of Economics，1971（3）：42.

[84] BOVENBERG A L. Environmental Taxation and Regulation[M]//AUERBACH A，FELDSTEIN M. Handbook of Public Economics（Vol.3）. North-Holland，2002.

[85] Bundesministerium für Umwelt，Naturschutz und Reaktorsicherheit（2010），Erneuerbare Energien in Zahlen.

[86] COASE R H. The Lighthouse in Economics[J]. Journal of Law and Economics，1973（17）.

[87] European Environmental Agency's Report：Environmental Taxes Implementation and Environmental Effectiveness.1996.

[88] GOULDER L H. Green tax reform：theoretic issues，empirical esults，and future challenges，2001.

[89] HICKS J. Capital controversies：ancient and modern[J]. American Economic Review，1974，64（2）.

[90] HOLMLUND B，KOLM A. Environmental tax reform in a small open economy with structural unemployment[J].International Tax and Public Finance，2000.

[91] International Bureau of Fiscal Documentation.International Tax Glossary.1998.

[92] MARSHALL A. Principles of Economics[M]. London：Macmillan，1920.

[93] MILL J S. Principles of Political Economy[M]. Longmans，Creen & Co，London，1992.

[94] OECD. Environmental Taxes and Green Tax Reform. Paris：OECD，1997.

[95] OECD. Green Tax Mix in OECD Countries：A Preliminary Assessment，Paris，Organization for Economic Cooperation and Development，2000.

[96] OECD. Welcome to the Database on Environmentally Related Taxes，2001.

[97] OECD. Recommendation of the Council：On the Use of Economic Instruments in

Environmental Policy，1991.

[98] PEARCE D，TURNER K R. Economics of Natural Resources and Environment[M].New York：Harvester Wheatsheaf，1990.

[99] RAMSEY F P. A contribution to the theory of taxation[J].Economic Journal，1927，37（145）：47-61.

[100] SARAGELDIN I. Sustainability and the Wealth of Nations-First Steps in an Ongoing Journey[M]. Washington，DC：World Bank，1995.

[101] SCHOLZ C M. Environmental Tax Reforms and the Double Dividend：A Theoretical and Empirical Analysis. Herausgebeben Von Horst Aiebert，Institute fur Weltwristchaft an der Hninersitat Kiel，Monrsiebeck，2000.

[102] SILVIA TIEZZI.The welfare effects and the distributive impact of carbon taxation on Italian households[J]. Energy Policy，2005，33（12）：1597-1612.

[103] SMITH V K. Resource Evaluation at the Crossroads[J].Resources，1988（90）：3.

后　记

在本书即将出版之际，回首近年的教学和科研工作，感触颇深。

自 2000 年调回到母校后，感恩于母校的培养，徜徉于母校积极向上、科学严谨的工作氛围，我以极大的热情投入到教学和科研工作之中。一直以来，我的科研方向侧重环境税的研究。2010 年以来，先后主持完成了教育部后期资助项目“低碳经济视角下税收制度生态化改革研究”、教育部新世纪人才项目“中国可持续发展的绿色财税新政研究”、中国注册税务师协会项目“纳税风险评估业务规则”，还主持了国家税务总局项目 2 项、吉林省社科基金重点项目 3 项，其他省部级课题 4 项。在《财政研究》《税务研究》《当代经济研究》等发表论文 10 多篇。

这些成绩的取得固然与本人辛勤耕耘分不开，但是母校的培养、恩师的指点、领导的提携、同事的帮助是不可或缺的。首先，我由衷地感谢我的母校——吉林财经大学，是她给了我成长的沃土。其次，我要感谢恩师赵迎春教授，她是我本科的专业课老师，她不仅向我传授专业知识，更为我提供了研究和发展的平台，她治学严谨、善良、谦和，始终让我感受到生活的美好、工作的快乐。另外，我的同事李琦教授、苏扬老师为本书出版收集、整理了大量的外文资料，感谢她们的帮助。再次，感谢我的博士生导师尹小平教授，我的博士论文研究的是欧盟税收制度生态化问题，在论文写作过程中，导师对论文的架构、内容的取舍等方面都给予细致入微的指导，使我领悟出专著的写作技巧。最后，衷心地感谢刘思华教授对本书提出的宝贵意见，感谢高红贵老师为本书出版付出的辛勤劳动。

本书引用了大量的珍贵文献及学术观点，对此已在文中加以列示，但是，难免挂一漏万，在此向提及和未提及的学者表示谢忱。

尽管本人对著作的撰写做出了较大努力，但是著作中的错误和不足在所难免，敬请各位专家和同仁斧正。

王金霞

2016 年 12 月